机车乘务员培训系列教材

机务通用基础知识

（“2+1”学员）

《机车乘务员培训系列教材》编委会　编

中国铁道出版社有限公司

2025年·北京

内 容 简 介

《机务通用基础知识（“2+1 学员”）》是“机车乘务员培训系列教材”之一，全书共分十一章，第一章为铁路基本知识，第二章为钳工与电工基础知识，第三章为电机电器基础知识，第四章为机车运用与统计知识，第五章为机车保养与整备作业，第六章为牵引计算与列车操纵，第七章为车辆制动机基础知识，第八章为 LKJ2000 型监控装置操作，第九章为 CIR、LBJ 与 G 网操作，第十章为列尾操作、运统 1 操作与轴温报警装置，第十一章为副司机实作鉴定。

本书可供“2+1”学员岗前培训，也可作为机车乘务员业务学习参考用书。

图书在版编目（CIP）数据

机务通用基础知识 ：“2+1”学员 /《机车乘务员培训系列教材》编委会编. -- 北京 ：中国铁道出版社有限公司，2025. 5. --（机车乘务员培训系列教材）.
ISBN 978-7-113-31732-4

Ⅰ. U268

中国国家版本馆 CIP 数据核字第 2024GM1750 号

书　　名：机务通用基础知识（“2+1”学员）
作　　者：《机车乘务员培训系列教材》编委会

责任编辑：李晓慧　　**编辑部电话：**（010）51873421　　**电子邮箱：**jiche@ tdpress. com
封面设计：郑春鹏
责任校对：刘　畅
责任印制：高春晓

出版发行：中国铁道出版社有限公司（100054，北京市西城区右安门西街 8 号）
网　　址：https://www. tdpress. com
印　　刷：河北宝昌佳彩印刷有限公司
版　　次：2025 年 5 月第 1 版　2025 年 5 月第 1 次印刷
开　　本：710 mm×1 000 mm 1/16　**印张：**15. 5　**字数：**278 千
书　　号：ISBN 978-7-113-31732-4
定　　价：90. 00 元

编 委 会

前　言

为全面贯彻国铁集团推动新时代铁路职工教育高质量发展主题思想，构建系统完善的职工培训体系，进一步规范机车乘务员培训管理、提升机车乘务员技术业务素质，深入推进机务系统职工培训标准化、规范化建设，更好地完成机车乘务员成才培养工作，沈阳局集团公司机务部依托机车乘务员塑型成长全历程工作指南，组织编写了“机车乘务员培训系列教材”。

本教材针对机车乘务员塑型成才的五个阶段（入门、成长、塑型、进阶、成才）分别制定了相应的配套学习指导。教材内容全面，涵盖了法律法规、安全知识、基础知识、专业知识以及实作技能等方面，构成了一个完整的培训体系，使机车乘务员通过学习，可以达到“三个标准”，即机车副司机任职资质、机车司机驾驶资质、机车司机成才标准。

本套教材由中国铁路沈阳局集团有限公司、辽宁轨道交通职业学院、辽宁铁道职业技术学院、吉林铁道职业技术大学共同编写完成。《机务通用基础知识（“2+1”学员）》由杨宾、苍松担任主编，王志鹏、吴维君、王子雨、岳贵鑫、王旭、曾庆江、邹爽、钟志富、路岩、张一丹、矫立建、房明、张军、金晶、邓子阳参加了编写工作。

本教材为沈阳局集团公司机务部、各机务段职工教育培训工作人员设计，旨在作为工具书和指导书使用，期望本教材能成为广大职工教育培训工作人员日常工作的得力助手，特别是在规范日常培训、提升工作效能等方面发挥积极作用。

鉴于时间和能力原因，本教材可能存在诸多不足之处，期望广大读者能提出宝贵的意见和建议。

编　者

2025年4月

目 录

第一章

铁路基本知识

知识目标

通过学习，了解和掌握铁路相关基础知识，加深对铁路行车工作的认知。

能力目标

能了解行车相关工作，确保行车安全。

素质目标

掌握铁路各相关设备知识、设计要求及行车中作用，保障铁路运输畅通。

第一节　铁路线路的分类及组成

铁路线路是机车车辆和列车运行的基础。它直接承受机车车辆轮对传来的压力，为了保证列车能按规定的最高速度安全、平稳和不间断地运行，使铁路运输部门能够质量完好地完成客货运输任务，铁路线路必须经常保持完好状态。

铁路线路是由路基、桥隧建筑物（桥梁、隧道、涵洞等）和轨道（钢轨、轨枕、联结零件、道床、防爬设备和道岔等）组成的一个整体工程结构。

一、铁路等级

铁路（线路）等级是铁路的基本标准。设计铁路时，首先要确定铁路等级。铁路技术标准和装备类型都要根据铁路等级选定。

我国《铁路线路设计规范》规定，新建和改建铁路（或区段）的等级，应根据它们在铁路网中的作用、性质和设计速度确定。我国铁路共划分为4个等级，即：Ⅰ级、Ⅱ级、Ⅲ级、Ⅳ级。

二、线路标志

为了检查和养护维修线路、为了司机和车长等工作上的需要，在线路沿线设有各种线路标志。其中，常见的有公里标、半公里标、曲线标、圆曲线与缓和曲线始终点标、桥梁及坡度标等，如图1-1、图1-2、图1-3所示。

（a）公里标

（b）半公里标

（c）百米标

图1-1　线路标志1

（a）坡度标

（b）曲线标

（c）桥梁标

图1-2　线路标志2

（a）隧道标

（b）涵渠标

图1-3　线路标志3

公里标、半公里标是线路的里程标。公里标表示从铁路线路起点开始计算的连续里程，每公里设一个。半公里标设于线路的每半公里处。

曲线标为曲线的技术参数标。其上标明了曲线有关要素(曲线长度、缓和曲线长度、曲线半径、超高、加宽等)，设于曲线的中部。

圆曲线和缓和曲线始终点标设于直线与缓和曲线、圆曲线与缓和曲线的连接处。表明缓和曲线的起点与终点。在该标上分别写有缓直、圆缓、缓圆、直缓字样。

坡度标设于变坡点处，它的正面和背面分别表示两边的坡度和坡段长度，并用箭头表示上坡或下坡，侧面则标明它所在位置的里程。

桥梁标一般设于桥头，标明桥梁编号和桥梁所在位置中心里程。

线路标志应埋设在计算里程方向的线路左侧。

三、路基和桥隧建筑物

路基和桥隧建筑物都是轨道的基础，是铁路线路的重要组成部分。它们直接承受轨道的重量，以及机车车辆及其荷载的压力。路基和桥隧建筑物的状态与线路质量的关系极为密切。因此，路基必须填筑结实，基床应强化处理，并经常保持干燥、稳定和完好状态，以保证运输安全畅通。路基面应当平顺并应有足够的宽度，符合轨道铺设、附属构筑物设置和线路养护维修作业的要求。同时，路基两侧应留有足够宽度的铁路用地，以保证路基稳定，满足维修检查通道、栅栏设置及绿化带建设的需要。

路基工程主要由路基本体、路基防护和加固建筑物、路基排水设备三部分建筑物组成。铁路路基是为了满足轨道铺设和运营条件而修建的土工构筑物。路基必须保证轨顶设计标高，并与桥梁隧道连接组成完整贯通的铁路线路。

1. 铁路路基

在铁路线路工程中，依其所处的地形条件不同，路基常见的两种基本形式是路堤和路堑。

路堤：当铺设轨道的路基面高于天然地面时，路基以填筑方式构成，这种路基称为路堤，如图 1-4(a)所示。路堤的组成包括路基面、边坡、护道、取土坑(或纵向排水沟)等。

路堑：当铺设轨道的路基面低于天然地面时，路基以开挖方式构成，这种路基称为路堑，如图 1-4(b)所示。路堑的组成包括路基面、边坡、侧沟、弃土堆和截水沟等。

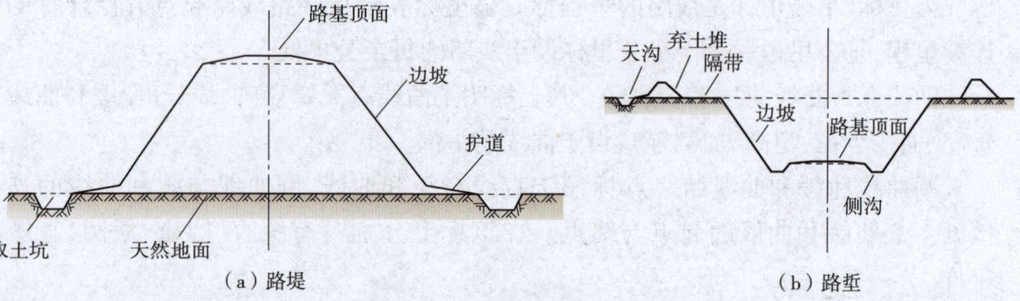

图 1-4　路基的基本形式

2. 铁路桥隧建筑物

当铁路线路要通过江河、溪沟、谷地以及山岭等天然障碍，或要跨越公路、铁路时，就需要修建桥隧建筑物，以使铁路线路得以继续向前延伸。桥隧建筑物包括桥梁、涵洞、明渠、隧道等。

（1）桥　　梁

桥梁主要由桥面、桥跨结构、墩台及基础 3 部分组成，如图 1-5 所示。

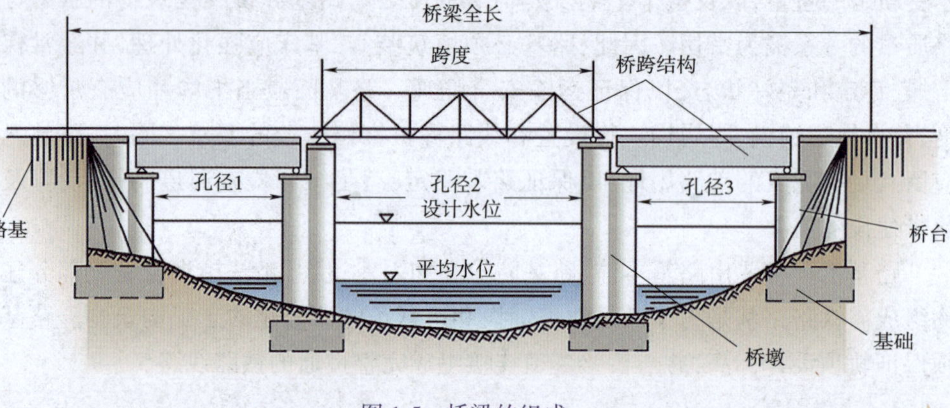

图 1-5　桥梁的组成

桥面是桥梁上铺设的轨道部分。桥跨结构是桥梁承受荷载，跨越障碍的部分。墩台是支撑桥跨结构的部分，包括桥墩和桥台。设于桥梁中部的支座称为桥墩，设于桥梁两端的支座称为桥台。桥墩与桥台的底部为桥台的基础。

两个相邻墩台之间的空间叫桥孔。每个桥孔在设计水位处的距离叫作孔径。从桥跨结构底部到设计水位的高度以及相邻两桥墩台之间的界限空间，叫作桥下净空。桥梁的孔径和桥下净空应能满足排泄洪水、泥石流、流水或船舶通航的要求。每一个桥跨两端支座间的距离，叫作跨度。整个桥梁包括墩台在内的总长度，是桥梁的全长。

(2)涵　　洞

涵洞设在路堤下部的填土中,是用以通过水流的一种建筑物。

涵洞主要由洞身(由若干管节所组成)、基础、端墙和翼墙所组成,如图 1-6 所示。管节埋在路基之中,它具有一定的纵向坡度(从进口向出口),以便排水。端墙和翼墙的作用是便于水流进出涵洞,同时还可以保护路堤边坡,使它不受水流的冲刷。

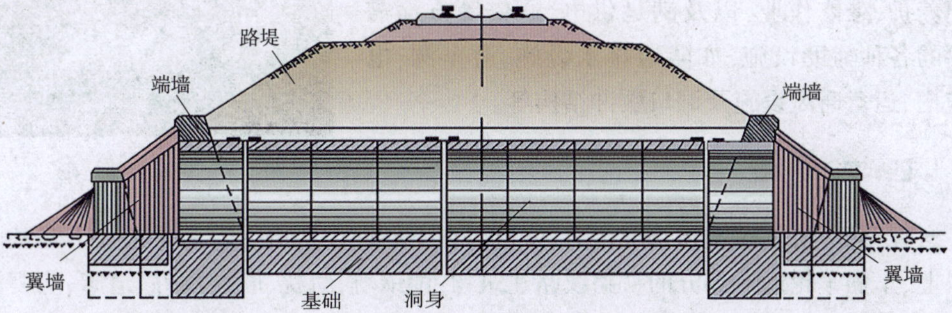

图 1-6　涵洞

按照建筑材料的不同,涵洞有石涵、混凝土涵、钢筋混凝土涵、铁涵等多种。涵洞的截面有矩形、圆形、拱形等不同形式。

涵洞的孔径一般是 0. 75~6 m。

(3)隧　　道

铁路隧道大多建筑在山中,用以避免开挖很深的路堑,或修建很长的迂回线,如图 1-7 所示。此外,还有建筑在河床、海峡或湖底以下的水底隧道和建筑在大城市地下的地铁隧道。

图 1-7　铁路隧道

铁路隧道结构由主体建筑和附属建筑物两大部分构成。

主体建筑物是为了保持隧道的稳定，保证隧道正常使用而修建的，主要由洞身内部衬砌）和洞门组成。隧道内部衬砌如图 1-8 所示。

附属建筑物是指为了保证隧道正常使用、方便养护、维修作业，以及满足供电、通信等方面需要的各种辅助设施，如隧道排水设施、避车洞、电缆槽、运营通风设施及洞口缓冲结构等。

图 1-8　隧道内部衬砌

四、轨　道

在路基、桥隧建筑物修成之后，就可以在上面铺设轨道。轨道是指处于路基面以上、车辆车轮以下部分的铁路线路建筑物，由钢轨、轨枕、联结零件、道床、防爬设备和道岔等主要部件组成。轨道的功能是引导机车车辆运行，直接承受由车轮传来的巨大压力，并把它传递给路基或桥隧建筑物。轨道的基本组成如图 1-9 所示。

图 1-9　轨道的基本组成

轨道是一个整体性工程结构，经常处于列车运行的动力作用下，所以它的各组成部分均应具有足够的强度和稳定性，以保证列车按照规定的最高速度，安全、平稳和不间断地运行。

1. 道　岔

道岔是一种使机车车辆能从一股道转入另一股道的线路连接设备，在车站上大量铺设。

道岔有多种类型，我国铁路常用的有单开道岔、双开道岔、三开道岔和交分道岔、渡线等。

普通单开道岔是一种主线为直线，侧线向主线的左侧或右侧分支的道岔。它由转辙器、辙叉及护轨和连接部分所组成，如图 1-10、图 1-11 所示。

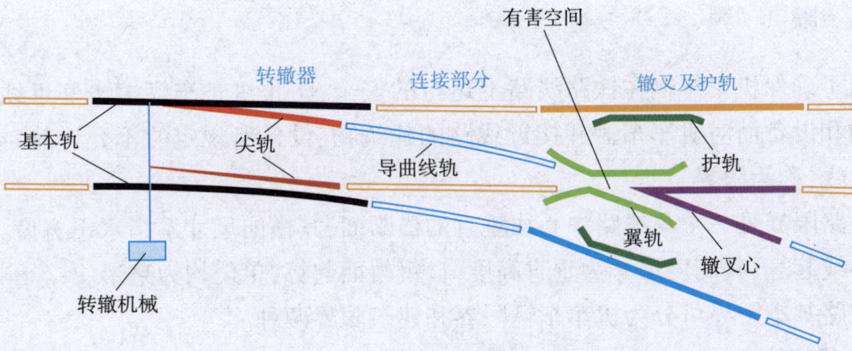

图 1-10　普通单开道岔

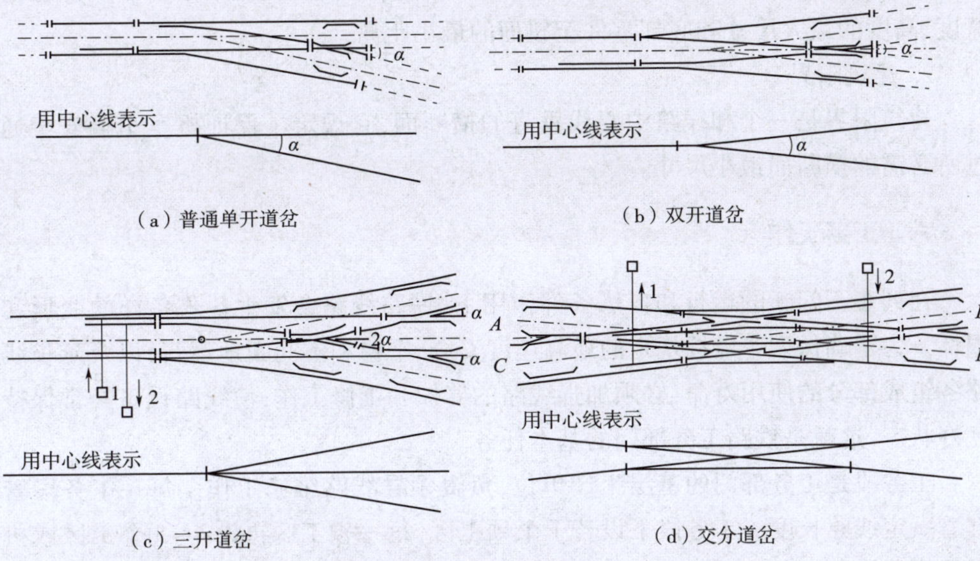

图 1-11　各种类型的道岔

2. 铁路轨道的类型

(1) 有砟轨道

目前，我国铁路有砟轨道按运营条件和轨道结构划分，共分为特重型、重型、次重型、中型和轻型等 5 种类型

(2) 无砟轨道

无砟轨道有不同的结构形式，因为无砟轨道不仅要满足高速行车承载能力的需要，而且施工工艺简便、施工精度高也是重要的一个方面，另外，混凝土道床板内

钢筋布置较多，当采用无绝缘轨道电路时，势必对信号传输性能有所影响。因此，无砟轨道采用何种结构形式，还与信号制式有关。

五、限　界

为了确保机车车辆在铁路线路上运行的安全，防止机车车辆撞击邻近线路的建筑物和设备而对机车车辆和接近线路的建筑物、设备所规定的不允许超越的轮廓尺寸线，称为限界。

铁路限界是一个与线路中心线垂直的横断面，其横向尺寸系指水平宽度，由线路中心线起算；其高度尺寸为垂直高度，自钢轨面起算，单位均为毫米。

铁路基本限界可分为机车车辆限界和建筑限界两种。

1. 机车限界

机车车辆限界是机车车辆横断面的最大极限，它规定了机车车辆不同部位的宽度、高度的最大尺寸和底部零件至轨面的最小距离。

2. 建筑限界

建筑限界是一个和线路中心线垂直的横断面，它规定了保证机车车辆安全通过所必需的横断面最小尺寸。

六、工务工作

在列车不间断的运行和自然条件作用下，铁路线路会发生各式各样的变形和损坏。为了确保列车能按规定的最高速度安全、平稳和不间断地运行，以及延长线路各组成部分的使用寿命，必须加强线路的养护和维修工作，使线路设备经常保持完好状态，这就是铁路工务部门的基本任务。

工务段是工务部门的基层生产单位，负责领导线路维修工作。每一工务段管辖着一定线路长度。工务段下设若干个领工区，每一领工区再设4~5个工区或机械化维修工队，分别负责管辖范围内的线路维修工作。

在铁路局下面，一般还设有线路、桥隧大修队，负责管内线路、桥隧大中修以及无缝线路的铺设工作。

线路的维修养护工作主要包括线路的经常维修和线路的大中修。

1. 线路经常维修

线路经常维修的基本任务是经常保持线路状态的完好，使列车能以规定的速度安全、平稳和不间断地运行，并尽量延长设备使用寿命。

2. 线路大修

线路经过较长时间后，各部分会发生磨损和变形，因此有必要进行线路大修。线路大修施工的内容有矫正并改善线路的平面和纵断面；全面更换或抽换、修理钢轨；更换或补充轨枕；清筛和更换道床，补充道砟，全面起道并捣固、改善道床断面；整治路基和安装防爬设备等。线路经过大修后，其质量标准应符合设计要求或得到加强。

第二节 铁路车辆概述

铁路车辆是运送旅客和货物的工具。除动车组的动车外，它一般没有动力装置，必须把车辆连挂成列，由机车牵引才能在线路上运行。

铁路车辆按用途可分为客车、货车及特种用途车。

铁路车辆按轴数分四轴车、六轴车和多轴车。

铁路车辆按载重量分，货车有 50 t、60 t、75 t 和 90 t 等多种。

一、客　车

客车分为供旅客乘坐及为旅客服务的以及特种用途的车辆 3 种。

1. 供旅客乘坐的车辆

主要有硬座车、软座车、硬卧车、软卧车及双层车等，如图 1-12、图 1-13 所示。

图 1-12　25A 型空调硬座客车

图 1-13　25B 型双层硬座车

2. 为旅客服务的车辆

主要有餐车、行李车等。

(1)餐车：供旅客在旅行中就餐用的车辆。车内设有厨房、餐室等设备。

(2)行李车：供运送旅客行李及物品的车辆。车内设有行李间及行李员办公室等设备。

3. 特种用途的车辆

主要有邮政车、空调发电车、公务车、医疗车、卫生车、文教车等。

(1)邮政车：供运送邮件使用的车辆。车内设有邮政间及邮政员办公室等设备。

(2)公务车：供有关铁路人员到沿线检查工作时办公用的专用车辆。

(3)卫生车：专供运送伤病员使用的车辆。车内设有简单的医疗设备。

二、货　车

货车是供运送货物的车辆。货车类型很多，按用途可分为通用货车、专用货车和特种用途货车3种。

1. 通用货车

通用货车是装运普通货物的车辆，其货物类型多不固定，也无特殊要求，所占比例较大，一般有平车、敞车、棚车、罐车和保温车等。

(1)敞车：车体无车顶，由地板、侧墙、端墙组成。主要用来运送煤炭、矿石、钢材等不怕湿的货物，必要时，在所装运的货物上面加盖防水篷布，也可代替棚车装运怕湿的货物。因此，敞车具有很大的通用性，是货车中数量最多的一种，如图1-14所示。

图1-14　C_{70}型敞车

敞车按卸货方式的不同可分为两类：一类是适合于人工或卸车作业机作业的通用敞车；另一类是适合于大型工矿企业、专用码头，用翻车机卸货的专用敞车。

(2)棚车：车体由地板、侧墙、端墙、车顶、门和窗组成。用以装运各种需防止湿损、日晒或散失的货物，如粮食、布匹及日用品等，如图1-15所示。

图.1-15 P_{62} 型棚车

(3)平车:大部分平车只有地板,两侧设有柱插。用以装运钢材、机器、设备、集装箱、汽车等体积或重量较大的货物。有的平车还设有可向下翻倒的活动矮侧墙和端墙,用来装运矿石、砂土等块粒状货物,如图 1-16 所示。

图 1-16 N_{17G} 型平车

(4)罐车:车体外形为一个卧放的圆筒,具有较大的强度和刚度。罐体上设有安全阀,当外界温度发生变化时,罐体内的压力超过一定数值,安全阀能自行打开,将罐内气体放出;罐内压力低于一定数值时,通过安全阀向罐内补气,以保证运行安全。专用于装载液体、液化气体或粉状货物。按货物品种可分为轻油类罐车、粘油类罐车、酸碱类罐车、液化气体类罐车和粉状货物罐车等。按卸货方式可分为上卸式罐车和下卸式罐车,如图 1-17 所示。

图 1-17 U_{61W} 型水泥罐车

(5)冷藏车：车体外形与棚车相似，但车体外表涂成银灰色，以利阳光的反射，减少太阳辐射热的侵入。车体墙板内装有隔热材料，车内设有制冷、加温、测温和通风装置。主要用以装运易腐货物，如鱼、肉、水果等；也可装运对温度有特殊要求的货物。

根据冷藏设备的不同，有加冰冷藏车和机械冷藏车等，如图 1-18 所示。

图 1-18　B_{23} 型五节式机械冷藏车

2. 专用货车

专用货车一般指只运送一种或很少几种货物的车辆。其用途比较单一，同一种车辆要求装载的货物重量或外形尺寸比较统一，有时在铁路上的运营方式也比较特别，如固定编组、专列运行等。专用货车一般有矿石车、集装箱车、毒品车、家畜车、水泥车、粮食车、长大货车(长大平车、落下孔车、凹型车、钳夹车)、活顶棚车、特种车等。

(1)矿石车：车体有固定的侧、端墙和卸货用的特殊车门，主要用以运送矿石、煤炭等货物。有的车体下部呈漏斗形，并设底门卸货(又称漏斗车)。有的车体能向一侧倾斜，由侧门卸货(又称自翻车)，如图 1-19 所示。

图 1-19　自翻车

(2)水泥车：为密封式罐型车体，车顶有装水泥的舱孔，设气卸式卸货装置，用压力空气卸货，供运送散装水泥之用，如图 1-20 所示。

图 1-20 立式散装水泥专用车

(3)集装箱车:无车底板和车墙板。车底架上设固定式、翻转式锁闭装置和门止挡,以便锁闭集装箱,供运送各种系列集装箱之用,如图 1-21 所示。

图 1-21 X6B 型集装箱专用平车

(4)长大货物车:车体长度在 19 m 以上、无墙板、载重 70 t 以上,用以装运各种长大重型货物,如大型机床、发电机、化工合成塔等。长大货物车按其结构形式可分为长大平板车、凹底平车(俗称元宝车)、落下孔车和钳夹车等。由于这些车的载重及自重都较大,为适应线路允许的轴重要求,车轴数较多。如图 1-22、图 1-23、图 1-24 所示。

图 1-22 载重 370 t 的 D30A 型钳夹式长大货车

图 1-23　载重 320 t 的 D32A 型凹底平车

图 1-24　载重 350 t 的 DK35A 型落下孔车

3. 特种用途车

按特种用途设计制造的货车，其结构和用途都有所不同，如检衡车、救援车、除雪车等。

四轴车的每两根车轴分别组成两个相同的转向架；能相对于车底架做自由转动，因此，缩短了车辆的固定轴距，使之能顺利地通过曲线。我国铁路上的大部分车辆均采用这种形式。对于载重量较大的车辆，为使每一车轴加在线路上的重量不超过线路强度所规定的吨数（称为“轴重”），可以做成六轴车或多轴车。

三、铁路车辆的基本构造

铁路车辆种类繁多，但其结构大致相似，一般由车体、走行部、车钩缓冲装置、制动装置和车辆内部设备等 5 个基本部分组成。

1. 车　　体

车体是旅客乘坐或装载货物的部分，车体一般和车底架构成一个整体，车体结构形式与车辆的用途有关，一般由车底架、侧墙、端墙、地板、车顶等部分组成。

车底架是车体的基础。它承受车体和所装货物的重量,并通过上下心盘将重量传给走行部。在列车运行时,它还承受机车牵引力和列车运行中所引起的各种冲击力,所以必须具有足够的强度和刚度。

货车车底架由中梁、侧梁、枕梁、横梁、纵梁及端梁等组成,如图 1-25 所示。

中梁位于车底架的中央,为车底架的骨干,两端是安装车钩缓冲装置的地方,是主要承受垂直载荷和纵向作用力的杆件。

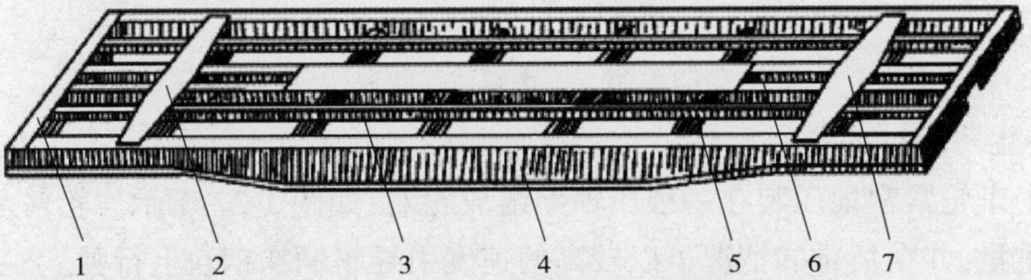

1—端梁;2、7—枕梁;3—纵梁;4—侧梁;5—横梁;6—中梁。

图 1-25 货车车底架

枕梁是车底架和转向架摇枕衔接的地方。在枕梁下部安装的上旁承和上心盘,分别与转向架摇枕上的下旁承和下心盘相对,并将重量传给走行部。

客车车体采用薄壁筒形结构,由底架、侧墙、车顶、内外端墙、门窗等组成。客车车底架构造和货车车底架相似。客车两端必须设置通过台,所以它的两端各有一个通过台架。为了满足旅客在旅行生活上的需要,车体内部设有坐卧设备、车电设备、通风设施和空调取暖设备等。

2. 走 行 部

走行部可以引导车辆沿轨道运行,并把车辆的重量和货物载重传给钢轨,它应保证车辆以最小的阻力在轨道上运行,并顺利地通过曲线。走行部能否保持良好的状态,对于车辆的安全、平稳、高速运行有很大影响。

目前,我国铁路的货车大部分是四轴货车,则走行部由两台相同的并独立的二轴转向架组成。每一个转向架由两组轮对、轴箱油润装置、侧架、摇枕、弹簧减振装置等组成一个整体结构,并通过摇枕上的下心盘、中心销和车体底架枕梁上的上心盘对接后与车体连接为一体。采用转向架的形式,可以缩短车辆的固定轴距,车体与转向架之间可以相对自由转动,便于通过曲线。同时,转向架结构也可使车辆的载重量、长度和容积有所增加,运行品质得以改善,满足了现代铁路运输发展的需要。铸钢侧架式转向架是我国铁路上广泛使用的一种货车转向架,如图 1-26 所示。下面以它为例来说明转向架的一般构造。

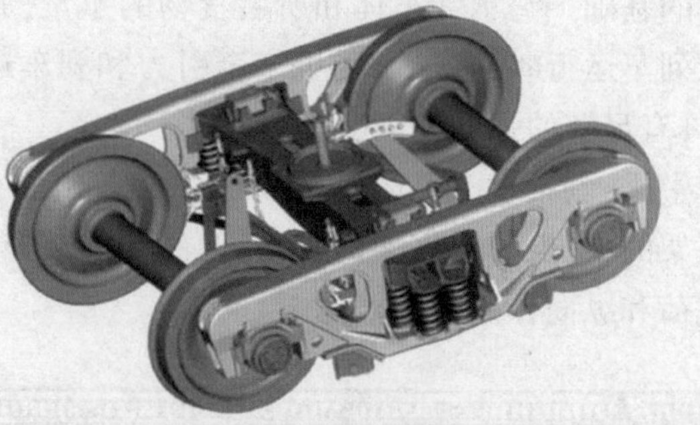

图 1-26　铸钢侧架式转向架

(1)轮　　对

两个车轮紧密地压装在一根车轴上组成轮对,如图 1-27 所示。轮对承受车辆的全部重量,并在负重的情况下以较高的速度引导车辆在钢轨上行驶。

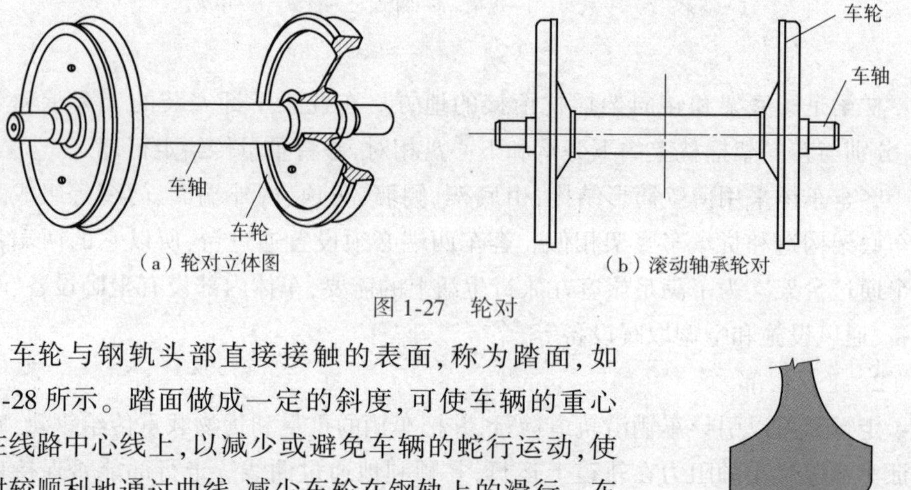

（a）轮对立体图　　（b）滚动轴承轮对

图 1-27　轮对

车轮与钢轨头部直接接触的表面,称为踏面,如图 1-28 所示。踏面做成一定的斜度,可使车辆的重心落在线路中心线上,以减少或避免车辆的蛇行运动,使轮对较顺利地通过曲线,减少车轮在钢轨上的滑行。车轮内侧外缘凸起的部分叫轮缘。它的作用是引导车辆沿钢轨运行,防止轮对脱轨,保证车辆在线路上安全运行。

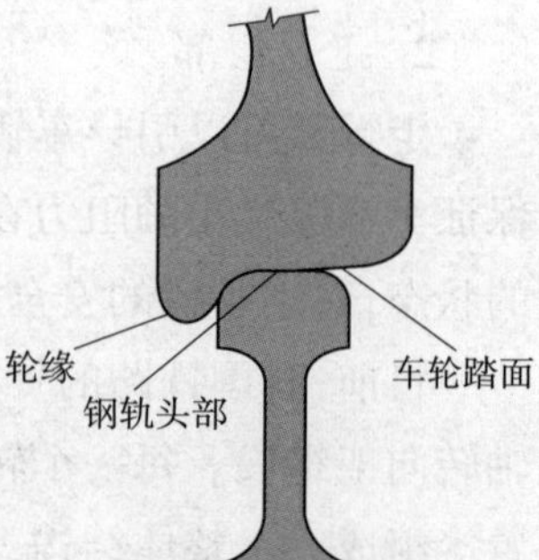

图 1-28　踏面

车轮两端伸进轴箱的部分叫轴颈,用以安装轴承。轮座是压装、固定车轮的部分,也是车轴受力最大、直径最大的部分。车轴的中部为轴身。

(2)轴箱油润装置

轴箱油润装置的作用是将轮对和侧架联结在一起,并将车辆的重量传给轮对;主要作用是保护轴颈,使轴承与轴颈间得到润滑,减少摩擦,防止在高速运行条件下发生热轴,保证车辆安全运行。

铁路车辆上有两种类型的轴箱装置，即滚动轴承轴箱和滑动轴承轴箱装置。现在大量采用的是滚动轴承轴箱，如图 1-29 所示。

图 1-29　滚动轴承轴箱

这种轴箱由轴箱体、轴箱盖、滚动轴承等组成。在轴箱内加入适量的软干油，当车轴和轴承转动时，就能将油脂带入摩擦表面。滚动轴承能减少运动阻力，适合高速运行，减少燃轴事故，延长检修周期，缩短检修时间，加速车辆周转，节省油脂，降低运营成本。

滑动轴承的主要缺点是运行阻力大，使用和保养不慎时容易发生燃轴事故，故已逐步被淘汰。

（3）侧架、摇枕及弹簧减振装置

货车转向架的构架是由左右两个独立的侧架与摇枕组成，侧架和摇枕是货车转向架的主要部件，如图 1-30、图 1-31 所示。它不仅承受、传递各种作用力，而且把转向架各零部件组成一个整体。

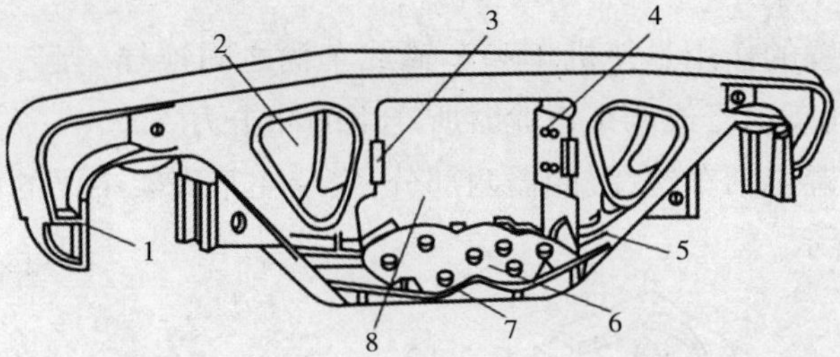

1—轴箱导框；2—检查孔；3—楔块挡；4—磨耗板；5—制动梁滑槽；6—弹簧承台；7—圆脐子；8—摇枕孔。

图 1-30　侧架

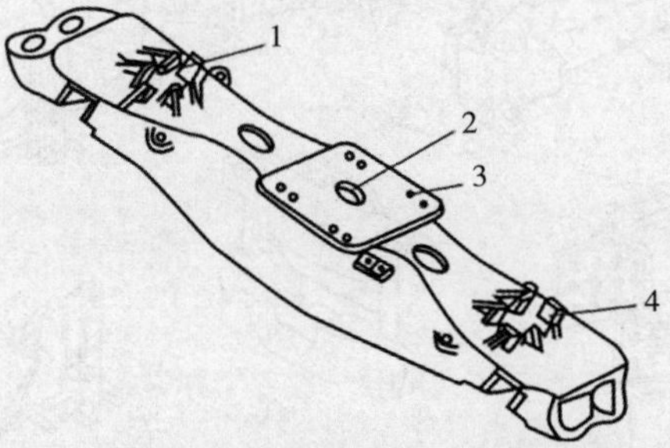

1、4—下旁承座；2—中心销孔；3—盘螺栓孔。

图 1-31　摇枕

客车转向架是一种无导框式(又称构架式)转向架,构架侧梁下面的轴箱弹簧,直接放置在轴箱体两侧的弹簧托板上,如图 1-32 所示。

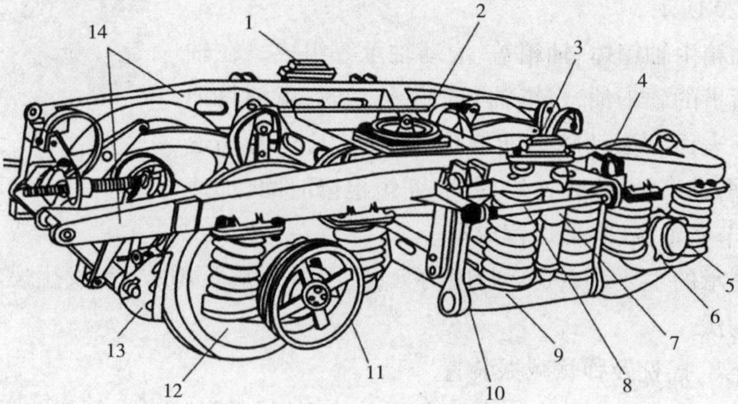

1、3—下旁承；2—下心盘；4—摇枕弹簧装置；5—轴箱；6—轮对轴箱弹簧装置；7—轴压减振器；8—纵向牵引拉杆；9—摇枕；10—摇枕吊杆；11—发电机皮带传动装置；12—轮对；13—基础制动装置；14—构架。

图 1-32 客车转向架

3. 车钩缓冲装置

车钩缓冲装置的作用是使机车和车辆或车辆之间连挂一起,并且传递牵引力和制动力,缓和列车运行或调车作业时所产生的冲击力。

车钩缓冲装置包括车钩、缓冲器两部分,安装在车底架中梁的两端。车钩缓冲装置如图 1-33 所示。

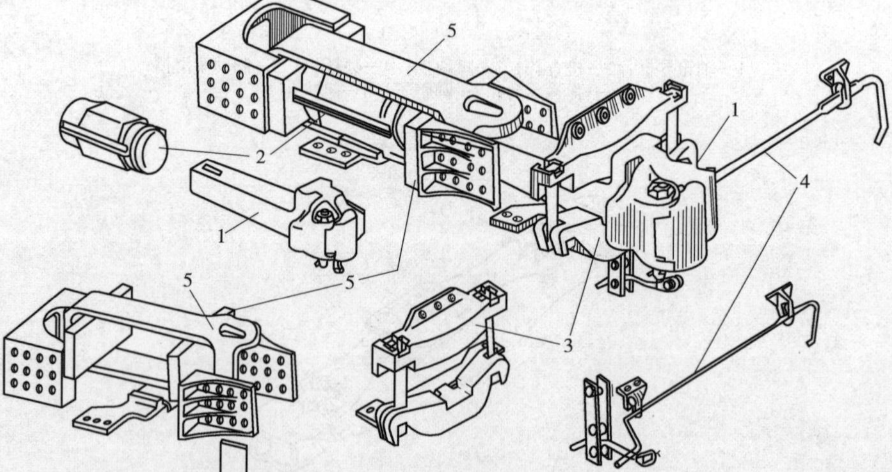

1—车钩；2—缓冲器；3—车钩复原装置；4—解钩装置；5—钩尾框及从板。

图 1-33 车钩缓冲装置

(1)车　　钩

车钩由钩头、钩身和钩尾3个部分组成。钩头里装有钩舌、钩舌销、钩提销、钩舌推铁和钩锁铁等零部件,车钩三态作用位置如图1-34所示。

为了实现挂钩或摘钩,使车辆连接或分离,车钩具有以下3种位置:

①锁闭位置:车钩的钩舌被钩锁铁挡住不能向外转开的位置,称之为锁闭位置。两个车辆连挂在一起时车钩就处在这种位置,如图1-34(a)所示。

②开锁位置:钩锁铁被提起,钩舌只要受到拉力就可以向外转开的位置,如图1-34(b)所示。

③全开位置:钩舌已经完全向外转开的位置,如图1-34(c)所示。

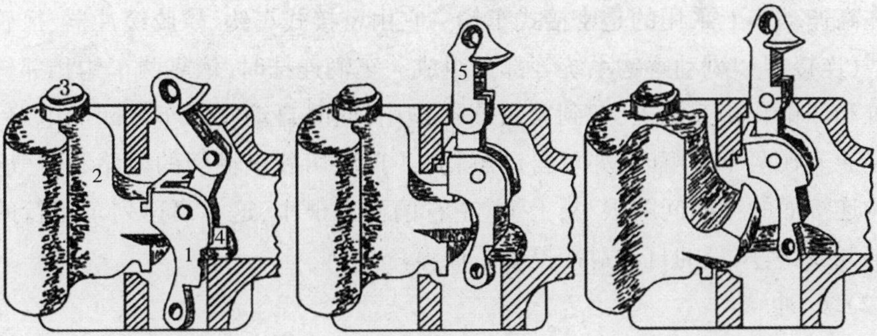

(a)锁闭位置　　(b)开锁位置　　(c)全开位置

1—钩锁铁;2—钩舌;3—钩舌销;4—钩舌推铁;5—钩提销。

图1-34　车钩三态作用位置

摘钩时,只要其中一个车钩处在开锁位置,就可以把两辆车分开。当两个车需要连挂时,只要其中一个车钩处在全开位置,与另一辆车钩碰撞后就可连挂,连挂的货车车辆如图1-35所示。

近年来铁路运输系统大力发展单元、组合重载列车。在这种列车中装设的是旋转式车钩,如图1-36所示。在车辆的一端装设旋转车钩,车辆的另一端装设普通的固定车钩,整个列车上每组连接的两个车钩,一为旋转车钩,一为固定车钩,两两固定相互搭配。当车辆进入翻车机位时,翻车机带动待翻车辆旋转,以车钩纵向中心线旋转180°,这时车底架连同一端装有旋转车钩的钩尾框相对于车钩钩身旋转。旋转车钩由于受相邻车辆上与其连挂的固定车钩约束,使未进翻车机位的车辆静止不动,被翻转车辆另一端的固定式车钩随同车底架沿车钩中心线旋转,并带动相邻车辆与其连挂的旋转车钩一起旋转,实现不摘车作业,缩短了卸货作业时间。

图 1-35　连挂的货车车辆

图 1-36　旋转式车钩

在高速动车上采用的是密接式车钩。它由密接式车钩、橡胶缓冲器、风管连接器、电气连接器和风动解钩系统等部分组成。车辆连挂时，依靠两车钩相邻钩头上的凸锥和凹锥孔相互插入，起到紧密连接作用，同时自动将两车之间的电路、空气管路接通。在两车分解时，亦可自动解钩，并自动切断车辆间的电路和空气通路。两车钩连接面的纵向间隙很小，上下、左右偏移也很小，这为高速列车运行的平稳性和电气线路、风管的自动对接提供了保障。

(2)缓 冲 器

为了缓和并减小车辆在连挂、起动、制动时产生的冲击力，提高列车运行的平稳性，延长车辆使用寿命，在车钩的后面装有缓冲器。缓冲器不仅可以起到缓和冲击的作用，还可以吸收一部分冲击时产生的动能。

4. 制动装置

制动装置是用外力迫使运行中的机车车辆减速或停车的一种设备。它不仅是列车安全、正点运行的重要保证，而且也是提高列车重量和运行速度的前提条件。因此，制动装置的性能好坏，对铁路的运输能力和行车安全都有重要作用。

车辆上的制动装置一般包括 3 个部分，即制动机、基础制动装置和停车制动装置(人力制动机)。

我国机车车辆上安装的制动机主要有空气制动机和人力制动机。空气制动机是利用压缩空气产生制动力的，一般作为列车制动用。人力制动机是用人力进行制动，一般只在调车时对个别车辆或车组实行制动用。

(1)空气制动机

空气制动机又叫作自动制动机，车辆空气制动机所需压缩空气是由机车总风缸供给的。

空气制动机的部件,一部分装在机车上,另一部分装在车辆上。装在机车上的有空气压缩机、总风缸、制动阀等。由空气压缩机产生的压缩空气储存在总风缸内,是制动所用的动力来源。列车中每个车辆的制动、缓解作用,都是由机车司机操纵制动阀来实现。

(2)人力制动机

在每节车辆的一端,都装有一套人力制动机,可以用人力来使单节车辆或车组减速或停车。

(3)基础制动装置

基础制动装置设在转向架上,是利用杠杆原理,将空气制动机或人力制动机产生的力量扩大适当倍数,再均衡地向各个闸瓦传力的装置。客车多为双瓦式,货车多为单瓦式。

(4)新型车辆制动技术

随着列车速度的不断提高,动能加大,仅靠传统的闸瓦制动方式和自动空气制动机操纵控制是无法达到要求的。因此,高速列车的制动必须采用综合方式,即多种制动协调使用,方能获得较好的效果。如我国在动车组、双层客车及地铁车辆上使用的盘形制动。

5. 列尾装置

(1)作　用

a. 可以使机车乘务员准确掌握列车尾部风压,确认列车完整,当列车主管因泄漏等原因致使风压不足时,可直接向司机报警。

b. 当车辆折角塞门被意外关闭时,司机可直接操纵列尾装置使其强行排风,使列车制动停车。

c. 起到列车尾部标志作用,为接发列车人员确认列车完整提供条件。

(2)设　备

列尾装置的设备由尾部主机、司机控制盒及附属设备构成。

a. 尾部主机由无线电台、主控单元、风压传感系统及排风系统、自控闪光灯等组成,其风管与列车尾部主风管相连。

b. 司机控制盒由主控单元及语音播放系统组成,固定在机车司机室操纵台上,与列调电台相连。

6. 车辆标记

为了表示车辆的类型和特征,满足运用、检修和统计上的需要,每一铁路车辆上均应具有规定的各种标记。

车辆标记分为运用标记、产权标记、制造标记和检修标记。

(1)运用标记

运用标记是铁路运输部门如何运用车辆的依据。

a. 车辆编码

为了对车辆识别与管理，适应全国铁路用微机联网管理的需要，对运用中的每一辆车都进行编码，且每一辆车的编码是唯一的，编码的主要内容为车种、车型、车号。

b. 车种编码

原则上用该车种汉语拼音名称中关键的一个或两个大写字母表示。客车用两个字母表示，货车一般用一个字母表示。部分车辆车种型号见表 1-1。

c. 车型编码

用大写汉语拼音字母和数字混合表示，依次由 3 部分组成：第一部分为车辆所属的车种编码，用一位大写字母表示，作为车型编码的首部；第二部分为车辆的重量系列或顺序系列，用一位或两位数字或大写字母表示；第三部分为车辆的材质或结构，用一位或两位大写字母表示。例如：

C_{62} 型敞车：C 表示车种；62 表示重量系列；A 表示结构。

d. 车号编码

采用 7 位数字代码，因车种、车型不同，使用数字规定了区分范围，同种车辆必须集中在划定的码域内，以便从车号编码上反映车辆的车种、车型。车辆编码是该车的重要标识，必须涂刷在车辆侧墙上明显的位置。我国铁路部分车辆车种型号见表 1-1。

表 1-1　部分车辆车种型号

序号	货车车种	基本型号	序号	客车车种	基本型号
1	棚车	P	1	软座车	RZ
2	敞车	C	2	硬座车	YZ
3	平车	N	3	软卧车	RW
4	罐车	G	4	硬卧车	YW
5	冷藏车	B	5	行李车	XL
6	特种车	T	6	邮政车	UZ
7	长大货物车	D	7	餐车	CA
8	集装箱车	X	8	公务车	GW
9	家畜车	J	9	试验车	SY
10	水泥车	U	10	代用座车	ZP
—	—	—	11	硬座双层客车	YZS

(2)自重、载重及容积

自重为空车时车辆本身的重量,以“吨”为单位;载重即车辆允许的最大装载重量,以“吨”为单位;容积是货车内部可容纳货物的体积,以“立方米”为单位并在括号内注明“内长×内宽×内高”的尺寸。

(3)车辆全长及换长

车辆全长为该车辆两端钩舌内侧间的距离,以“米”为单位。

换长是为了编组列车时统计工作的方便,将车辆全长换算成辆数来表示的长度,换算时以长度 11 m 为计算标准。即:换长 = 车辆全长/11。计算中保留一位小数,尾数四舍五入。

(4)车辆定位

车辆的定位一般以制动缸活塞杆推出的方向为一位端,相反的方向为二位端,并在车上规定的部位涂刷方位标志,如图 1-37 所示。

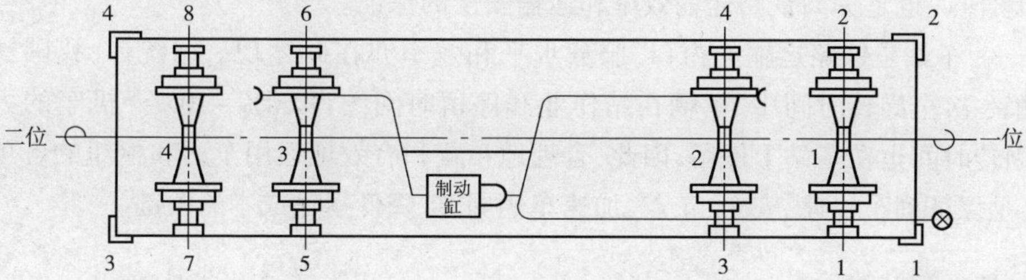

图 1-37　车辆定位

车辆的车轴、车轮、车钩、转向架、轴箱等部位的称呼,均由第一位车端开始数,左右对称时从左到右数(左为单数,右为双数),依此数到第二位车端。

(5)表示车辆设备、用途标记(主要指货车)

例如:

——表示可以参加国际联运的客货车;

——表示禁止通过机械化驼峰的货车;

——表示具有车窗、床托等的棚车,可以运送人员。

第三节　铁路车站分类及设施设备

铁路运输的目的是安全、迅速、经济、便利地运送旅客和货物,为国家的经济建设和人民的需要服务。在完成运输任务的过程中,铁路车站起着重要的作用。

车站既是铁路办理客货运输的基地，又是铁路系统的一个基层生产单位。在车站上，除办理旅客和货物运输的各项作业外，还办理和列车运行有关的各项作业。为了完成上述作业，车站上设有客货运输设备及与列车运行有关的各项技术设备，还配备了客运、货运、行车、装卸等方面的工作人员。

一、车站的作用

1. 车站是办理客货运输的基地。旅客购票、候车、乘降和货物的承运、保管、装卸、交付以及相关的作业都是在车站进行的，可以说车站是铁路与旅客、货主联系的纽带。

2. 车站是铁路运输的基本生产单位。在车站，除了办理客货运输各项作业，还进行机车的换挂、整备；车辆的检查、修理等作业。此外，车站还进行列车的接发、会让、越行，车列的解体、编组等作业。所以说，车站不仅是铁路内部各项作业的汇合点，也是提高铁路运输效率和运输安全的保证。

3. 车站是铁路运输的窗口，服务水平和效率亦在此体现。据统计，我国铁路货车一次全周转时间中，车辆在站作业和停留时间约占60%～70%。机车的大部分周转时间也在车站上停留，因此，合理地布置和有效地运用车站和枢纽的各项设备，是保证列车快速、安全、正点、加速车辆周转、降低运输成本的关键。

二、车站的分类

目前，我国铁路上有大小车站几千个，这些车站所担负的任务量、业务性质不同，其办理的作业、服务的对象及重点也有所不同。因此，车站有不同的分类。

1. 按业务性质分为客运站、货运站、客货运站。

2. 按技术作业分为中间站、区段站、编组站。

3. 按所担负的任务量及在铁路网上的地位分为特等站和一、二、三、四、五等。

三、车站的设施设备

1. 中 间 站

中间站是为沿线城乡人民及工农业生产服务，提高铁路区段通过能力，保证行车安全而设的车站。它主要办理列车的到发、会让和越行，以及客货运业务。中间站设备规模虽然较小，但是数量很多，它遍布全国铁路沿线中、小城镇和农村，在发展地方工农业生产，沟通城乡物资交流中起着很重要的作用。中间站的设置位置，既要符合线路通过能力的要求，又要适当满足地方工农业生产发展的需要，并应考虑地形、地质等自然条件。

为了完成上述作业，中间站应根据作业性质和工作量大小而设置以下设备。

(1)客运设备：包括旅客站舍(售票房、候车室、行包房)、旅客站台、雨棚和跨越设备(天桥、地道、平过道)等；

(2)货运设备：包括货物仓库、货物堆放场、货物站台和货运室、装卸机械等；

(3)站内线路：包括列车到发线、货物装卸线，以及调车用的牵出线和安全线等；

(4)信号及通信设备：包括信号机、信号表示器、站内电话、对讲机械、广播及扩音设施等。

2. 会 让 站

在我国铁路上，还有数量不多、主要用来提高线路通过能力而设置的车站，称为会让站和越行站。根据《铁路车站及枢纽设计规范》规定，会让站和越行站均包括在中间站之内。

会让站设置在单线铁路上，主要办理列车的到发、会车、让车，仅办理少量的客货运业务。会让站应铺设到发线并设置通信、信号设备及旅客乘降、办公房屋等设备。

在会让站上，既可以实现会车，也可以实现越行。先到的列车在本站停车，等待反方向的列车到达本站、两个列车互相交会，叫作会车；先到的列车在本站停车，等待后一个同方向的列车通过本站或到达本站停车后先开，叫作越行。

3. 越 行 站

越行站设置在双线铁路上，主要办理同方向列车的越行业务。因此，越行站应铺设到发线并设置通信、信号设备及旅客乘降、办公房屋等设备，在正常情况下，双线铁路的每一条正线规定只开行某一方向的列车，必要时办理反方向列车的转线，也办理少量客、货运业务。

4. 区 段 站

为了保证上述作业的完成，在区段站上应设有以下各项设备。

(1)客运业务设备：主要有旅客站房、旅客站台、雨棚及跨越线路设备等。

(2)货运业务设备：主要指货场及其有关设备，如装卸线、存车线、货物站台、仓库、雨棚、堆放场及装卸机械等。

(3)机务设备：在机务段(或机务折返段)所在的区段站上，如采用循环交路，在到发场或其附近应设机车整备设备。当采用长交路轮乘制时，可设机车运用段或机务换乘点。

(4)车辆设备:主要指列车检修所(简称列检所)、站修所。

除上述各项设备外,还有信号、通信、给水、排水、电力、照明、技术办公房屋以及城镇道路的平(立)交设备等。

5. 编 组 站

从种类上看,编组站的设备与区段站基本一样,有调车设备、行车设备、机务设备、车辆设备,根据需要,编组站有时也设有客运设备、货运设备等。而调车设备则是编组站的核心设备。

6. 客 运 站

专门为旅客办理客运业务的车站称为客运站。客运站是铁路旅客运输的基本生产单位,它的主要任务是组织旅客安全、迅速、准确、方便地上下车;办理行包、邮件的装卸搬运;组织旅客列车安全、正点到发和客车车底取送;为旅客提供舒适的服务条件。

(1)站房:是客运站的主体,包括为旅客服务的各种房屋、技术办公房屋以及职工生活用房等。

(2)站场:是办理客运技术作业的地方,包括线路、站台、雨棚、跨线设施等。

(3)站前广场:是客运站与城市的结合部,包括站房平台、旅客活动地带、人行通道、车行道、停车场、公交站点及绿化与景观用地等。

7. 货 运 站

凡专门办理货运作业(包括组织货源、货流、办理货物的承运、保管、交付、货物装卸作业、计算核收运费、填制货运票据等)的车站,以及专门办理货物联运或换装的车站,均称为货运站。货运站应设有下列主要设备。

(1)运转设备:包括到发线、调车线、牵出线等。

(2)货运设备:货场配线(包括货物装卸线、存车线、货场牵出线等)、场库设备(包括仓库、雨棚、站台、堆放场等)、装卸设备(包括各种装卸机械、运输机械等)、取送货物的道路及停车场和给排水设备及消防设备。

(3)其他设备:根据作业需要设置货物站台,机车整备、车辆检修设备,集装箱及托盘的维修保养设备,货车消毒洗刷设备,篷布维修设备,加冰设备,货物检斤设备和量载设备等。

四、区间与分界点

为了保证行车安全和必要的线路通过能力,铁路上每隔一定距离需要设置一个车站。两相邻车站间的线路称为区间。而车站则成为相邻区间之间的分界点,因此，区间和分界点是组成铁路线路的两个基本环节。

1. 分 界 点

车站上除了正线以外，还配有其他线路（到发线、调车线、牵出线、货物线及站内指定用途的其他线路等），所以把各种车站称为有配线的分界点。此外，还有一种无配线的分界点，它包括非自动闭塞区段上的线路所和自动闭塞区段两车站间划分为若干个闭塞分区处所设置的通过色灯信号机。

2. 区　　间

依据分界点的不同，区间也有不同的分类。车站与车站之间的区间称为站间区间，如图 1-38 所示；车站与线路所之间的区间称为所间区间，如图 1-39 所示；自动闭塞区段上通过色灯信号机之间的路段称为闭塞分区，如图 1-40 所示。

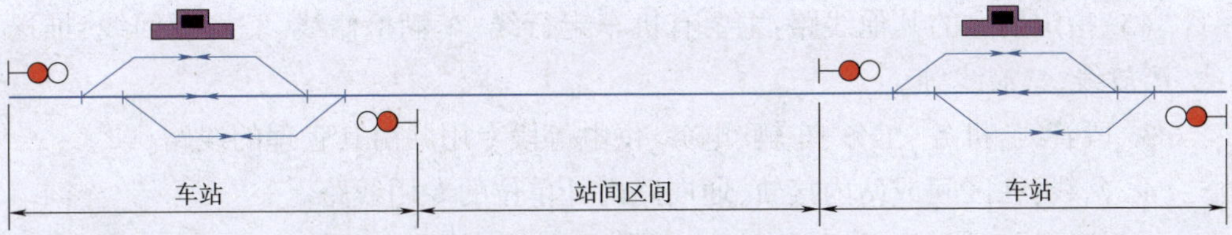

图 1-38　单线铁路站间区间

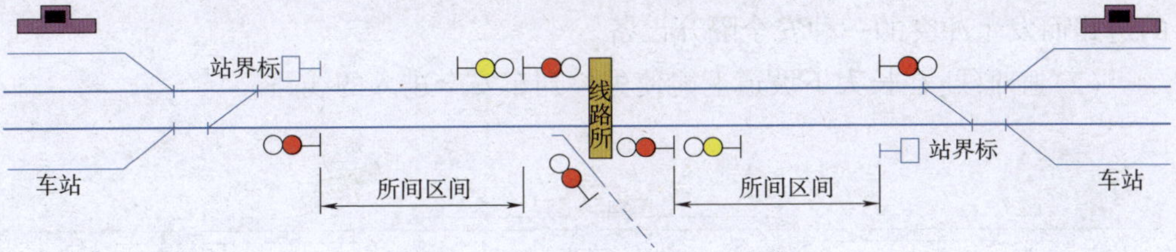

图 1-39　双线铁路所间区间

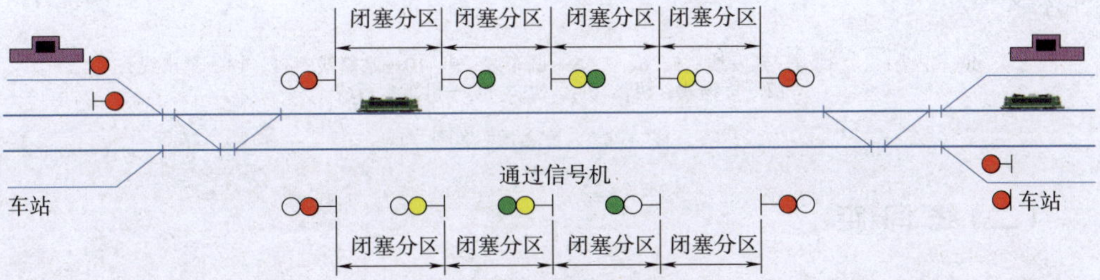

图 1-40　双线铁路自动闭塞分区

区段是指两相邻技术站间，包含若干个区间和分界点的铁路线段。区段的长度一般取决于牵引动力的种类或路网状况。

五、车站线路种类与线间距

（一）车站线路种类

车站线路按用途分为正线、站线、段管线、岔线及特别用途线，如图 1-41 所示。

1. 正线：连接车站并贯穿或直股伸入车站的线路。

2. 站线：到发线、牵出线、货物线、调车线及站内指定用途的其他线路。

（1）到发线：用于接发旅客列车与货物列车。

（2）牵出线：用于进行调车作业时将车辆牵出。

（3）货物线：用于货物装卸时的货车停放。

（4）调车线：用于车列解体、编组和车辆存放。

（5）指定用途的其他线路：主要有机车走行线、车辆检修线、驼峰迂回线、推送线、溜放线、禁溜线等。

3. 段管线：机务、工务、车辆、电务、供电等段专用并由其管理的线路。

4. 岔线：在区间或站内接轨，通向路内外单位的专用线路。

5. 特别用途线：为保证行车安全而设置的安全线和避难线。

（1）安全线：为防止列车或机车车辆从一进路进入另一列车或机车车辆占用的进路而发生冲突的一种安全隔开设备。

（2）避难线：在长大下坡道上能使失控列车安全进入的线路。

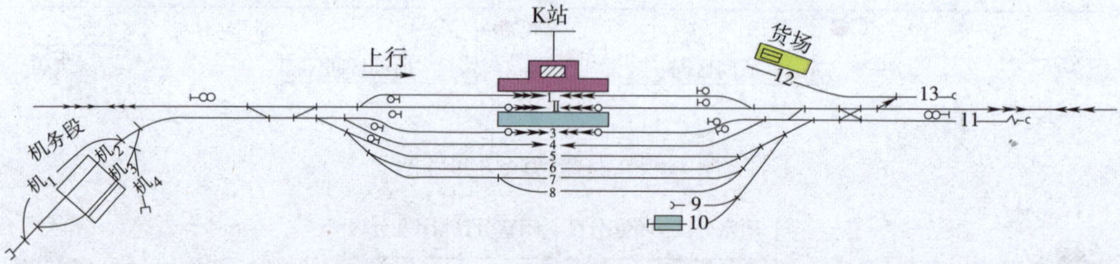

Ⅱ—正线；1、3、4—到发线；5、6、7、8—调车线；9、10—站修线；11、13—牵出线；12—货物线；机$_1$、机$_2$、机$_3$、机$_4$—机车走行线。

图 1-41　车站线路图

（二）线 间 距

线间距是区间或站内两相邻线路中心线之间的最小距离。它应能保证行车和车站工作人员的安全。线间距的大小是根据铁路限界、相邻线路办理作业的性质以及相邻线路间是否装设信号机等因素而确定的。站内正线与到发线之间、正线和到发线与其他站线之间的最小线间距为 5 m。

对于高速铁路线上的车站正线与站线之间的距离应考虑列车交会时会车压力波的影响，曲线部分的线间距应根据计算进行适当加宽。

六、站界、股道和道岔的编号及股道有效长

(一)站界及警冲标

1. 站　　界

为了保证行车安全和分清工作责任，车站和它两端所衔接的区间应有明确的界限，通常称为“站界”。站界范围的划定，在单线铁路车站，站界的范围以车站两端进站信号机柱的中心线为界，外方是区间，内方则属于车站范围，如图 1-42(a)所示。在双线铁路车站，站界则按上、下行正线分别确定，即一端以进站信号机柱中心线，另一端以站界标中心线为界，如图 1-42(b)所示。

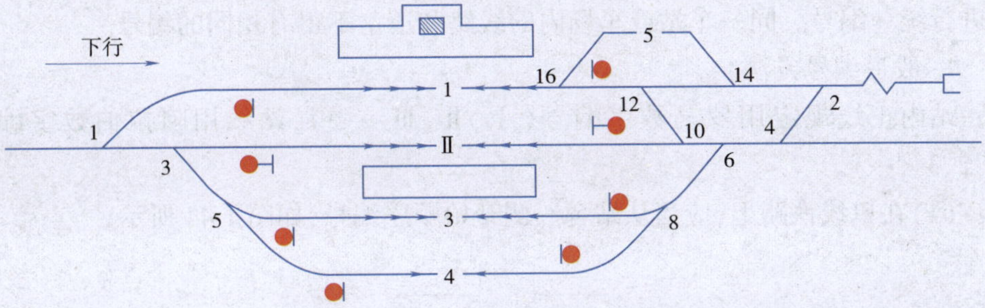

图 1-42(a)　单线横列式中间站

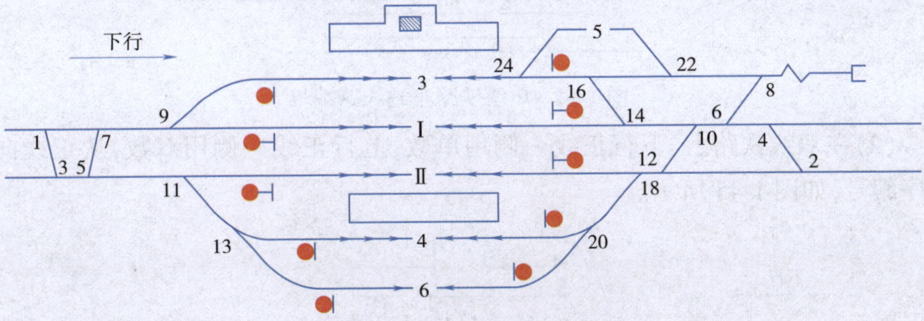

图 1-42(b)　双线横列式中间站

2. 警 冲 标

警冲标是信号标志的一种，设在两会合线路线间距离为 4 m 的中间，用来指示机车车辆的停留位置，防止机车车辆的侧面冲撞，如图 1-43 所示。

图 1-43　警冲标

（二）股道和道岔编号

为了便于车站生产指挥作业上的联系和对设备维修管理，应对站内线路和道岔进行统一编号。同一车站或车场内的线路和道岔不得有相同的编号。

1. 股道编号方法

站内正线规定用罗马数字编号（Ⅰ、Ⅱ、Ⅲ……），站线用阿拉伯数字编号（1、2、3……）。

（1）在单线铁路上，应当从站舍一侧开始顺序编号，如图 1-44 所示。

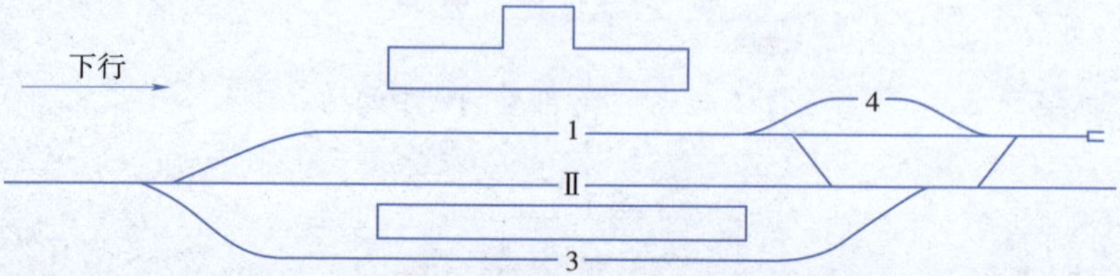

图 1-44　单线铁路车站线路编号

（2）在双线铁路上，下行正线一侧用单数，上行正线一侧用双数，从正线向外顺序编号，如图 1-45 所示。

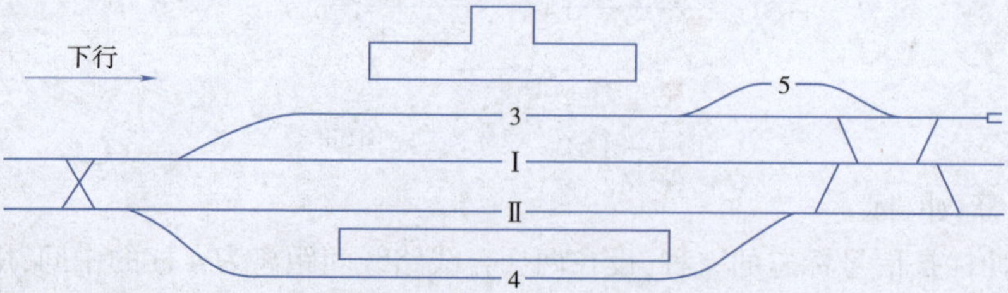

图 1-45　双线铁路车站线路编号

(3)尽头式车站,站舍位于线路一侧时,从靠近站房的线路起顺序编号,如图1-46(a)所示。站舍位于线路终端时,应面向终点方向由左侧线路起顺序编号,如图1-46(b)所示。

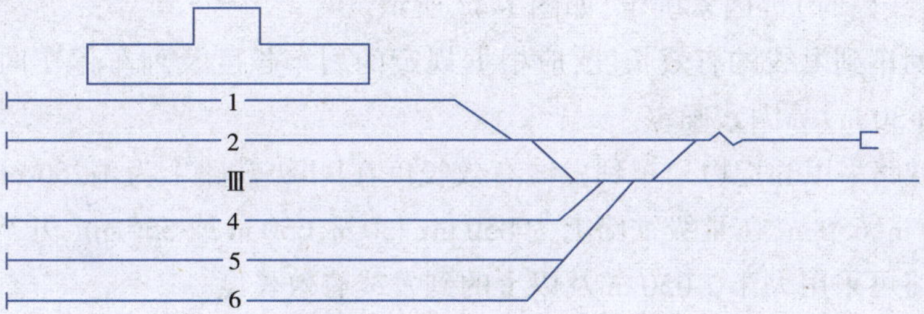

(a)

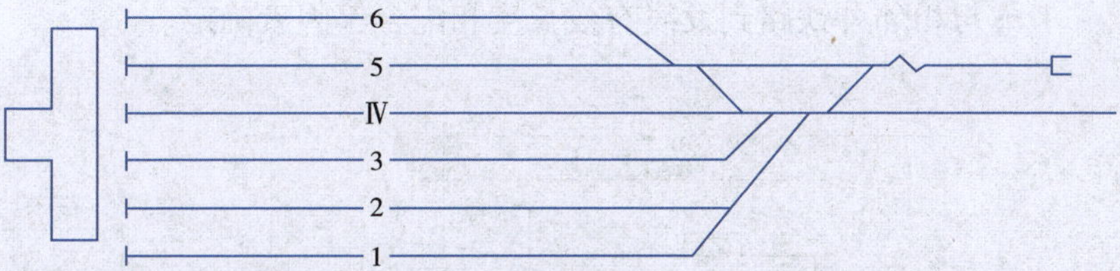

(b)

图1-46 尽头式铁路车站线路编号

(4)大站上股道较多,应分别按车场各自编号。

2. 道岔编号方法

(1)用阿拉伯数字从车站两端由外向里依次编号,上行列车到达一端用双数,下行列车到达一端用单数。

(2)站内道岔,一般以车站站舍中心线作为划分单数号和双数号的分界线,若站舍远离车站中心,则以车站或车场中心线划分;并应先编正线、到发线,后编货物作业线等。

(3)每一道岔均应编为单独的号码,对于渡线、交分道岔等处的联动道岔,则应编为连续的单数或双数。

(4)当车站有几个车场时,每一车场的道岔必须单独编号,此时道岔号码应使用3位阿拉伯数字,百位数字表示车场号码,个位和十位数字表示道岔号码,从而避免在同一车站内有相同的道岔号码。

(三)股道有效长

股道有效长是指在线路全长范围内可以停留列车或机车车辆而不妨碍邻线正

常行车的部分。

股道有效长的起止范围主要由警冲标、道岔的尖轨始端(无轨道电路时)或道岔基本轨接头处的钢轨绝缘(有轨道电路时)、出站信号机(或调车信号机)、车挡(为尽头式线路时)等因素确定,如图 1-47 所示。

货物列车到发线的有效长度,应根据规定的列车长度及列车停车时的附加距离(规定为 30 m)等因素确定。

我国铁路采用的货物列车到发线有效长度在Ⅰ、Ⅱ级铁路上为 1 250 m、1 050 m、850 m、750 m、650 m,在Ⅲ级铁路上为 850 m、750 m、650 m 或 550 m。开行重载列车为主的铁路可采用大于 1 050 m 及以上的到发线有效长度。

采用何种有效长度,应根据运输能力、机车类型及所牵引列车长度等,结合地形条件,并考虑与相邻各铁路到发线有效长度相配合等因素确定。

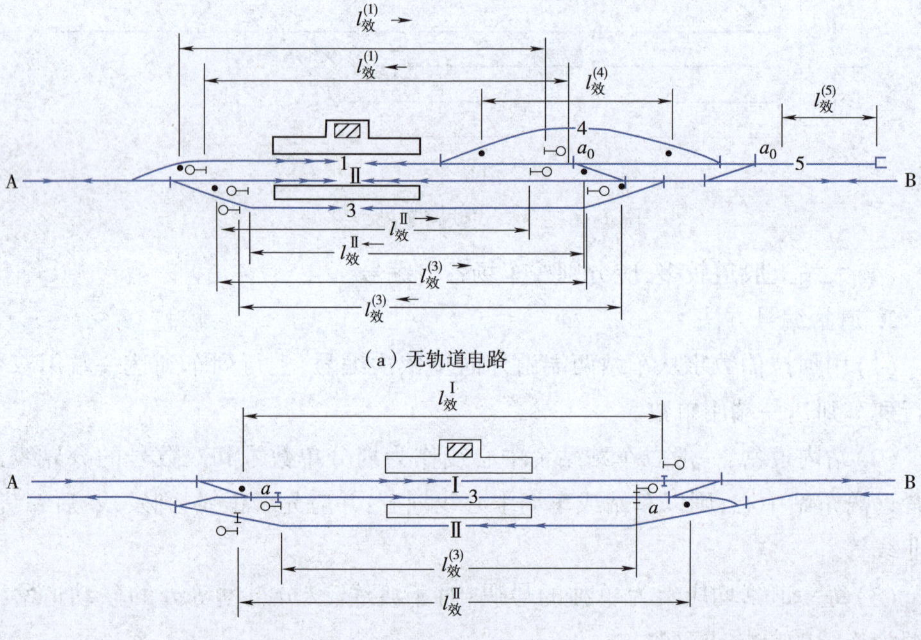

（a）无轨道电路

（b）有轨道电路

图 1-47　股道有效长的确定

七、中 间 站

中间站是铁路上数量最多的车站,一般位于中小城镇,在联系工业和农业、加强城乡居民的往来和物资交流中起着重要的作用。此外,中间站还可以提高铁路区段通过能力,保证行车安全。

（一）中间站的作业

1. 接发列车作业（包括接车、发车和放行通过列车），这是中间站的主要行车工作。

2. 旅客的乘降和行李、包裹的承运、保管、装卸与交付。

3. 货物的承运、保管、装卸与交付。

4. 摘挂列车的车辆摘挂作业，以及向货物线、专用线取送车辆的调车作业。

中间站如有工业企业线接轨或者是加力牵引起终点以及机车折返站时，还需办理工业企业线的取送车、补机的摘挂、待班和机车整备、转向等作业。在客货运量较大的个别中间站，还有始发、终到旅客列车及编组始发货物列车的作业。

（二）中间站的设备

中间站的设备应根据作业性质和工作量大小而定。

1. 客运设备包括旅客站舍（售票房、候车室、行包房）、旅客站台、雨棚和跨越设备（天桥、地道、平过道）等。

2. 货运设备包括货物仓库、货物堆放场、货物站台和货运室、装卸机械等。

3. 站内线路包括到发线、货物装卸线，以及调车用的牵出线和安全线等，它们分别用于接发列车、进行调车和货物的装卸作业。

4. 信号及通信设备包括信号机、信号表示器、站内电话、对讲机械、广播及扩音设施等。

此外，某些中间站还设有机车整备设备和列车检查设备等。

（三）会 让 站

会让站设置在单线铁路上，主要办理列车的到发和会让，也办理少量的客货运业务。

会让站应铺设到发线并设置通信、信号设备及旅客乘降、办公用房等设备，但没有专门的货运设备。

在会让站上，既可以实现会车，也可以实现越行。横列式会让站如图 1-48 所示。

（四）越 行 站

越行站设置在双线铁路上，主要办理同方向列车的越行业务。

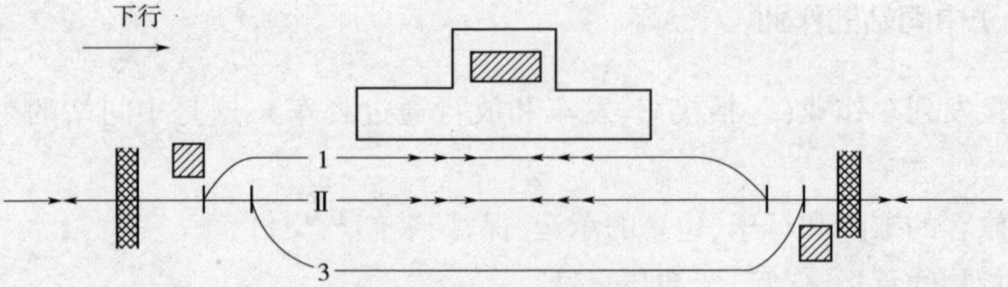

图 1-48　横列式会让站

越行站应铺设到发线并设置通信、信号设备及旅客乘降、办公房屋等设备等。横列式越行站如图 1-49 所示。

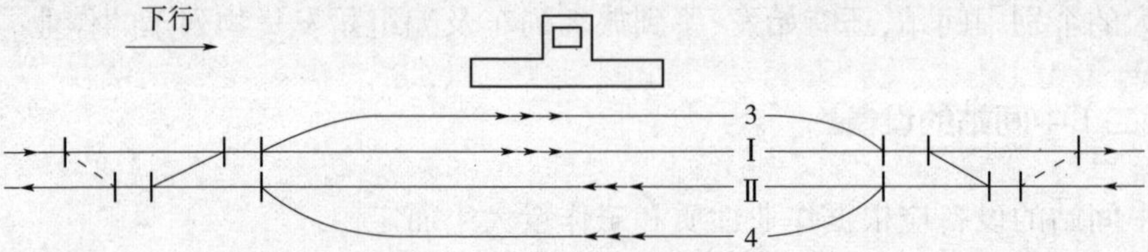

图 1-49　横列式越行站

八、区 段 站

（一）区段站的设置与任务

区段站位于铁路网上各牵引区段的分界处，一般设在中等城市和铁路网上牵引区段（机车交路）的起点或终点。区段站的主要任务是为邻接的铁路区段供应及整备机车或更换机车乘务组，并为无改编中转货物列车办理规定的技术作业。此外，还办理一定数量的列车解编作业及客货运业务。在设备条件具备时，还进行机车、车辆的检修业务。

（二）区段站的作业

根据区段站所担负的任务，主要办理的作业可以归纳如下。

1. 客运业务：与中间站所办理的客运业务基本相同，只是数量较大。

2. 货运业务：与中间站所办理的货运业务大致一样，但作业量较大。在某些区段站上还进行机械冷藏车的整备及牲畜车的供水作业。

3. 运转作业：

(1) 与旅客列车有关的运转作业：主要办理通过旅客列车的接发作业，有的车站还办理局管内或市郊旅客列车的始发、终到作业以及个别车辆的甩挂作业。

(2)与货物列车有关的运转作业:主要办理无改编中转列车的接发和有关作业。对区段列车和摘挂列车,要进行解体和编组作业。同时还办理向货场、工业企业专用线取送作业车等。有些区段站对部分改编中转列车,还要办理变更运行方向、变更列车重量或换挂车组等作业。某些区段站还担当少量始发直达列车的编解任务。

4. 机车业务:以更换货物列车机车和乘务组为主,对机车进行整备、修理和检查等。

5. 车辆业务:主要是办理列车的技术检查和车辆的检修任务。在少数设有车辆段的区段站上,还办理车辆的段修业务。

由上述可知,区段站所办理的作业,无论从数量上或种类上,都远较中间站复杂得多。而在所办理的解、编及中转列车中,又以无改编中转列车所占比重为最大,成为区段站作业组织工作的重要部分。

所有到达区段站的货物列车,按它在该站所进行的作业性质,可以分为两类:一类是到达本站不解体,只作技术检查和机车换挂等作业,然后继续运行的列车,叫作无改编中转列车;一类是列车到达本站后,要将车列解体,车组进入调车场集结编组形成新的列车后由车站出发,这种列车叫作改编列车。

解体,就是把车列中不同去向的车辆分别送入调车场的指定线路上;编组,就是把停留在调车线上同一去向的车辆,按列车编组计划的规定连挂起来,编成一个新的车列。

九、编 组 站

编组站是铁路网上办理大量货物列车解体、编组作业,编组直达、直通和其他列车,并为此设有比较完善的调车设备的车站。它是铁路运输的主要基本生产单位,在完成铁路货物运输任务中,起着十分重要的作用。

编组站通常设在几条主要干线的汇合处,也可以设在有大量装卸作业地点的大城市、港口或大工矿企业附近。

编组的主要作业:改编货物列车作业;无调中转列车作业;货物作业车作业;机车整备检修作业;车辆检修作业等。编组站和区段站统称为技术站。从技术作业上看,编组站和区段站都要办理列车的接发、解编、机车供应或换挂,列车的技术检查及车辆检修等作业。但二者又有区别,区段站主要办理中转列车的作业,解体和编组的列车数量少,而且大多是区段列车或摘挂列车;而编组站以办理改编列车为主,主要作业是大量办理列车的解体和编组,而且其中大多数是直达列车和直通列车。所以编组站又被称为“货物列车制造工厂”。

十、客 运 站

客运站是专门为旅客办理客运业务的车站,是铁路旅客运输的基本生产单位。它的主要任务是保证旅客安全、迅速、准确、方便地上下车;办理行包、邮件的装卸搬运;组织旅客列车安全、正点到发和客车车底取送;为旅客提供舒适的服务条件。

客运站的作业:

1. 客运服务作业

客运服务作业包括旅客上下车、候车、问询、小件寄存,以及对旅客文化、饮食、住宿、购物和卫生方面的服务等。

2. 客运业务

客运业务包括客票发售,行包承运、装卸、保管和交付,邮件装卸和搬运等。

3. 技术作业

按列车种类不同,客运站办理如下技术作业。

(1)始发、终到列车作业:包括列车接发、机车摘挂、列车技术检查、车底取送、个别客车甩挂以及餐车整备等。

(2)通过列车作业:包括列车接发、机车换挂或整备、列车技术检查、客车上水等。

(3)市郊(通勤)列车作业:包括列车接发、机车摘挂、列车技术检查及车底取送等。

(4)在某些客运站还办理少量货物列车的到发和通过作业。

十一、货 运 站

凡专为办理各种货运作业(包括办理货物的承运、保管、交付、货物装卸作业等)以及货物联运或换装作业而设置的车站,称为货运站。货运站多设在大城市、工业区以及河海港湾,与不同轨距铁路的衔接地点。

(一)货运站的分类

1. 货运站按其工作性质分:装车站、卸车站和装卸站。

2. 货运站按其办理货物的种类分:综合性货运站(办理多种不同品类货物作业)和专业性货运站(办理单一品类、大宗货物及危险货物作业)。

3. 货运站按其服务对象分:公共货运站、换装站(为不同铁路轨距之间货物换装服务)、工业站和港湾站。

(二)货运站作业

综合性货运站(以下简称货运站)是铁路枢纽内为城市居民和企业服务并办理多种货物作业的车站。其主要作业有以下两项。

(1)运转作业:主要办理列车的接发、解编、按装卸点选编车组、调送车组、按货位配置车辆等作业。

(2)货物作业:货物的托运、交付、装卸和保管,货运票据的编制,货物的过磅、分类、搬运、堆码以及换装、加固和检查装载,铁路与其他运输部门的联运等作业等。

十二、铁路枢纽

在铁路网的交会点或终端地区,由各种铁路线路、专业车站以及其他为运输服务的有关设备组成的总体称为铁路枢纽。

铁路枢纽是连接铁路干、支线的中枢,是为城市、工业区或港埠区服务以及与国民经济各部门联系的重要纽带,也是交通运输枢纽的主要组成部分。

铁路枢纽是客货流从一条铁路线转运到另一条铁路线的中转地区,也是所在城市、工业区客货到发和联运的地区。除办理枢纽内各种车站的有关作业外,在货物运转方面还办理各铁路方向之间的无改编列车和改编列车的中转作业,以及担当枢纽地区车流交换的小运转列车的作业;在旅客运输方面有直通、管内和市郊旅客列车的作业;在货运业务方面,办理各种货物的承运、装卸、发送、保管等作业;此外,还要供应运输动力、进行机车车辆的检修等作业。

第四节 铁路信号与通信设备基本知识

一、铁路信号设备

铁路信号设备是组织指挥列车运行,保证行车安全,提高运输效率,传递信息,改善行车人员劳动条件的关键设施。铁路信号设备是铁路主要技术装备之一,其装备水平和技术水准是铁路现代化的重要标志。

铁路信号设备是铁路信号、车站联锁、区间闭塞等设备的总称。它的重要作用是保证列车运行与调车工作的安全和提高铁路通过能力，同时对增加铁路运输经济效益、改善铁路职工劳动条件也起着重要作用。

1. 铁路信号：是向有关行车和调车人员发出的指示和命令。

2. 车站联锁设备：用于保证站内行车与调车工作的安全，并提高车站的通过能力。

3. 区间闭塞设备：用于保证列车在区间内运行的安全，并提高区间的通过能力。

二、铁路通信设备

铁路通信设备是指挥列车运行、组织铁路运输生产和铁路业务联络而迅速、准确地传输各种信息的通信系统的总称，应能做到迅速、准确、安全、可靠，使全国铁路的通信系统能成为一个完善与先进的铁路通信网。

铁路运输向高速、高密、重载发展需要现代化的信号设备，尤其是随着计算机技术、网络技术、现代通信技术等现代化技术的发展，出现了自动化程度更高、控制范围更大、更集中化的新型信号系统。它们具有网络化、综合化、智能化的技术特点。

在实现信号设备现代化的进程中，要进一步提高信号基础设备的技术性能和可靠性，积极发展分动外锁闭道岔转换技术。随着我国铁路运输改革的深化和发展的加速，我国自动闭塞将大力发展。在高速及提速区段采用高可靠、高安全、少维修的大功率三相交流转辙机；快速客运专线和高速铁路应与国际铁路先进水平接轨，以无绝缘轨道电路为基础，积极发展数字化、大信息量、高可靠、高安全，具有列车速度控制功能和以机车信号为主体信号的信号系统。

铁路通信具有点多线长、布局成网、多层次、多种类的特点。随着铁路运输的发展和科学技术的进步，铁路通信技术获得迅速的发展，光纤通信、微波通信、数字通信等现代通信技术使铁路通信摆脱了传统技术，现代化、数字化、程控化已成为普遍趋势，通信技术已由模拟向数字转化，实现程控数字交换，发展宽频带信息传输和智能网络管理等。

三、铁路信号

1. 铁路信号的作用

铁路信号是指示行车和调车运行条件的命令，行车和调车人员必须执行信号显示的要求，才能确保安全和提高生产效率。

2. 铁路信号的分类

铁路信号分为听觉信号、视觉信号两大类。

(1)听觉信号:以不同声响设备发出音响的强度、频率、音响长短和数目等特征表示的信号,如用号角、口笛、响墩发出的音响及机车、动车组、自轮运转特种设备鸣笛等发出的信号。

(2)视觉信号:以物体或灯光的颜色、形状、位置、数目或数码显示等特征表示的信号,如用信号机、机车信号、信号旗、信号牌、信号灯、火炬等表示的信号。

视觉信号有固定信号、手信号和移动信号。在固定地点安装的铁路信号叫固定信号,它是铁路的主要信号,是用不同颜色的灯光或臂板位置等显示的信号。用手拿信号灯、信号旗或用手势显示的信号叫手信号。临时设置在铁路线路旁边的信号牌、信号灯等叫移动信号。

铁路的视觉信号通常用不同的颜色来显示其意义。我国规定有红、黄、绿三种基本颜色。在广义上其代表意义如下:

红色——停车;

黄色——注意或减低速度;

绿色——按规定速度运行。

3. 固定信号的分类

(1)按设置部位分类:地面信号和机车信号。

地面信号为设于车站或区间固定地点的信号机和信号表示器,用来防护站内或区间安全,如图 1-50 所示。

机车信号设于机车驾驶室内,一般用来复示地面信号机的显示,便于司机随时观察,随着列车速度的提高,司机来不及瞭望地面信号机,机车信号将取代地面信号,如图 1-51 所示。

(2)按用途分类:信号机和信号表示器。

信号机可以表达固定信号的显示,具有防护意义。

信号表示器是向行车人员传达行车或调车意图的,或对信号进行某些补充说明所用,表示与行车有关设备的位置和状态,没有防护意义。如发车表示器,如图 1-52 所示。

图 1-50　地面信号

图 1-51　机车信号

图 1-52　发车表示器

(3)按停车信号的显示意义分类：绝对信号和容许信号。

绝对信号是指当显示停止运行的信号时，列车和调车车列必须无条件遵守的信号显示。

容许信号(显示一个蓝色灯光)是指准许列车在通过色灯信号机显示红灯时列车限速通过，并准备随时停车的信号，如图 1-53 所示。

图 1-53　容许信号

(4)按地位分类：主体信号机和从属信号机。

主体信号机是能独立地显示信号，指示列车或调车车列运行条件的信号。

从属信号机是本身不能独立存在，只能附属于某种信号机的信号机，如预告信号机、复示信号机等。

(5)按信号机构造分类：色灯信号机和臂板信号机。

(6)按安装方式分类：高柱信号机、矮型信号机、信号桥等。

复习思考题

1. 铁路线路的作用是什么?
2. 铁路线路由什么组成?
3. 铁路线路等级是如何划分的?
4. 什么是公里标、半公里标和坡度标?
5. 什么是道岔及道岔的常用类型?
6. 什么是限界?
7. 铁路车辆的用途及分类有哪些?
8. 铁路车辆由哪几部分组成?
9. 车辆走行部的作用是什么?
10. 车钩由什么组成?
11. 车钩的作用位置有哪些?
12. 车站的作用有哪些?
13. 车站如何分类?
14. 什么是区间与分界点?
15. 车站线路的分类有哪些?
16. 什么是正线?
17. 站线包括哪些?
18. 什么是站界,如何划定?
19. 警冲标的作用是什么?
20. 铁路信号的作用是什么?
21. 铁路信号的分类有哪些?
22. 铁路通信设备的作用是什么?
23. 视觉信号的显示及含义是什么?
24. 信号机按类型分为哪些?
25. 信号机按用途分为哪些?
26. 信号表示器分为哪些?
27. 机车信号的分类及作用是什么?
28. 列车运行手信号的显示及其含义是什么?

第二章

钳工与电工基础知识

知识目标

通过学习，掌握钳工、电工基础知识。了解二极管、三极管工作原理。

能力目标

能够处理各类简单电路问题，熟练使用各类测量工具。

素质目标

树立安全责任意识。

第一节　钳工基础知识

一、手锤种类和挥锤方法

常用的手锤按其形状有圆头和方头两种。按其大小质量有 0. 25 kg、0. 5 kg 和 0. 75 kg 等几种。

挥锤时根据锤击力量的大小不同分为

1. 手挥：只用手腕上下弯曲的力量，锤击力小；

2. 肘挥：肘和手腕协同用力，上下挥动，距离锤击物的距离增大，锤击力较大；

3. 臂挥：手腕和肘向后弯曲并使上臂稍微扬起，距锤击物的距离比肘挥更大，这种方法锤击力最大。

手锤及挥锤方法如图 2-1 所示。

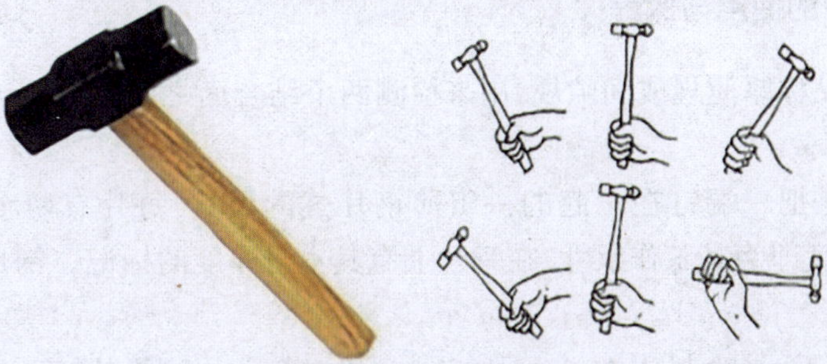

图 2-1　手锤及挥锤方法

二、锉刀使用时的注意事项

锉刀如图 2-2 所示，为了延长锉刀使用寿命和发挥正常作用，使用锉刀时应注意以下事项：

1. 不得用新锉刀锉硬金属。

2. 有硬皮和砂粒的铸件、锻件，要用砂轮磨掉后，先用旧锉刀锉。

3. 锉刀要先一面使用，只有在该面磨钝后或必须用锐利的齿面加工时再用另一面。

4. 不要用手摸刚锉过的表面，以免沾上油垢，再锉时锉刀打滑。

5. 锉刀使用后不可重叠或与其他工具堆放在一起。

6. 被锉屑粘住的锉面，要用钢丝刷把锉屑刷去，若嵌入的锉屑较大，要用铜片顺着锉齿方向剔除。

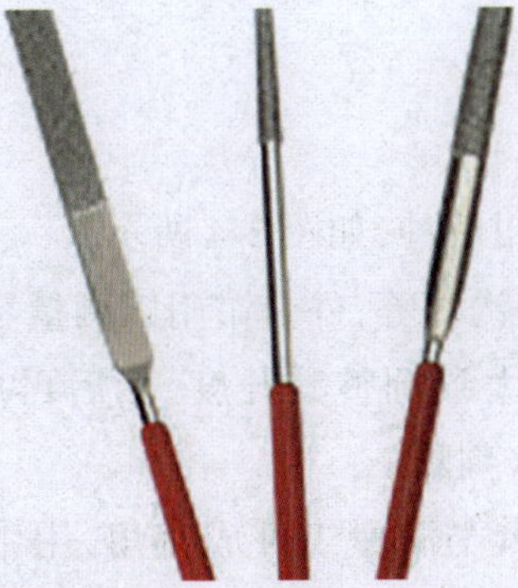

图 2-2　锉刀

三、塞尺的使用与保养

1. 塞尺又称厚薄规或间隙规，用来检测两个结合面之间的间隙大小，如图 2-3 所示。

2. 塞尺是把一端钉在一起的一组薄钢片式的量具，每片有两个平行的测量面，钢片的厚度即为其工作尺寸，在钢片上有其本身厚度的标记。钢片具有较高的弹性。

塞尺的长度一般制成 50 mm、100 mm 和 200 mm 三种，厚度一般为 0.02～1.00 mm，精度等级为 1、2 级。

3. 使用塞尺时，根据间隙的大小，可用一片或数片重叠在一起插入间隙内。

塞尺很薄，易折断。测量时应细心，并且不要用力太大。用完以后，要擦干净，并及时合进夹板里面去。

图 2-3　塞尺

四、卡钳的使用与种类

1. 卡钳有内卡钳、外卡钳两种，如图 2-4 所示。

2. 内卡钳用以测量孔及沟槽等，外卡钳用以测量零件厚度、宽度及外径等。

3. 使用卡钳时，先用手大致调整其开度，然后再用轻轻敲击的办法，进行调节，其松紧度可由手的感觉来判断。

4. 使用外卡钳时，应使其与测量工件成直角，用中指挑着股部叉处，用拇指、食指两指扶持，测量松紧程度以其自重下垂为标准。测好后，将外卡钳的一脚靠在钢尺的端面上；另一脚顺着钢尺边缘平行地置于尺面上，正视其尺寸。

5. 使用内卡钳时，先将一脚靠在被测孔壁上做支点；另一脚前后左右摆动探测，以获得接近孔径的标准尺寸。在钢尺上取尺寸时，先将钢尺靠在平面上，再将内卡钳的一脚靠在平面上，观察另一脚在钢尺刻线上的位置，正视其尺寸。

6. 另外，在核对轴径和孔径时，同时使用内外卡钳以及卡钳与千分尺配合使用，可得到精确的测量数据。

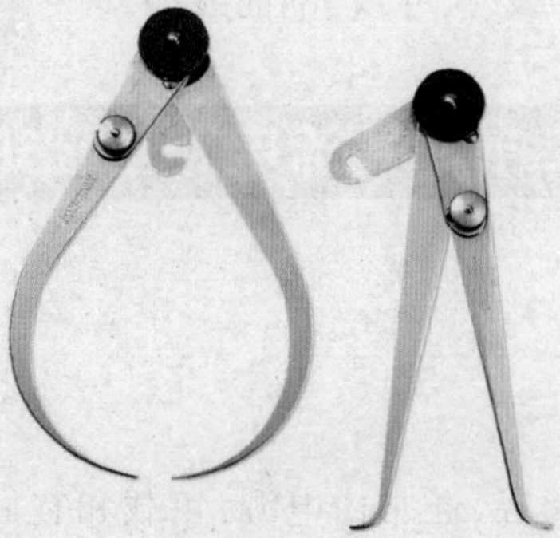

图 2-4 卡钳

五、机械图的种类与图线的种类

1. 常用的机械图有两种：一种叫零件图，图上只画一个零件；一种叫装配图，图上一般画着装配在一起的许多零件组装成的部件。

2. 机械图上使用的图线有四种，即粗实线、虚线、点画线、细实线，如图 2-5 所示。

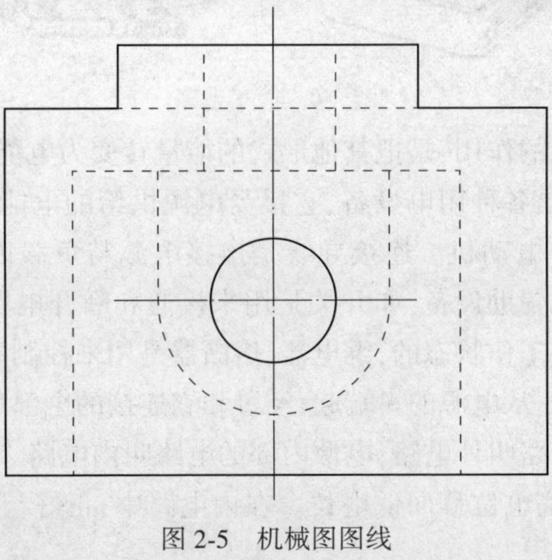

图 2-5 机械图图线

（1）粗实线表示零件各可见部分的轮廓线。

（2）虚线是由长度相等的短画线组成，表示图形零件内部或不可见部分的轮廓线。

（3）点画线一长画、一点、一长画连续组成，表示图形零件轴线或两半对称的零件对称线。

（4）细实线表示尺寸界线、尺寸线、剖面线等。

第二节　直流电路基础知识

一、电路与电路图

1. 电　　路

电路就是电流经过的途径，通常由电源，负载和它们之间的连接导线组成，如图 2-6 所示。电力系统的供电线路、日常生活用的手电筒、自动控制线路和无线电线路都属于电路之列。

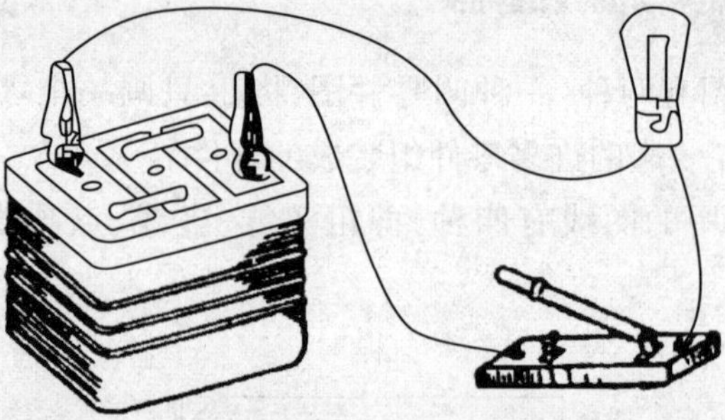

图 2-6　简单电路

电源起维持电流的作用，是把其他形式的能量转变为电能的一种设备；如发电机、蓄电池。负载就是各种用电设备，它接受电源供给的电能，并把电能转变成其他形式的能；如电灯、电动机。连接导线是连接电源与负载以构成电流通路的导体。电路中还有其他辅助设备，如开关是用来接通和断开电路的，测量仪表、指示灯等是用来检测电路工作状态的，继电器、熔断器是用来控制和保护电气设备的。

电路可分为两段：从电源的一端起，经过和它连接的全部负载和导线再回到电源的另一端的电流通路叫外电路；电源内部的电路叫内电路。在外电路中，正电荷从正极流向负极，由高电位移向低电位。在内电路中，正好与此相反，是由低电位移向高电位。

构成电路的目的是转换、传输和分配电能,或者传递电信号。

如图 2-7 所示,电路通常有三种情况:

(1)通路(闭路)——开关 K 闭合,构成闭合电路,电路有电流。

(2)断路(开路)——开关 K 断开或者电路的某一处断开,电路中无电流通过,如图 2-7 所示。

(3)短路(捷路)——a、b 两点用导线直接连通就叫作灯泡 1 被短路、若 a、c 两点直接连接就叫作电源被短路。

2. 电 路 图

在电工技术设备中,电源和负载的形式很多。由于用途的不同,组成的电路千差万别,但就其本质来说都是相同的。

为了便于分析计算,突出本质,常用一些规定的电工符号代替具体的电路,这种图叫作电路图。将图 2-6 用电工符号表示的电路如图 2-8 所示。

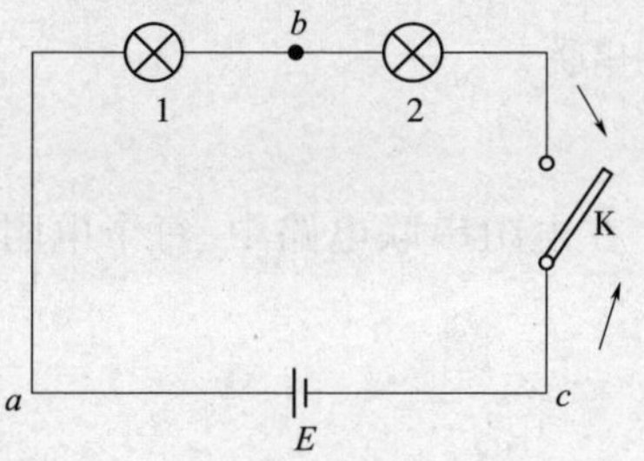

图 2-7 电路 1

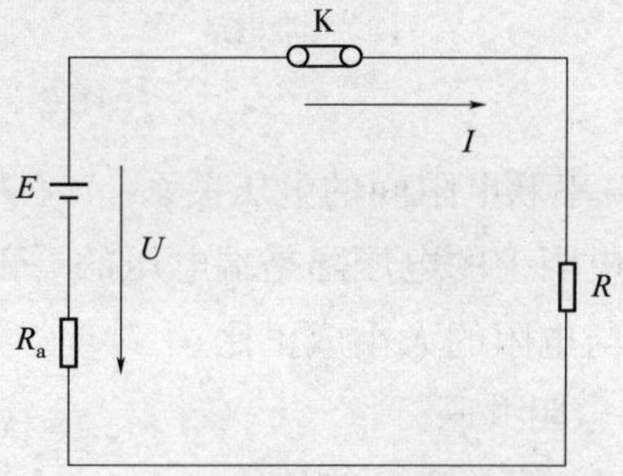

图 2-8 电路 2

二、电阻的连接

在实际电路中,一个电源一般不仅供给一负载,而是多个连接在一起的负载。把两个或两个以上的电阻顺序连接起来,构成一个无分支的电路,叫作电阻的串联。而把两个或两个以上电阻的两端,连接在相同的两点间,并处于同一电压作用下,叫作电阻的并联。

1. 电阻串联

(1)电阻串联电路的特点

电阻串联如图 2-9(a)所示,分析电阻串联电路具有如下特点:

①电阻串联构成无分支电路,因此,通过各电阻的电流是相同的。

②无分支电路的端电压等于每个电阻上电压降之和。

(2)等效电阻

用一个电阻代替相互串联的各电阻，在电路端电压作用下，电流保持不变，叫作电阻串联的等效电阻(亦称总电阻)。

如果用一个电阻 R 代替 R_1+R_2，对电路是没有影响的，因为在同样的端电压作用下二者的电流相同，如图 2-9(b)所示。串联电阻的等效电阻值等于串联各电阻阻值之和。

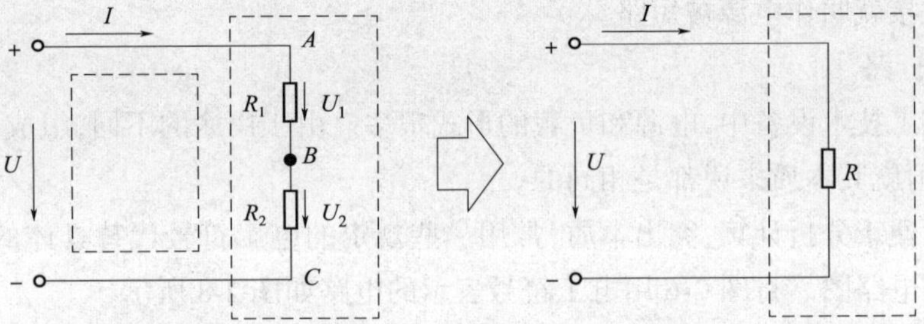

（a）串联电路　　（b）等效电阻（串联）

图 2-9　电阻串联

(3)串联电阻间的电压关系

各电阻上的电压降是端电压的一部分。在电阻串联电路中，每个电阻上分得的电压与电阻的大小成正比。

2. 电阻并联

(1)电阻并联电路的特点

以图 2-10(a)为例，分析电阻并联电路具有如下特点：

①电阻并联是处于同一电压作用下，因此电路的端电压也等于并联电阻的端电压。

②电路的总电流等于每个相并联电阻中的电流之和。

(2)等效电阻

用一个电阻代替相互并联的各电阻，在电路端电压作用下，电路总的电流保持不变，这个电阻就叫作并联电阻的等效电阻，如图 2-10(b)所示。并联电阻的等效电阻值的系数等于相并联各电阻值的倒数和。

(3)并联电阻间的电流关系

在电阻并联电路中，每个电阻分得的电流与电阻的大小成反比。在电阻并联电路中，每个电阻分得的电流等于总电流乘上一个分数，这个分数的分母是并联电阻值之和，分子是另外一个电阻值。

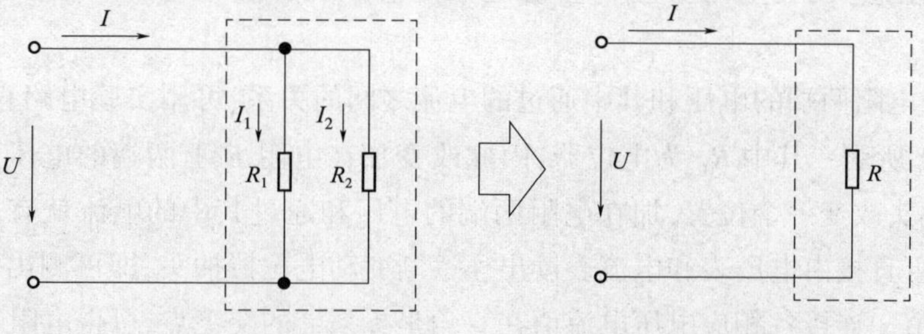

（a）并联电路　　　　（b）等效电阻（并联）

图 2-10　电阻并联电路

3. 电阻的混(复)联

在一些电路中,既有电阻的串联,又有电阻的并联,叫作电阻混联。

对于电阻混联电路的计算,要根据电路的具体情况,应用有关电阻串、并联的性质进行。一般步骤:

(1)计算各电阻串联和并联的等效电阻值,再计算电路的总的等效电阻值。

(2)由电路的总的等效电阻值和电路的端电计算电路的总电流。

(3)根据电阻串联的分压关系和电阻并联的分流关系,逐步推出各部分的电压和电流。

三、电路欧姆定律、磁路欧姆定律

1. 电路欧姆定律

一个电阻 R 在电压或电势的作用下,就会有电流通过。在直流电路中,一般有三个物理量,即电压或电势、电阻和电流,而这三个物理量之间有密切的内在联系,并遵循一定的规律,规律就是欧姆定律。

(1)部分电路的欧姆定律

实验证明,通过电阻的电流强度,与电阻两端所加的电压成正比,与电阻成反比。这个规律叫作欧姆定律。

$$I=U/R \tag{2-1}$$

式中　I——电流,A;

U——电压,V;

R——电阻,Ω。

由式(2-1)可知,当通过电阻 R 中的电流一定时,电阻值愈大,加在电阻两端的电压愈高,反之加在电阻两端的电压愈低。也可以说,通过电阻 R 的电流一定时，电阻愈大，在电阻 R 上产生的电压降愈大，反之，在电阻 R 上产生的电压降愈小。

一个电阻两端的电压和其中通过的电流之间的关系，可用实验电路直接测出，如图 2-11 所示。其中 R_P 为电位器，因此改变加在电阻 R 上两端的电压。当电位器滑动抽头改变一个位置，加在电阻两端的电压和通过其中的电流就有一个相应的值，并可直接由电压表和电流表读出。逐渐变动电位器抽头，即可测出一系列电压、电流值。连接各相应电压电流值在直角坐标系上的交汇点，可得电阻 R 的伏安特性曲线，如图 2-12 所示。如果所得伏安特性曲线是一条直线，说明电阻的阻值不变，具有这种性质的电阻叫线性电阻。因此，欧姆定律就是表示电压和电流的比值是一个常数的定律。常用的电阻均为线性电阻。

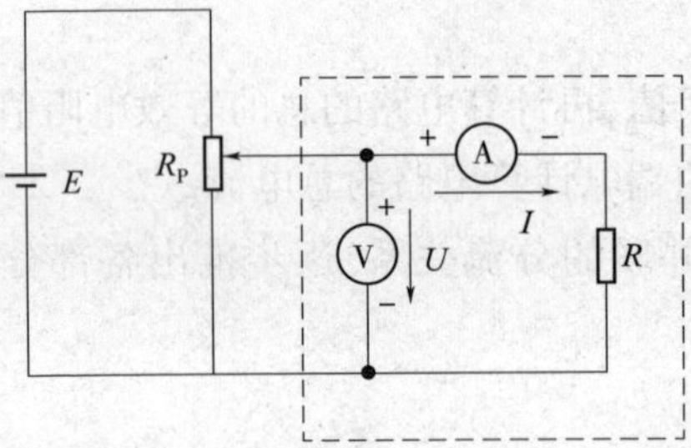

图 2-11　实验电路

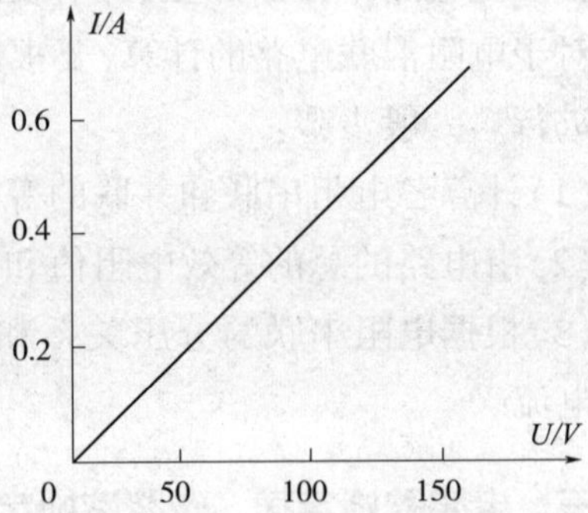

图 2-12　伏安特性曲线

(2)全电路欧姆定律

图 2-11 中电路是包括电源在内的电路，叫作全电路。而图 2-11 虚线框中的部分只是其中的一部分，因而叫部分电路。

在电动势形成过程中，当电源来接通外电路时，电源的端电压在数值上等于其电动势，但方向相反，就是在开关 K 断开时，电压表的电源端电压等于电源的电动势。但当开关闭合时，端电压却小于电动势，即 $U<E$。

这是由于电源内部也有一定的电阻值，叫作内阻(内电阻)，用 R_0 或 r_0 表示。当电路闭合时，电路中有电流通过，在电流通过内阻时产生的电压降，用 U_0 表示。电流在内阻上产生电压降的方向和电流的方向一致。

在电路闭合时可得

$$I=\frac{E}{R+R_0} \tag{2-2}$$

由式(2-2)说明,在图2-8的闭合电路中,电路中的电流与电源的电动势成正比,与电路中负载电阻及电源内阻之和成反比,这就叫作全电路欧姆定律。

2. 磁路欧姆定律

磁路的欧姆定律用来确定磁路的磁通 Φ、磁动势 F 和磁阻 R_m 之间的关系。三者之间的定量关系可以表示为

$$\Phi = F/R_m \tag{2-3}$$

式中 Φ——磁通量,Wb;

F——磁动势,A;

R_m——磁阻,H。

磁路中的磁通 Φ 等于作用在该磁路上的磁动势 F 除以磁路的磁阻 R_m,这就是磁路的欧姆定律。简单磁路如图2-13所示。

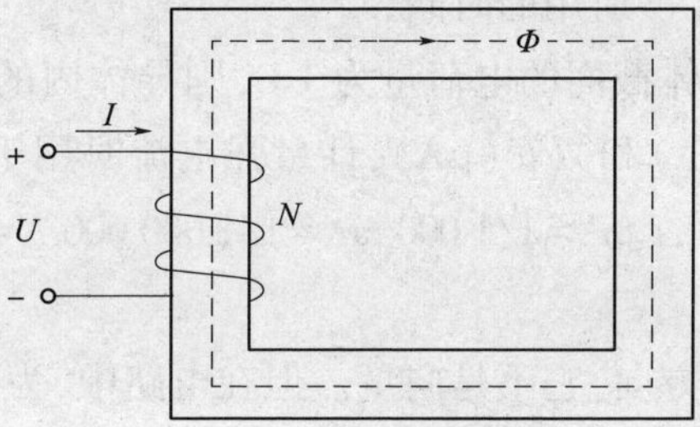

图2-13 简单磁路

四、电流、电位和电压

1. 电　　流

电荷有规则的运动就形成了电流。在电场力的作用下,金属导体中的自由电子或电解液中的正、负离子,改变在一般情况下的杂乱无章的运动,向电场强度的方向或反方向做有规则的运动,这就是电流的形成。

导体的自由电子在电场力的作用下运动而形成的电流是有方向的,习惯规定以正电荷运动的方向作为电流的方向,这样电流方向与电子运动的方向恰好相反,如图2-14所示。一定数量的正电荷向一定方向的运动与相等数量的负电荷向相反方向运动,其效果是一样的。

电流的强弱取决于在一定时间内通过导体截面电荷量的多少。如果在同一期间内通过导体截面的电荷量越多,就表示导体中的电流越强;反之亦然。因此,用单位时间内通过导体截面的电荷量的多少表示电流的强弱,叫作电流强度。用符号 I 表示,即

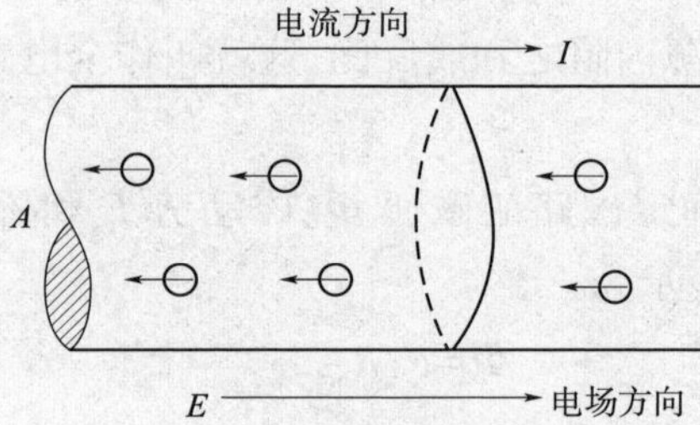

图 2-14　电子流动示意

$$I=Q/t \tag{2-4}$$

式中　I——电流强度，A；

Q——通过导体截面的电荷量，C；

t——通过电荷量 Q 所用的时间，s。

如果每秒钟通过导体截面的电荷量为 1 C，则导体内的电流强度就是 1 A。计量微量电流时用毫安（mA）和微安（μA），计量强电流时用千安（kA）。换算关系是：1 mA = 1/1 000 A = 10^{-3} A，1 μA = 1/1 000 mA = 1/1 000 000 A = 10^{-6} A，1 kA = 1 000 A = 10^{3} A = 10^{6} mA。

电流强度本身没有方向，它不是向量。但在电路中，为了分析计算电路方便起见。人为地指定一个方向为电流强度的“正方向”，即指定正方向。当电流的实际方向与指定正方向一致时，电流强度为正值，反之为负值。

由于电流强度的方向可以任意指定，而电流的方向实际存在，并且不随电流强度的假设而改变，如果假设的正方向不同，同一电流强度的值相等，而符号相反。

通常电路图中标明的电流方向，均为电流强度的正方向。

通常把电流强度简称为电流。这样，电流不仅表示一种物理现象，而且代表一个物理量。

在实际应用中，电流分为直流电流和交流电流。电流的大小和方向都不随时间变化，即在任一时刻，单位时间内通过导体截面的电荷量均相等，方向不变，这种电流叫直流电流。它如上面所讲用的大写字母 I 表示。

电流和时间的关系如图 2-15（a）所示，它的图形是一条与横坐标平行的直线，说明在任一时刻电流 i 的数值均等于恒定的 I。

电流的大小和方向随时间按一定规律变化，即由小变大，又由大变小，一段时间为正，一段时间为负，这种电流叫交流电流。用小写字母 i 表示。如图 2-15（b）所示的图形就是常用的正弦交流电流的变化规律。

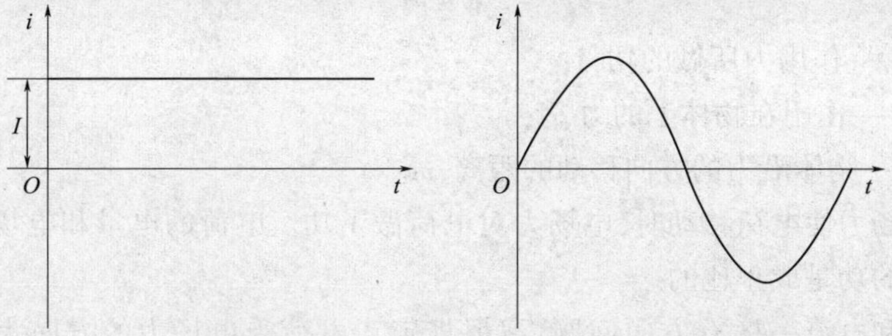

（a）直流电流　　（b）交流电流

图 2-15　直流电流和交流电流

2. 电　　位

在分析电子电路时，为了便于分析许多点中每两点之间的电压，常引用电位这个物理量。

通常规定物体带正电荷具有高电位，物体带负电荷具有低电位。如图 2-16 所示的 A、B 两极板，A 带正电荷具有高电位，B 带负电荷具有低电位。如果将试验电荷 q_0 放在 A、B 形成的电场中，电荷将受电场力的作用，沿电场强度的方向移动，那么处在电场中的每一点都具有一定的电位，就像水从高水位向低水位流动，其经过的每一点都具有一定的水位一样。

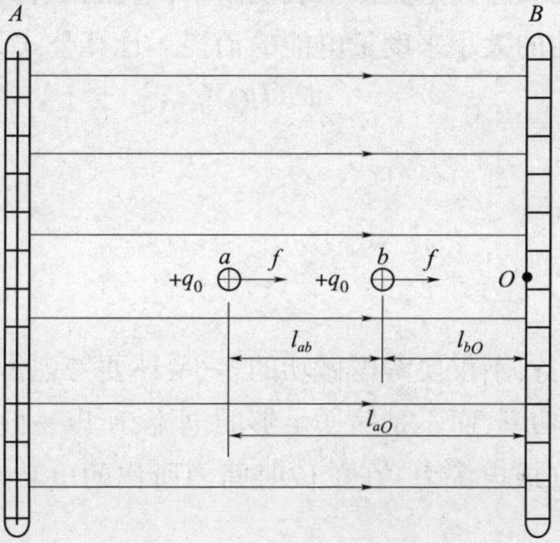

图 2-16　电荷在电场中做功

3. 电　　压

物体在受力的方向上移动了一段距离，这就是作用在物体上的力对物体做了功。这个作用力所做的功为作用在物体上的力和物体沿力的作用方向移动的距离的乘积。

$$W=Fl \tag{2-5}$$

式中　W——作用力所做的功,J;

F——作用在物体上的力,N;

l——物体沿力的方向移动的距离,m。

当电场力使电荷移动时,电场力对电荷做了功。电荷的电量和电场力以及电场力所做的功是成正比的。

电压和电流一样有方向问题,习惯规定正电荷受电场力的方向为电压的正方向。

电压一般是作为一个代数量,它的正方向是指定的。当电压的实际方向与正方向一致时为正值,当电压的实际方向与正方向相反时为负值。

五、电功和电功率

1. 电　　功

一个闭合的电路,存在着能量的转换。电源把其他形式的能量转换为电能;电路负载在端电压的作用下经由导线而通过电流,使电能转换成各种所需的能而做功。把电流通过负载所做的功,叫作电功,用符号 W 表示。这就说明电功是由电获得的,而电能的消耗又通过电流做功表现出来,电能和电功是同一事物的两种形态。因此,用电流做功的大小来度量电能的消耗。计算公式为

$$W=UQ \tag{2-6}$$

式中　W——电功,J;

U——电压,V;

Q——电荷,C。

2. 电 功 率

对于各种电工设备,不仅要考虑做功的多少,还要考虑做功的快慢。供电设备的主要任务是发送电功率,而不是输送足够的电流,所以一般电气设备都标有电功率的数值。把电场力(或电源力)在单位时间内所作的电功叫作电功率,用符号 P 表示。计算公式为

$$P=\frac{W}{t} \tag{2-7}$$

式中　P——电功率,W;

W——电流所做的功(电能),J;

t——完成这些功所用的时间,s。

第三节　单相正弦交流电

一、交流电的产生原理

交流发电机如图 2-17 所示，它由一对正对的磁极（N 极和 S 极）与转子线圈（abcd）组成，转子线圈在外力的作用下在磁场中匀速转动，穿过线圈平面的磁通量不断变化，根据电磁感应定律，线圈中产生大小和方向随时间变化的感应电动势。线圈转动一周，感应电动势的大小和方向完成一次周期性变化。

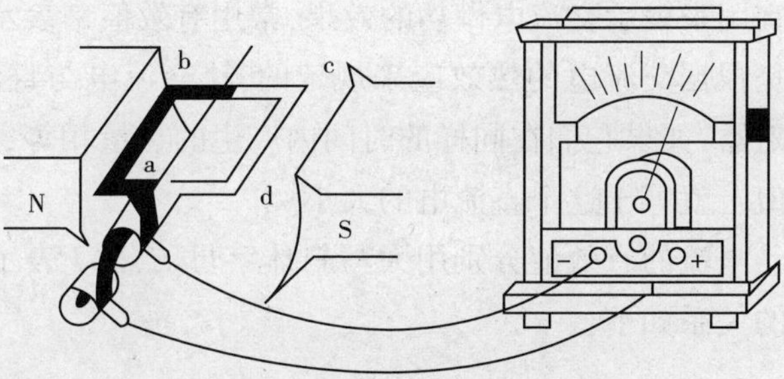

图 2-17　交流发电机

二、单相正弦交流电

1. 正弦交流电的三要素：周期、频率、角频率。

(1)周　　期

交流电的大小和方向都在随时间作周期性变化，交流电完成一次周期性变化所经历的时间，称为交流电的一个周期，波形图中一个完整正弦波对应的时间就是交流电的一个周期。周期的符号用 T 表示，单位是秒（s）。

(2)频　　率

交流电在一秒内完成周期性变化的次数称为交流电的频率，用符号 f 表示，单位是赫兹（Hz），周期与频率互为倒数，即

$$T=1/f \tag{2-8}$$

(3)角 频 率

交流电的角频率用 ω 表示，单位是弧度/秒（rad/s），角频率与周期和频率之间的换算关系为

$$\omega=2\pi/T=2\pi f \tag{2-9}$$

我国工农业和生活用电的标准频率是 50 Hz。

2. 正弦交流电的瞬时值、最大值、有效值。

（1）瞬 时 值

交流电在某一时刻的值称为瞬时值，用小写斜体字母表示，如 e、u、i 分别表示电动势、电压、电流的瞬时值。

（2）最 大 值

交流电在一个周期内能达到的最大幅度称为交流电的最大值，用大写斜体字母加下标 m 表示，如 E_m、U_m、I_m 分别表示电动势、电压、电流的最大值。

（3）有 效 值

最大值不适宜用来表示交流电做功的效果，常用有效值来表示交流电的大小。交流电的有效值是根据交流电的热效应来规定的，让交流电与直流电同时分别通过同样阻值的电阻器，如果它们在同样的时间内产生的热量相等，那么这个交流电流的有效值在数值上就等于这个直流电的大小。

电动势、电压、电流的有效值分别用大写斜体字母 E、U、I 表示，正弦交流电的有效值和最大值的关系如下：

$$U=\frac{U_m}{\sqrt{2}} \quad E=\frac{E_m}{\sqrt{2}} \quad I=\frac{I_m}{\sqrt{2}} \tag{2-10}$$

生活中所说的 220 V 交流电，指的是交流电的有效值，其最大值是 $220\sqrt{2}$。各种交流用电器铭牌上所标的电压和电流均为交流电的有效值，交流电压表和电流表刻度以及测量出来的数值也都是交流电的有效值。

3. 初相位和相位差

交流电动势的瞬时值表达式 $e=E_m\sin(\omega t+\varphi_0)$ 中，$\omega t+\varphi_0$ 对于确定电动势瞬时值的大小和方向至关重要，称为交流电的相位。$t=0$ 时的相位 φ_0 称为初相位或初相。电工技术中常用相位差来比较两个交流电的步调，相位差是指两个同频率交流电的相位之差，用 $\triangle\varphi$ 表示，因为频率相同，所以相位差就等于初相之差，即：

$$\triangle\varphi=\varphi_2-\varphi_1 \tag{2-11}$$

4. 交流电解析式表示法

解析式表示法就是用正弦三角函数形式来表示交流电。

$$e=E_m\sin(\omega t+\varphi_e) \tag{2-12}$$

$$u=U_m\sin(\omega t+\varphi_u) \tag{2-13}$$

$$i=I_m\sin(\omega t+\varphi_i) \tag{2-14}$$

第四节　三相正弦交流电

一、三相交流电

在交流发电机的定子上相隔120°的电角度放三组线圈，当原动机拖动电机转子旋转时，就会感应出三个交变电动势，这样的发电机叫三相交流发电机，如图2-18所示。

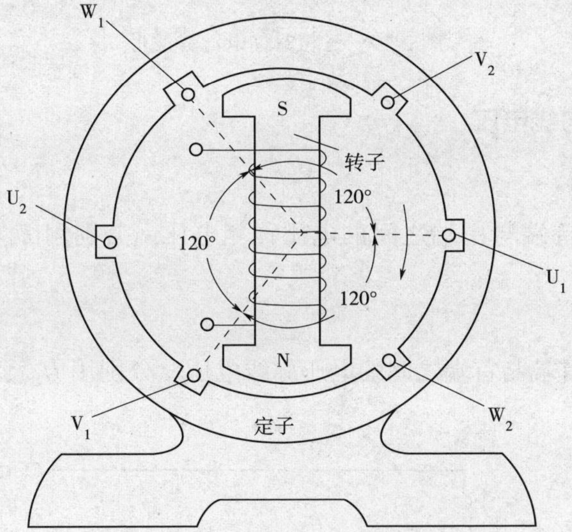

图2-18　三相交流发电机的原理

二、三相电动势瞬时表达式

三相同步发电机三个定子绕组中的感应电动势相当于三个独立的正弦电压源，以U相为参考，三相对称电动势的表达式为

$$e_U = E_m \sin\omega t \tag{2-15}$$

$$e_V = E_m \sin(\omega t - 120°) \tag{2-16}$$

$$e_W = E_m \sin(\omega t + 120°) \tag{2-17}$$

三、三相对称电动势波形图

三相对称电动势波形如图2-19所示。

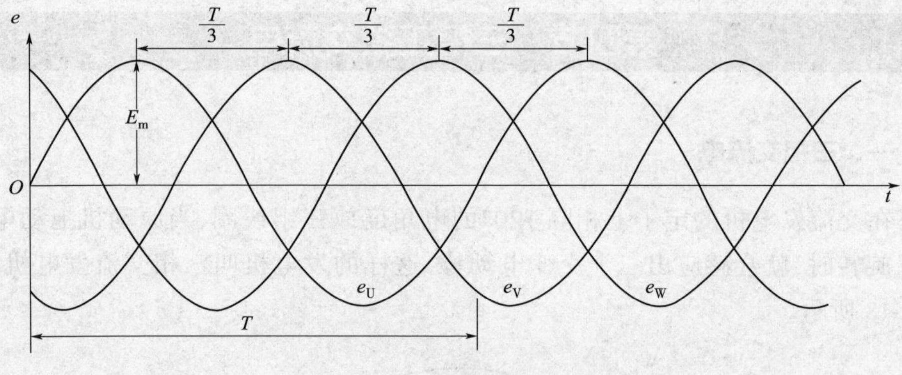

图 2-19　三相对称电动势波形

四、相电压与线电压

1. 相 电 压

每相绕组的首端与尾端之间的电压称相电压。分别用 U_U、U_V、U_W 表示，如图 2-20 所示。

2. 线 电 压

各相绕组的首端与首端之间的电压称线电压。分别用 U_{UV}、U_{VW}、U_{WU} 表示，如图 2-20 所示。

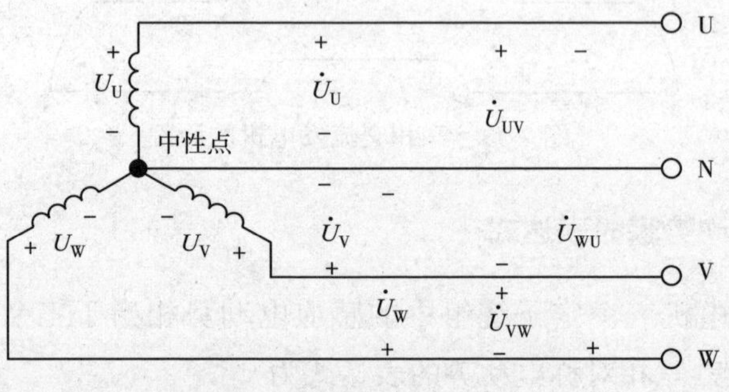

图 2-20　相电压与线电压

五、三相负载的星形接法

1. 三相交流发电机向外供电时，把三组线圈的末端接在一起，从连接点引出一条线，这条线叫零线，也叫中性线。再从线圈绕组另一端 U、V、W 各引出一条线，这三条线叫相线或火线，这种连接方法叫星形接法，如图 2-21 所示。

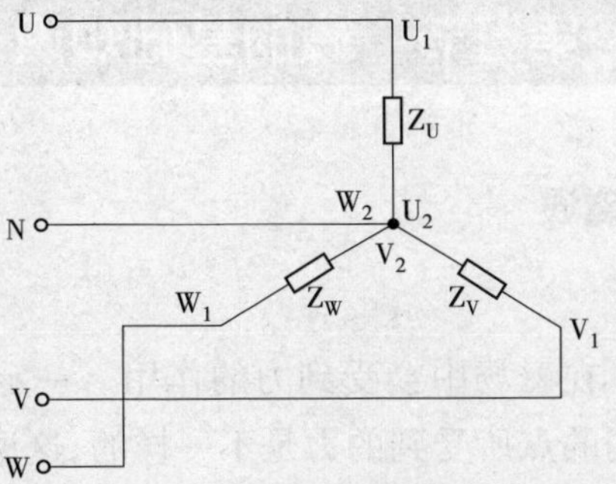

图 2-21　三相负载星形接法

2. 发电机的这种向外输电方法构成三相四线制。若不引出中线，用三条线向外供电则称三相三线制。

3. 因为三相四线制供电能同时供出 220 V、380 V 两种不同的电压，因而得到广泛应用。

4. 星形接法时，线电压与相电压之间的关系是 $U_{线} \approx 1.732U_{相}$。

六、三相负载的三角形接法

1. 三角形接法是将负载中的每一相的末端与后续相的始端相连，然后再从 3 个连接点引出端线的连接方式。三角形接法中三相负载的每一相都跨接在两条端线上，如图 2-22 所示。

2. 负载的相电压等于三相电源的线电压。

因此，一台每相额定电压为 380 V 的三相感应电动机，只有连接成三角形才能接到线电压为 380 V 的三相电源使用。因相电压等于线电压，所以有 $U_{线} = U_{相}$。

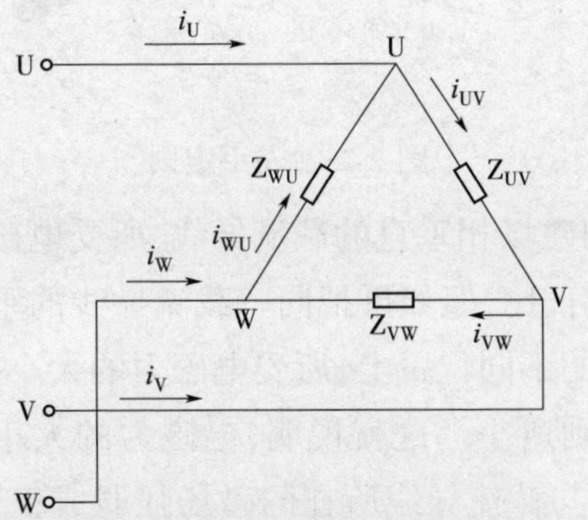

图 2-22　三相负载三角形接法

第五节　磁的基础知识

一、磁感应强度和磁通

1. 磁感应强度

实践证明，带电导体在磁场中会受到力的作用。一定长度的导体中通过一定量的电流，在磁场中不同的点所受到的力是不一样的，这说明磁场中各点的强弱是不一样的，磁感应强度就是反映磁场中某点强弱的物理量，用 B 表示，单位是特，符号为 T。

磁感应强度不仅反映某点的强弱，还反映了该点的磁场方向。磁感应强度是矢量。磁场中某点磁力线的切线方向就是该点磁感应强度的方向。

在磁场、电流和作用力的三者的方向互相垂直时，这三个方向之间的关系可用左手定则来确定。即平伸左手，拇指与其余四指垂直，使磁力线垂直进入掌心，用四指指向电流的方向，则拇指所指的方向，就是载流导线受力的方向，如图 2-23 所示。

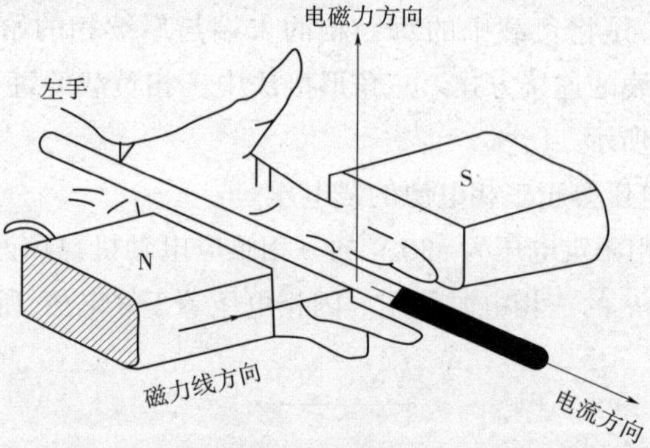

图 2-23　左手定则

实验证明，处于均匀磁场相垂直的载流导线，所受电磁力 F 与导线通过的电流 I 和导线的有效长度 l 成正比，但如果把同一载流导线的垂直于磁力线的方向放入不同的磁场或同一磁场的不同位置上，所受电磁力的大小一般是不同的，而且磁场愈强，受力也愈大；反之则愈小。这就说明，电磁力的大小不仅与电流 I 和导线有效长度 l 成正比，而且还与截流导线所在的磁场强弱成正比。为此，需要引入一个用来描述磁场中各点磁场强弱和方向的物理量，叫作磁感应强度，用符号 B 表示。

磁感应强度 B 为一向量，就是说它是一个既有大小又有方向的量，它的方向就是磁场中各点磁场的方向。载流导线与磁场方向之间的夹角为 α，如图 2-24 所示。

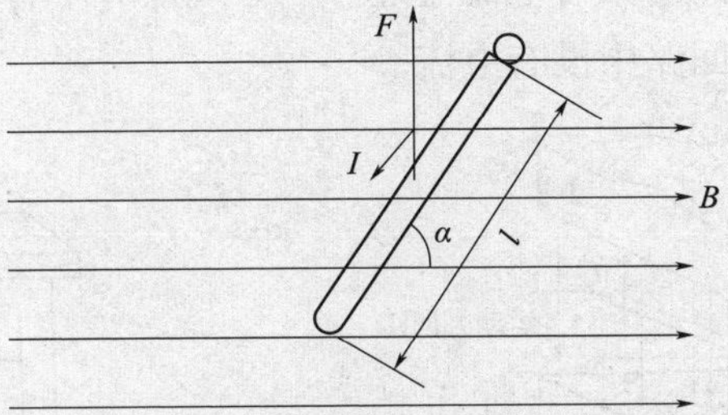

图 2-24 受力分析

与磁场方向相垂直并载有单位长度导线所受电磁力的大小，就是磁场中某一点的磁感应强度。

磁场可以用磁力线来描述。而磁感应强度可以表示磁场的强弱，其方向又是与磁场的方向一致的，因此，可以用磁力线描述磁感应强度的大小和方向。磁力线的疏密表示磁感应强度的大小，磁力线在某点的切线方向就是该点磁感应强度的方向。所以，磁力线亦可称为磁感应强度线。

对均匀磁场来说，磁场内各点磁感应强度 B 的大小方向都相同。

力的单位为牛（N），长度的单位为米（m），电流的单位为安（A），那么磁感应强度的单位为特（T）。

2. 磁　通

磁感应强度 B 仅仅反映了磁场中某一个点的性质。在实际工作中，往往要考虑某一个面的磁场情况，为此，引入一个新的物理量——磁通，用字母 Φ 表示。磁感应强度 B 和与其垂直的某一个截面积 S 的乘积，叫作通过该面积的磁通。

在匀强磁场中，磁感应强度 B 是一个常数，磁通的计算公式为

$$\Phi = BS \tag{2-18}$$

式中 B——匀强磁场的磁感应强度，T；

S——与 B 垂直的某一个截面面积，m^2；

Φ——通过该面积的磁通，Wb。

二、磁感应原理

电流的磁效应即电能生磁。法拉第应用电磁感应的方法，使磁场中的导体在一定条件下产生了感应电流。

如图 2-25 所示的磁场中，截取一根导线 AB，导线两端分别与灵敏电流计的两个接线柱相连接，形成闭合回路，当导线在磁场中做切割磁力线运动时，电流计指针发生偏转，表明闭合回路中有电流流过。当导线沿着平行磁力线方向运动时，电流计的指针不动，表明回路中没有电流。

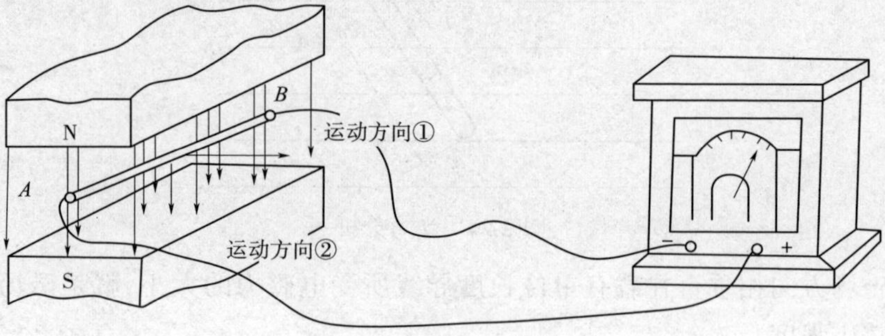

图 2-25　电磁感应实验 1

像这样利用磁场产生电流的现象叫作电磁感应现象，用电磁感应的方法产生的电流叫作感应电流。

可以得出结论：闭合回路中的一部分导体在磁场中作切割磁力线运动时，回路中有感应电流。

如图 2-16 所示的实验中，把线圈的两个接头分别与灵敏电流计的两个接线柱相连接，形成闭合回路。如果将条形磁铁插入线圈，使穿过线圈的磁通发生变化，电流计的指针会发生偏转，表明闭合回路中有感应电流产生，如果穿过线圈的磁通不变，电流计指针指零，表明回路中没有电流。

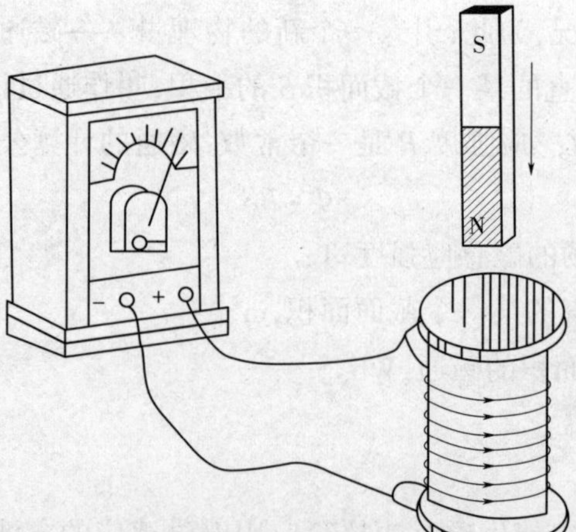

图 2-26　电磁感应实验 2

可以得出结论:穿过闭合回路的磁通发生变化时,回路中有感应电流产生。

上述两个结论,阐述了产生感应电流的两种不同的条件,实际上是从不同角度观察问题的结果。第一种说法是通过导体与磁场的相对运动来研究电磁感应现象;第二种说法是通过穿过闭合回路磁通的变化来研究电磁感应现象。两种说法是统一的,本质是相同的,所得结果也是完全一样的。

第六节　电子电路基础知识

一、晶体二极管及稳压管

1. 二极管组成

将 PN 结封装,引出两个电极,就构成了二极管。二极管的图形符号如图 2-27 所示,二极管的形成如图 2-28 所示。

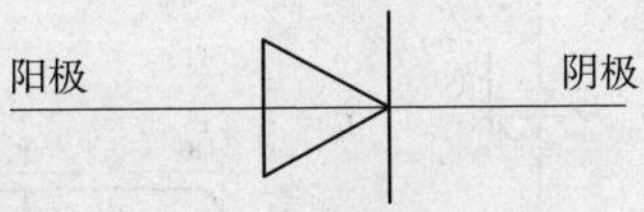

图 2-27　图形符号

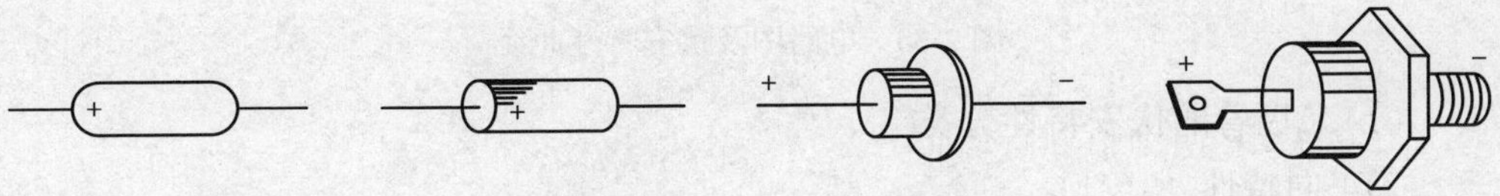

图 2-28　二极管形成

(1)点接触型二极管

点接触型二极管如图 2-29(a)所示,其特点是 PN 结的结面积小,结电容小,故结允许的电流小,最高工作频率高。主要用于高频检波和开关电路。

(2)面接触型二极管

面接触型二极管如图 2-29(b)所示,其特点是 PN 结的结面积大,结电容大,故结允许的电流大,最高工作频率低。适用于频率较低的整流电路。

(3)平面型二极管

平面型二极管如图 2-29(c)所示,其特点是 PN 结的结面积可小、可大,截面积小的工作频率高,大的结允许的电流大。适用于开关电路。

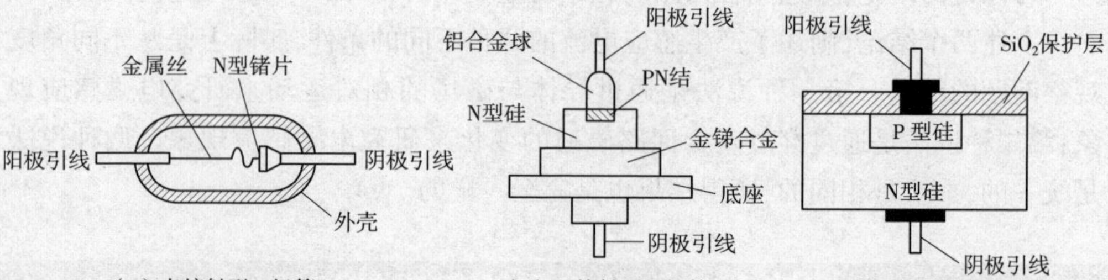

（a）点接触型二极管　（b）面接触型二极管　（c）平面型二极管

图 2-29　二极管结构分类

2. 二极管伏安特性

二极管的电流与其端电压的关系称为伏安特性。图 2-30 给出了二极管工作电路图及伏安特性曲线。

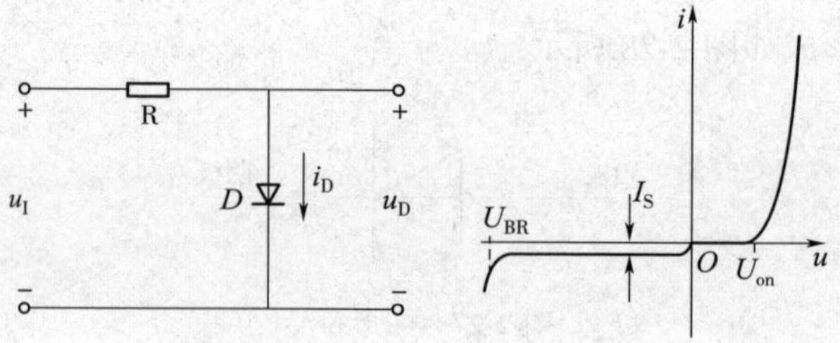

（a）电路图　（b）伏安特性曲线

图 2-30　电路图及伏安特性曲线

(1)二极管的伏安特性分类

①正向特性

当二极管所加正向电压较低时，由于所加外电场还不足以克服 PN 结内电场对多数载流子扩散所造成的阻力，故此时正向电流几乎为零，呈现较大的电阻。正向电流 $I\approx0$，这个区域称为死区，相应的电压值 U_{on} 称为死区电压，其大小和二极管的材料及温度有关。通常硅管的死区电压约为 0.5 V，锗管约为 0.1 V。

当所加正向电压大于死区电压（$U>U_{on}$）时，内电场被大大削弱，正向电流迅速增加，二极管处于正向导通状态。导通时，硅管正向压降为 0.6～0.7 V，锗管为 0.2～0.3 V。当电流较小时取下限值，当电流较大时取上限值。

②反向特性

当二极管加反向电压时，少数载流子的漂移运动形成很小的反向电流。在温度一定、反向电压不超过某一范围时，少数载流子数量基本不变，反向电流的大小基本不变，称为饱和电流，用符号 I 表示，其值很小。

当所加反向电压增大到某一数值时，反向电流 I_S 突然增大，二极管失去单向导电性。这种现象称为 PN 结的反向击穿。产生击穿时的反向电压称为反向击穿电压。普通二极管被击穿后，一般不能恢复原有性能。

(2)二极管主要参数

①最大整流电流 I_F：最大平均值。

②最大反向工作电压 U_R：最大瞬时值。

③反向电流 I_R：即 I_S。

④最高工作频率 f_m：取决于 PN 结电容的大小。

(3)稳压二极管

稳压二极管是一种用特殊工艺制造的面接触型硅半导体二极管，具有稳压特性，通常称为稳压管，它在电路中与适当阻值的电阻配合能起到稳定电压的作用。

①伏安特性

稳压二极管的伏安特性和普通二极管的伏安特性类似，如图 2-31 所示，只是它的反向特性比较陡。当反向电压在一定范围内变化时，反向电流很小；当反向电压增高到击穿电压时，反向电流突然剧增，此时稳压管被反向击穿。此时电流虽在较大的范围内变化，但稳压管两端的电压却变化很小。正是利用这一特性，稳压管在电路中起到了稳定电压的作用。与一般二极管不同，只要流过它的反向电流不超过某一允许值，稳压管就不会损坏，它的反向击穿是可逆的。

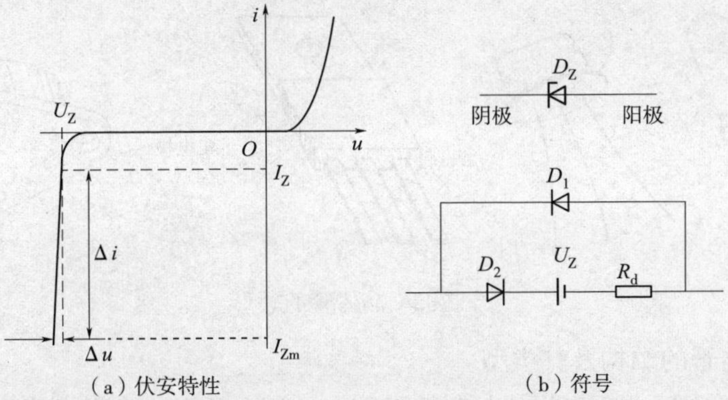

(a) 伏安特性　　(b) 符号

图 2-31　伏安特性及符号

②主要参数

稳定电压 U_Z：稳压管的反向击穿电压。通常情况下给出的都是在一定电流及温度等条件下的数值。由于制造工艺上的分散性，即使对同一型号的管子，其稳压值也有一定的离散性。

稳定电流 I_Z：指工作电压等于稳定电压时的反向电流，是一个参考数值。最大稳定电流 I_{Zm} 稳压管允许通过的最大反向电流。稳压管的工作电流不能超过 I_m。当反向电流超过最大允许电流时，稳压管将过热而被烧坏。因此，稳压管必须串联一个适当的限流电阻后再接入电路中，以免损坏。

最大耗散功率 P_{Zm}：稳压管不发生热击穿时的最大耗散功率。稳压管允许流过的最大工作电流 $I_{Zm}=P_{Zm}/U_Z$。

动态电阻 R_Z：稳压管在反向击穿区稳定工作时端电压的变化量与相应的电流变化量的比值 $R_Z=\Delta U_Z/\Delta I_Z$。动态电阻愈小，稳压性能愈好。

电压温度系数 a：温度每增加 1℃，稳压值变化的百分比数，用以表示稳压值受温度影响的程度。一般情况下稳压值低于 6 V 的稳压管具有负温度系数，高于 6 V 具有正温度系数，6 V 左右温度系数最小。

二、晶体三极管及场效应晶体管

1. 晶体三极管

晶体管，即晶体三极管，又称为半导体三极管。因为晶体管中有两种带有不同极性的载流子参与导电，所以也称为双极性结型晶体管（bipolar junction transistor, BJT）。晶体管组成各种放大电路和电子电路的核心器件。晶体管的外形如图 2-32 所示。

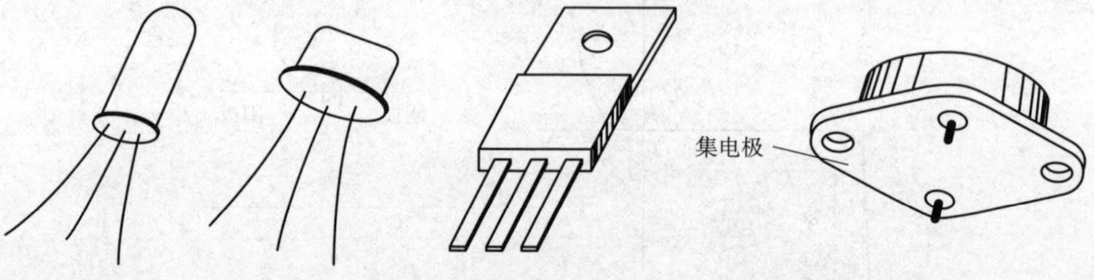

图 2-32　晶体管的外形

（1）晶体管的结构及其类型

晶体管是在同一块半导体材料上，通过一定的工艺加工形成不同杂质类型和浓度的三个区以及两个 PN 结。因为杂质半导体有 P 型和 N 型两种，所以晶体管可组成 NPN 型和 PNP 型两种，其结构和符号如图 2-33 所示。NPN 型和 PNP 型晶体管表示符号的区别是发射极的箭头方向不同，这个箭头方向表示发射结正向偏置时的电流方向。

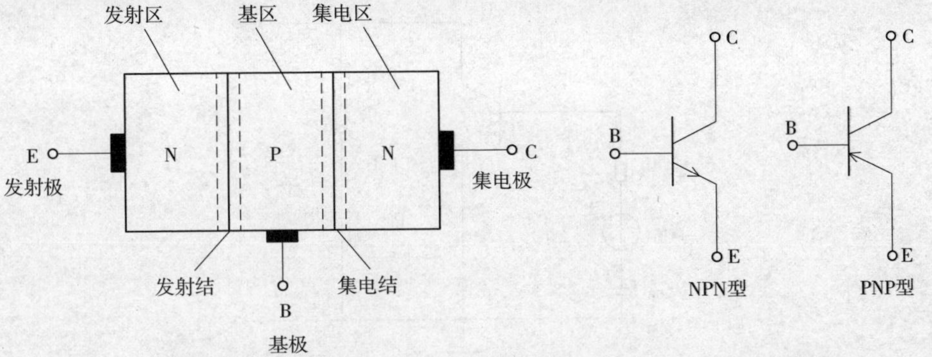

（a）结构　　（b）符号

图 2-33　晶体管的结构和符号

NPN 型和 PNP 型晶体管内部均包含三个区：发射区、基区和集电区，相应地引出三个电极：发射极（E）、基极（B）和集电极（C）。同时，在三个区的两两交界处，分别形成两个 PN 结。发射区和基区交界处形成的 PN 结，称为发射结（E 结）；集电区和基区交界处形成的 PN 结，称为集电结（C 结）。

为了实现电流控制和放大作用，晶体管的三个区在制作时结构、尺寸和掺杂浓度要保证如下重要特点：①基区很薄，厚度一般只有几微米，掺杂浓度很低；②发射区和集电区虽然掺杂类型相同，但发射区掺杂浓度远大于集电区；③集电结面积大于发射结面积。以上三点是保证晶体管能够实现放大作用的内部结构条件。

晶体管有多种分类方法。按照频率高低，可分为高频管和低频管；按照功率大小，可分为大功率管、中功率管和小功率管；按照结构特点，可分为 NPN 型管和 PNP 型管；按照所用材料，可分为硅管和锗管；根据特殊要求，还可分为开关管、低噪声管和高反压管等。

晶体管按照结构和材料可组合成 4 种类型：锗 PNP 型晶体管、锗 NPN 型晶体管、硅 PNP 型晶体管、硅 NPN 型晶体管，其符号分别为 3A、3B、3C 和 3D。目前，国内生产的硅管多为 NPN 型（3D 系列），锗管多为 PNP 型（3A 系列）。使用晶体管时必须搞清管脚，避免接错。

（2）晶体管的放大原理

晶体管的电流放大作用有其内部条件和外部条件。内部条件是基区很薄且掺杂浓度远低于发射区，由制造工艺实现；外部条件是发射结正向偏置，集电结反向偏置，由外部电路提供。晶体管电流分配实验电路如图 2-34 所示。图中包括两个回路：基极、发射极回路和集电极、发射极回路，发射极是发射极回路和集电极回路的公共端，因此称之为共发射极电路。

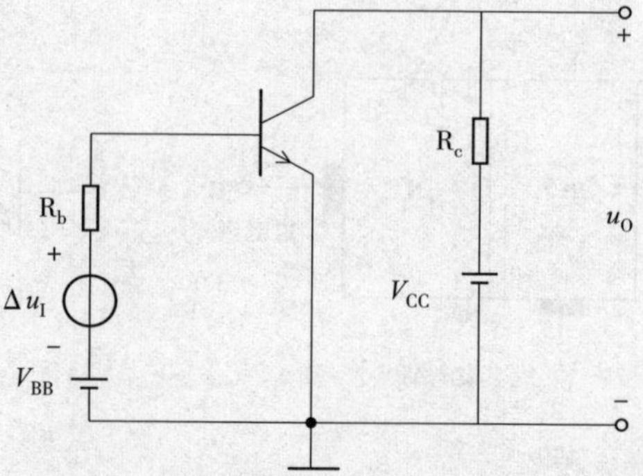

图 2-34　晶体管电流分配实验电路

$$\text{放大的条件}\begin{cases}U_{BE}>U_{on}（\text{发射结正偏}）\\ U_{CB}\geqslant 0,\text{即 }U_{CE}>U_{BE}（\text{集电结反偏}）\end{cases}$$

扩散运动形成发射极电流 I_E，复合运动形成基极电流 I_B，漂移运动形成集电极电流 I_C。

电流分配的计算公式为

$$I_E=I_B+I_C \tag{2-19}$$

式中　I_E——扩散运动形成的电流，A；

I_B——复合运动形成的电流，A；

I_C——漂移运动形成的电流，A。

(3)晶体管的特性曲线

晶体管电极间电压和电极电流的对应关系曲线（伏安特性）能直观地描述晶体管的外部特性。晶体管的特性曲线是内部载流子运动的外部表现，它能反映出晶体管的工作性能。常用的是共发射极接法的输入和输出特性曲线。

输入特性曲线是指集—射极电压为常数时，所测得的基极电流 I_B 与基—射极电压 U_{BE} 之间的关系曲线。

严格地说，对于不同的 U_{CE}，输入特性不是一条而是一组曲线。但对硅管而言，当 $U_{CE}\geqslant 1$ V 时，集电结已处于反向偏置，可以把从发射区扩散到基区的绝大多数自由电子拉入集电区。再增大 U_{CE}，只要 U_{CE} 保持不变，从发射区发射到基区的电子数就一定，I_B 也就基本不变。因此，$U_{CE}\geqslant 1$ V 后的输入特性曲线基本上是重合的。通常使用的是 $U_{CE}\geqslant 1$ V 输入特性曲线，NPN 型硅管输入特性曲线如图 2-35 所示。

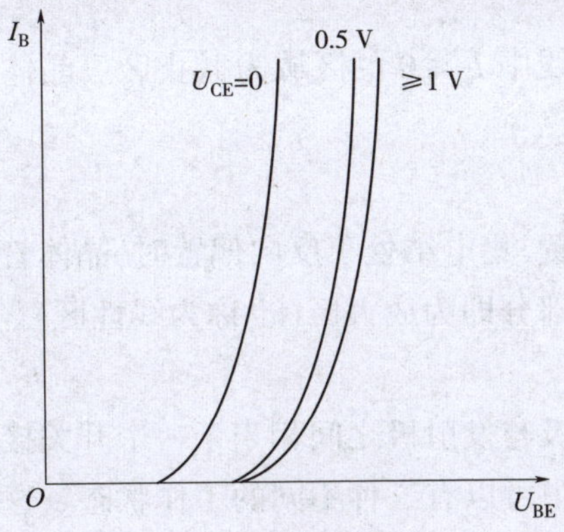

图 2-35　输入特性曲线

由输入特性曲线可见，晶体管的输入特性也有一段死区，只有在发射结外加电压大于死区电压时，才会有基极电流。通常硅管死区电压在 0.5 V 以下，锗管死区电压在 0.1 V 以下。晶体管在正常工作时，发射结正向压降 U_{CE} 变化范围很小，NPN 型硅管的发射结压降为 0.6~0.7 V，PNP 型锗管的发射结压降为 0.2~0.3 V。

取不同的基极电流 I_B，则可以得到一组不同的输出特性曲线，如图 2-36 所示。

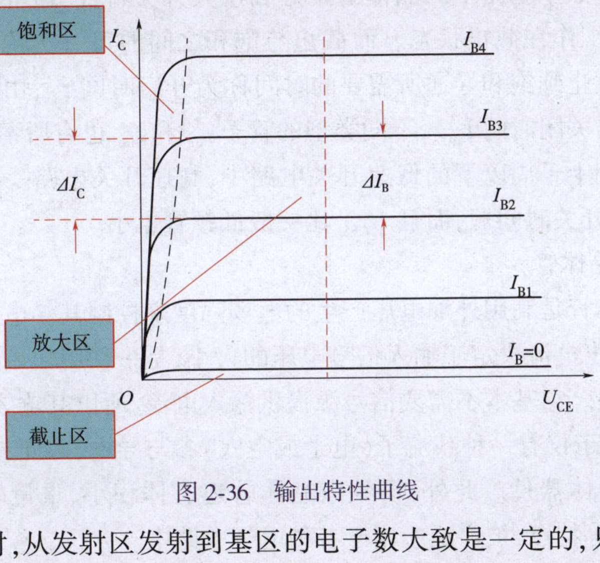

图 2-36　输出特性曲线

当 I_B 一定时，从发射区发射到基区的电子数大致是一定的，只要 U_{CE} 超过一定数值（约 1 V），这些电子的绝大部分被拉入集电区而形成集电极电流，以至于再继续增加 U_{CE}，I_C 也不再有明显增加，具有恒流特性。而当 I_B 增大时，I_C 也相应增大，曲线上移，而且在一定范围内近似成正比例，这就是晶体管的电流放大作用。

通常把晶体管的输出特性曲线分为三个工作区。

①截 止 区

一般称输出特性曲线中 $I_B \leqslant 0$ 的区域为截止区。晶体管的截止工作状态相当于一个开关的断开状态。

②放 大 区

发射结处于正向偏置,集电结处于反向偏置时,晶体管就工作在放大状态。输出特性曲线的近似水平部分即为放大区(也称为线性区)。

③饱 和 区

晶体管饱和时集电极与发射极之间相当于一个开关接通的状态。

晶体管在实际应用中可以有三种不同的工作状态。这三种工作状态可分为两类不同的应用方式,一类是使晶体管工作在放大状态下,利用 I_B 对 I_C 的控制作用,放大电路中的晶体管就处于放大状态。另一类是使晶体管在饱和与截止两种状态间不断转换,当控制信号 U_i 取高值时,晶体管导通,进入饱和状态;当 U_i 取低值时,晶体管截止。这时的晶体管相当于一个受控的开关,因为晶体管饱和导通时 U_{CES} 很小,可认为 $U_{CES} \approx 0$,晶体管集—射极间接近短路,相当于一个开关处于接通状态;而晶体管截止时,$I_C = I_{CO} \approx 0$,晶体管集—射极间接近开路,相当于一个开关处于断开状态。数字电路中的晶体管正是利用其开关特性,通常不是工作在饱和导通状态,就是工作在截止状态。而截止与饱和之间的每一次转换过程都需要一定的时间。由截止到饱和导通所需要的时间称为开启时间 t_{on},由饱和导通到截止所需的时间称为关闭时间 t_{off}。不同类型的管子 t_{on} 和 t_{off} 也有所不同。通常低频管只能用在每秒几十千周以下的低速开关电路中,高速开关电路一般选用开关晶体管,开关管不仅开关时间短,而且 U_{CES} 比一般低频管也小。

2. 场效应晶体管

场效应晶体管是利用外加电压产生的电场强度来控制其导电能力的一种半导体器件,它的输出电流决定于输入信号电压的大小,是一种用输入电压控制输出电流的半导体器件。它基本不需要信号源提供输入电流,所以其输入电阻很高,可达 $10^9 \sim 10^{15}\ \Omega$。由于仅有一种载流子(电子或空穴)参与导电,因此,场效应晶体管是一种单极型半导体器件。此外,场效应晶体管还有体积小、重量轻、耗电少、噪声低、热稳定性强等特点,被广泛应用于各种电子电路中。

场效应晶体管按结构不同分为结型场效应晶体管和绝缘栅场效应晶体管两种,绝缘栅场效应晶体管由于在制作上比较简单,因此,大量地应用于集成电路的制造中。

复习思考题

1. 电路的工作状态有哪几种？
2. 什么是电路图？
3. 电阻串联的特点是什么？
4. 电阻并联的特点是什么？
5. 什么是相电压与线电压？
6. 晶体管的工作区有哪几个？

第三章

电机电器基础知识

知识目标

通过学习，掌握电器基本结构，了解电器相关概念，掌握电机的分类方法和工作原理。

能力目标

能够处理各类简单电气故障。

素质目标

培养学员吃苦耐劳的职业精神，干一行爱一行、专一行精一行的敬业精神。

第一节　电器基础知识

一、电器的定义与分类

凡是对于电能的产生、输送和应用起开关、检查、控制、保护和调节作用，以及利用电能来控制保护调节非电量器械设备的各种电工设备都称为电器。

电器的用途广泛，职能多样，品种规格繁多，原理、结构各异，有各种分类方法。

1. 机车电器按用途分类

(1)开关电器：用来自动或非自动的开闭有电流的电路，如闸刀开关、自动开关、转换开关、按钮开关、电力机车的隔离开关和主断路器等。此类开关操作次数少，断流能力强。

(2)控制电器：自动或非自动地控制电机的启动、调速、制动及换向等，如司机控制器、接触器。

(3)保护电器:用于保护电路、电机或其他电器设备,使其免受不正常的高电压大电流的损害,如各种保护继电器、熔断器及电力机车的避雷器和电抗器等。

(4)调节电器:用于自动调节电路和设备,使参数保持给定值,如电压调节器、温度调节器等。

(5)仪表用变流和变压器:用于将高电压及大电流变为低电压、小电流以供仪表或继电器保护通路,如电流互感器、电压互感器等。

(6)受电器:用于电力机车接受电网电能以作为机车电源,如单臂受电弓、双臂受电弓。

(7)成套电器:由一定数量的电器按一定的电路要求组合的整体电器屏柜。

2. 机车电器按传动方式分类

(1)手动电器:例如闸刀开关、按钮开关、司机控制器等。

(2)自动电器:又可分为电磁传动、压缩空气传动、液压传动和电动机传动。

3. 机车电器按其执行机构的不同分类

(1)有触点电器:如各种继电器、接触器等。

(2)无触点电器:如电子时间继电器、主回路和辅助回路接地继电器等。

二、电器的发热

电器是由导电材料、导磁材料、绝缘材料等组成,利用电磁现象而工作的。

电器工作时,在导体中有电阻损耗;在导磁材料中有磁滞和涡流损耗;在绝缘材料中有介质损耗,这些损耗都变成热能,使电器零部件发热。热能总是从高温物体向低温物体扩散,当电器温度高于周围介质及接触零件的温度时,便开始向周围扩散,周围介质温度越低,这种热扩散就越迅速。当发热和散热趋于平衡时,电器的温度不会继续上升而保持在某一温度上。

为了确保电器的工作性能和使用寿命,各国电器技术标准都规定了电器各部件的发热温度极限及温升。

1. 温升:电器部件温度与其周围介质温度之差。

2. 允许温升:最高允许温度减去最高环境温度。

3. 最高允许温度:保证电器的机械强度、导电、导磁性以及介质的绝缘性不受损害的最高温度。

三、牵引电器的基本结构

牵引电器的基本结构主要由 3 部分组成,如图 3-1 所示。

1. 执行机构：电器的触头系统，用来断开、接通电路。

2. 感测机构：电器的传动装置，用来接收信号，进行比较，带动并指挥触头执行任务。

3. 保护机构：电器的灭弧装置，用来保护电器。

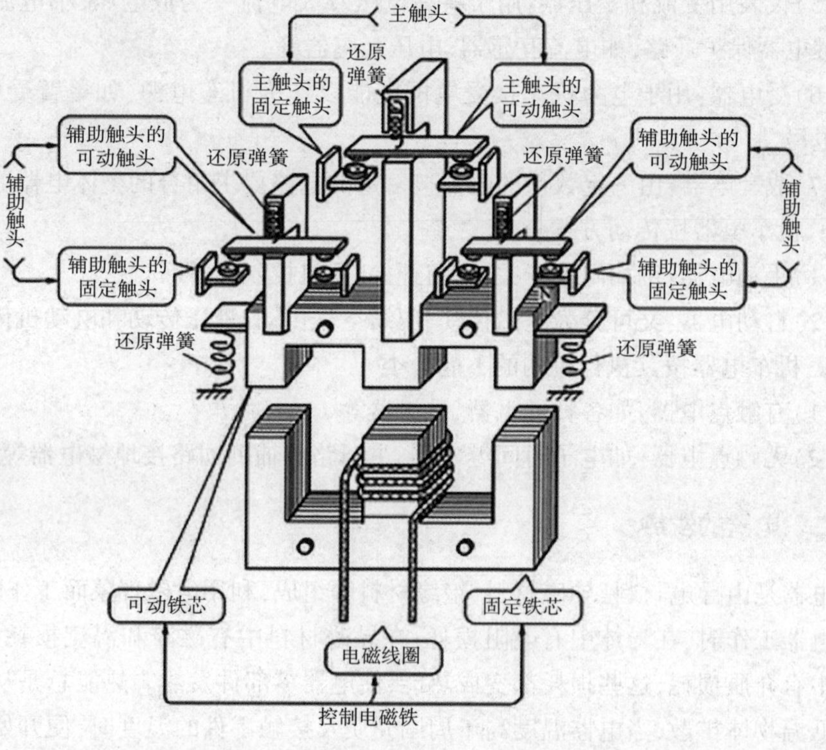

图 3-1　牵引电器的基本结构

四、触头系统

1. 触头的作用

电器的触头是各类接触器和继电器中的关键零件，如图 3-2 所示。电路的接通和断开都是依靠触头的接触和分离实现的。

2. 触头的分类

触头可按以下方法分类：

(1)按工作性质分为静触头、动触头；

(2)按用途分为主触头、辅助触头；

(3)按触头的形式分为楔形触头、滑动触指式触头、桥式触头。

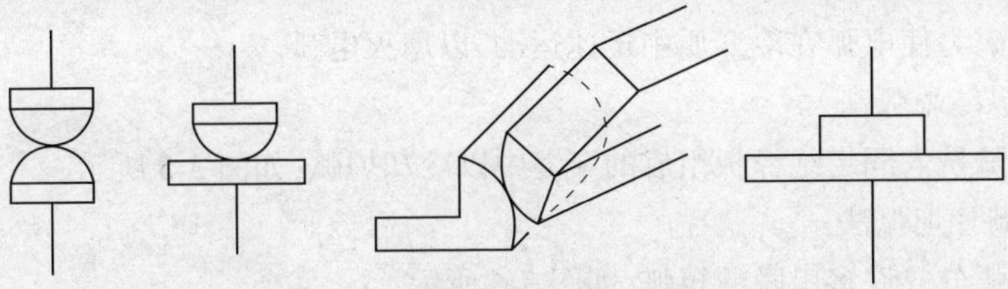

图 3-2　电器的触头

五、电弧熄弧方法

1. 电　　弧

电器触头气隙空气中的强烈放电现象称为电弧，如图 3-3 所示。一般当用开关电器断开电流时，如果电路电压不低于 10～20 V，电流不小于 80～100 mA，电器的触头间便会产生电弧。

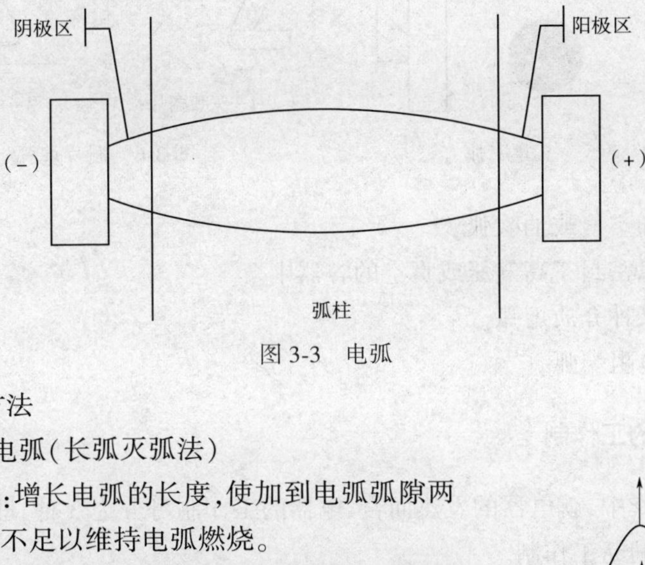

图 3-3　电弧

2. 熄弧方法

(1) 拉长电弧（长弧灭弧法）

拉长电弧：增长电弧的长度，使加到电弧弧隙两端的外加电压不足以维持电弧燃烧。

冷却电弧：由于电弧在磁场中受力或因其他原因而拉长时，相对冷空气运动而起冷却作用，抑制游离作用，迫使电弧熄灭。

拉长电弧的具体方法有机械拉长电弧、用触头回路的电动斥力拉长电弧、使电弧在磁场中受力而拉长等，如图 3-4 所示。

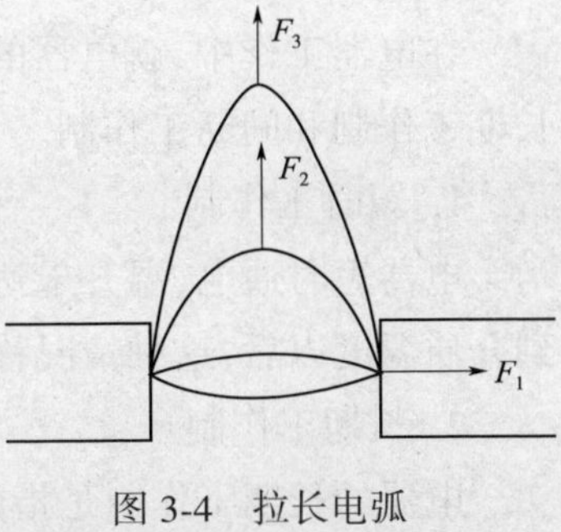

图 3-4　拉长电弧

(2)磁吹灭弧法

借电磁力使电弧在冷介质中迅速运动，以熄灭电弧。

(3)纵缝熄弧法

将电弧挤入固定绝缘板组成的窄缝中以冷却熄弧，如图 3-5 所示。

(4)栅片熄弧法

将电弧分成许多串联的短弧，如图 3-6 所示。

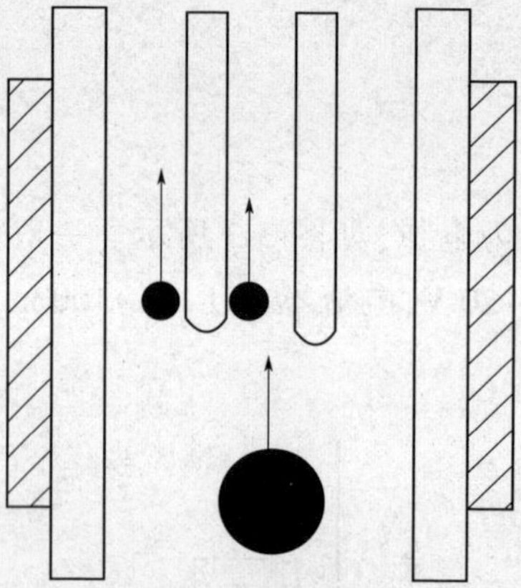

图 3-5　纵缝熄弧

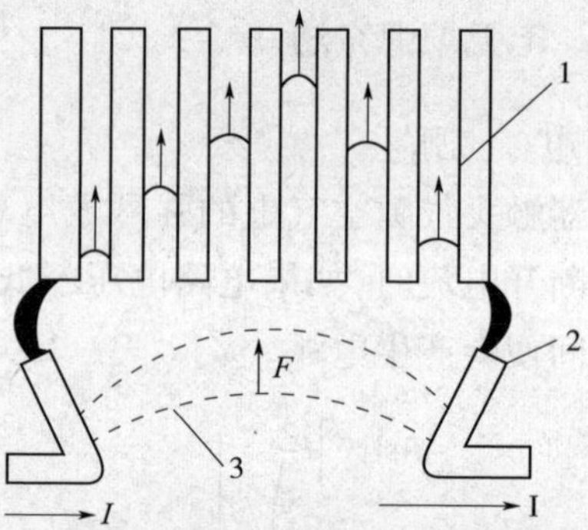

1—灭弧栅片；2—触头；3—电弧。

图 3-6　栅片熄弧

(5)用冷却空气或油吹弧。

(6)将电弧密封于高气压或真空的容器中。

(7)利用某种介质熄弧。

(8)并联电阻熄弧。

六、电器的工作制

在电器工作中，就电器的发热而言，电器的工作制可分为 3 种，即短时工作制、长期工作制和间断工作制。

1. 短时工作制

电器短时通电，温升未达到稳定就停止工作，并且下一次工作要等到电器冷却到介质温度以后，这种情况称为短时工作制。

2. 长期工作制

电器的长期工作制是指电器接通电源后连续工作到发热稳定的工作制。

3. 间断工作制

电器的间断工作制是指电器一会儿通电,一会儿断电的反复循环的工作过程。

七、电器的机械寿命和电寿命

1. 机械寿命:电器在不需要修理或更换机械零件所能承受的无载操作极限次数,主要用来考核电器的机械耐磨损性能。

2. 电寿命:电器在额定负载时不需要修理或更换零件而能承受的负载操作极限次数,主要用来考核电器的绝缘性能和抗耐电弧磨损的性能。

八、电器触头的磨损

触头在多次接通和断开有载电路后,它的接触表面将逐渐产生磨耗和损坏,这种现象称为触头的磨损,磨损直接影响电器的寿命。

触头的磨损包括机械磨损、化学磨损、电磨损。触头的磨损主要取决于电磨损。

第二节 直流电机

一、电机的分类

电机是电动机和发电机的统称,通常分为直流电机和交流电机两大类,交流电机又可分为异步电机与同步电机两类。

不论直流电机或交流电机都具有可逆性。所谓可逆性,就是同一电机既可以作为发电机工作,又可以作为电动机工作。其原因是电机本身是机械能和电能互相转换的设备。这个能量相互转换的过程同样是按照电磁感应规律为依据的,只是在不同的客观条件下,表现出不同的运行工况。

内燃机车上的启动发电机在柴油机启动过程中,启动发电机作为电动机运行,带动柴油机启动;柴油机启动后,又由柴油机带动其运转,作为发电机运行。

在电传动内燃机车及电力机车上的牵引电机,在机车牵引工况时,作为电动机运行;但在机车电阻制动时又作为发电机运行。这都是利用了电机的可逆性原理。

电机效率是电机输出功率与输入功率之比,用 η 表示。

$$\eta = 输出功率/输入功率 \tag{3-1}$$

二、直流发电机

1. 定　　义

把输入的机械能变为直流电能输出的电机叫直流发电机。直流发电机是根据导体在磁场中切割磁力线时能产生感应电动势的原理制成。

2. 组　　成

直流发电机一般由以下几个部分组成：

(1)定子(磁极)

①定子安装在机壳上,其磁极的铁芯是用铸钢或硅钢片叠制而成的,这样可以减小涡流。

②磁极又分为主磁极和换向磁极两种,它的功用是产生磁场。

直流电机的换向极是为了消除电枢反应影响、改善电机换向而设置的。换向极绕组应与电枢绕组串联,使换向极产生的磁场强度随电枢电流的增大而增强;同时还使换向极的方向与此处出现的电枢磁场方向相反。这样,就可以使任何工况下换向极产生的磁场,总是起到抵消电枢反应影响的作用,使换向元件有较好的换向条件。

(2)转子(电枢)

转子由电枢轴、电枢铁芯以及嵌在槽内的电枢线圈组成。电枢线圈的始末端又以一定规律焊接在换向器上。换向器是由许多楔形铜片所组成。铜片与铜片之间以及锅片与轴之间均用云母绝缘。

转子的功用是产生感应电势、电磁转矩,从而实现能量转换。

直流电机电枢的绕组有多种形式,其中单迭绕组和单波绕组是最基本的两种,如图 3-7 所示。

①单迭绕组的特点是每个元件的两个线端接到两个相邻的换向片上,使各个串联的元件都搭叠在一起,所以称为单迭绕组。

②单波绕组的特点是元件两端的换向片相隔较远,相串联的两个元件相隔也较远,连接起来的元件像波浪一样往前伸延,故称为单波绕组。

(3)机座、端盖和轴承

机座用来固定主磁极、换向极和端盖。端盖用以保护电机内部免受外界侵害,同时支承轴承,固定刷架。

(4)电刷装置

电刷装置有刷架、刷盒、电刷等。电刷装在刷盒内,经弹簧压指压触在换向器

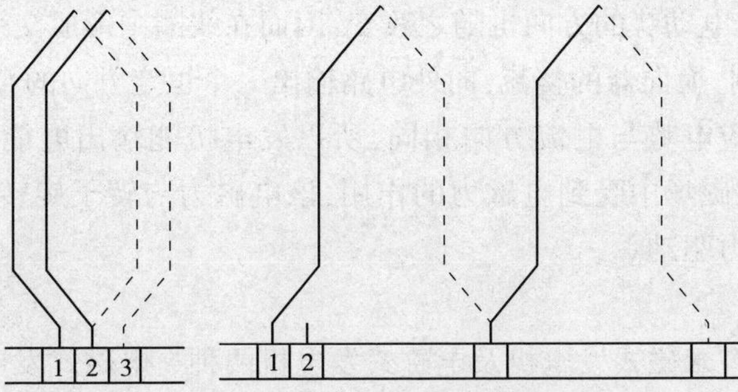

图 3-7　单迭绕组和单波绕组

上，保持接触良好。刷架、刷盒的功用是使固定的电刷与旋转的换向器保持滑动接触，使外电路与电枢连接起来。

(5)通风及防护部分

通风及防护部分由风扇、通风孔等组成。其功用是通风散热，保障电机安全及连续工作。

3. 工作原理

发电机是根据导体在磁场中切割磁力线运动而产生感应电动势的原理制成的，如图 3-8 所示。

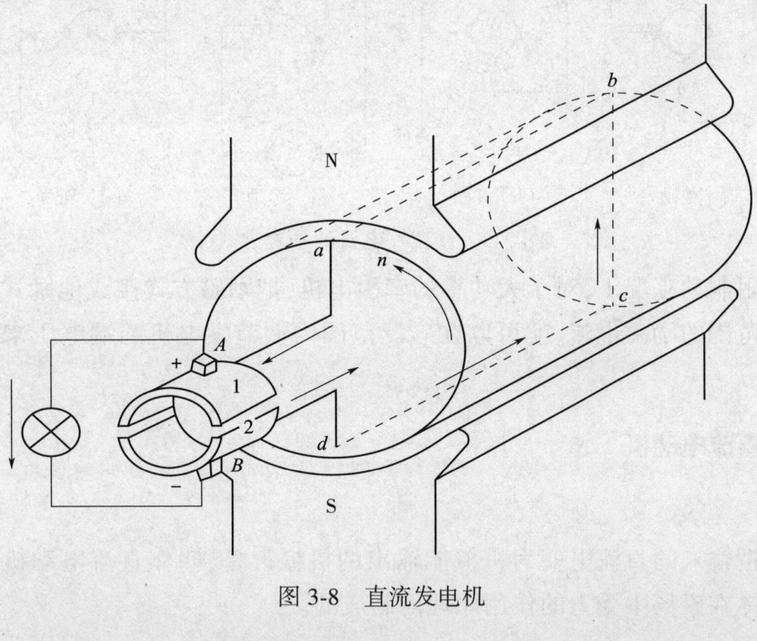

图 3-8　直流发电机

(1)线圈旋转时切割磁力线而产生感应电动势，由于线圈的旋转，上下两边互换位置，其中感应电动势的方向也随之改变，因而在线圈中形成交变电势。

(2)经过电刷、换向器的整流，向外电路输出一个恒定方向的直流电。

发电机的感应电势与电流方向相同，所以发电机能输出电能，而发电机发电时，通电导体又在磁场中受到电磁力的作用，该电磁力与转子旋转方向相反，所以发电机必须用外力驱动。

4. 分　　类

直流发电机有永磁式发电机及电磁式发电机两种。电磁式发电机按励磁方式不同，又可分为他励、并励、串励及复励发电机，如图 3-9 所示。

(1)他励发电机：励磁绕组与电枢绕组不相连，励磁电流由另一个独立电源供给。

(2)并励发电机：励磁绕组与电枢绕组并联，用负载分路电流励磁。

(3)串励发电机：励磁绕组与电枢绕组串联，用本身负载电流励磁。

(4)复励发电机：同时用并励及串励绕组的发电机或同时有他励及串励绕组的发电机，复励发电机又可分为加复励发电机及差复励发电机。

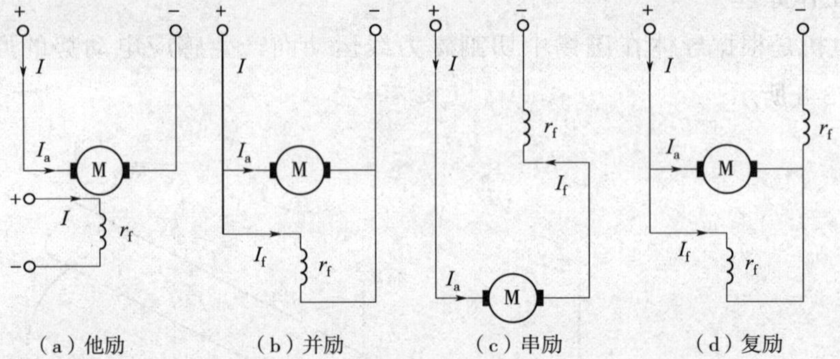

（a）他励　（b）并励　（c）串励　（d）复励

图 3-9　直流发电机的励磁方式

在电阻制动工况下，对于大功率的牵引电机，把励磁方式接成他励式是因为只需调节小范围的励磁电流，就可以在广泛范围内调节发电机的端电压来满足机车运行需要。

三、直流电动机

1. 定　　义

能够把输入的直流电变为机械能输出的机械设备，叫作直流电动机。它是根据带电导体在磁场中受力的作用原理而制成的。

2. 工作原理

当外接电源向直流电动机供电时，线圈的两有效边在磁场中受力的作用而运动。其运动方向由左手定则决定。由于线圈固定在轴上，因此，线圈绕轴做旋转运动产生转矩。直流电机的外加电源是直流电，经过电刷和换向片后，流到线圈上的电流在旋转中是交变的，所以当线圈上下两导线通过磁极时，其导线内的电流也因电刷接触的换向片不同而改变；如果使线圈受力运动方向不变，只要对电路不断供电，线圈就按一定方向旋转起来。

3. 结　　构

直流电动机结构大致可分为定子和转子两个主要部分。

定子：产生磁场的静止部分。它主要由主磁极、附加磁极、机座、端盖及电刷装置等组成。

转子：电机上可以转动的部分。它主要由电枢铁芯、电枢绕组、换向器（整流子）及轴承等组成。

4. 分　　类

直流电动机按励磁方式不同分为串励电动机、并励电动机、复励电动机和他励电动机。

（1）串励电动机：励磁绕组与电枢绕组串联。

这种连接方式启动力矩大，抗过载能力强；缺点是不能在空载的情况下启动。

直流牵引电动机采用串励的方式励磁。当串励电动机转速升高时，转矩很快下降。

（2）并励电动机：励磁绕组与电枢绕组并联。

这种连接方式的优点是转速恒定，不随负载的变化而改变。

（3）复励电动机：磁极上有两绕组，其中一个绕组与电枢绕组并联，另一个绕组与电枢绕组串联，所以它具有串励与并励电动机两种优点。

（4）他励电动机：由于需要两个电源，一般不采用，只有在特殊情况下使用。

5. 转　　速

直流电动机的转速公式为

$$n=(U-IR)/C_e\Phi \tag{3-2}$$

式中 n——电机转速，r/min；

U——电机端电压，V；

I——电枢电流，A；

R——电枢回路电阻，Ω；

C_e——电机结构常数；

Φ——每极磁通量，Wb。

6. 电机火花等级的划分

电机火花等级的划分按火花的大小程度可分为5个等级。

(1)1级：无火花。

(2)1 1/4级：电刷边缘仅小部分有微弱的火花点或者非放电性红色小火花。换向器上没有黑痕，电刷上没有灼痕。

(3)1 1/2级：电刷边缘大部分或全部有轻微的火花。换向器上有黑痕，但用汽油可除去，同时在电刷上有轻微的灼痕。

(4)2级：电刷边缘全部或大部分有强烈的火花。换向器上有黑痕，用汽油不能擦除，同时电刷上有灼痕。电机不允许在这种情况下长期运行。

(5)3级：在电刷的整个边缘有强烈的火花，同时有大火花飞出。换向器上严重发黑，用汽油不能擦掉，而且电刷有烧焦和损坏。

1级、1 1/4级和1 1/2级火花，均为持续运行中无害的火花。在2级火花作用下换向器表面会出现炭渣和黑色痕迹，如运行时间过长，黑色痕迹也将扩展，同时电刷和换向器的磨耗也显著增加。所以，2级火花只允许在短时间内出现，3级火花是不允许运行的。

7. 牵引电机的环火、飞弧、放炮及危害

(1)环火是指牵引电动机正负电刷之间被强烈的大电弧所短路。

(2)飞弧是指电弧跨越换向器或电刷装置表面，飞跃到换向器压圈、前端盖、磁极铁芯或机座等处而接地。

(3)环火或飞弧发生时，相当于电枢绕组处于短路状态，而电动机继续转动切割磁力线后将处于发电状态，因而会伴有很大的响声，俗称“放炮”，电机放炮还会产生巨大的冲击振动，轻则使换向器表面留下铜毛刺或刷杆绝缘表面出现明显灼痕，重则可使电枢绕组出现严重烧损或甩出（俗称“扫膛”），也会使轮箍踏面造成严重擦伤，因此应该竭力避免。

8. 牵引电机故障后，使用电阻制动的危害

如果某台电机励磁绕组发生故障，而各电机的励磁绕组在电阻制动时串接在一起，因而无法使用电阻制动，如果电机电枢绕组发生故障，虽可单独切除电枢绕组，但由于励磁绕组在使用电阻制动时仍被励磁，在电枢上会产生发电机电势，使故障扩大。

第三节　交流电机

一、交流电机

1. 定　　义

交流电机是用于实现机械能和交流电能相互转换的机械。交流电机包括交流发电机和交流电动机。交流发电机是将机械能转换成交流电能输出的机械；交流电动机将交流电能转换成机械能输出的机械，如图 3-10 所示。

根据交流电机转子转速和旋转磁场转速的不同，交流电机还可以分为同步电机和异步电机两类。

图 3-10　交流电机

2. 构　　造

交流电机的结构如图 3-11 所示，主要由定子和转子两部分组成。

(1)定子由定子绕组、定子铁芯、机座组成。

(2)转子由转子绕组、转子铁芯、转轴组成。

三相交流电机的电枢有三组线圈，其连接有星形接法及三角形接法两种，一般采用星形接法。

3. 旋转磁场

所谓旋转磁场，可理解为成对固定不变的磁极，绕轴心以一定的角速度在磁路空间连续旋转。在异步电动机三相定子绕组中，通以三相正弦交流电流时，便在磁路空间产生旋转磁场，如图 3-12 所示。

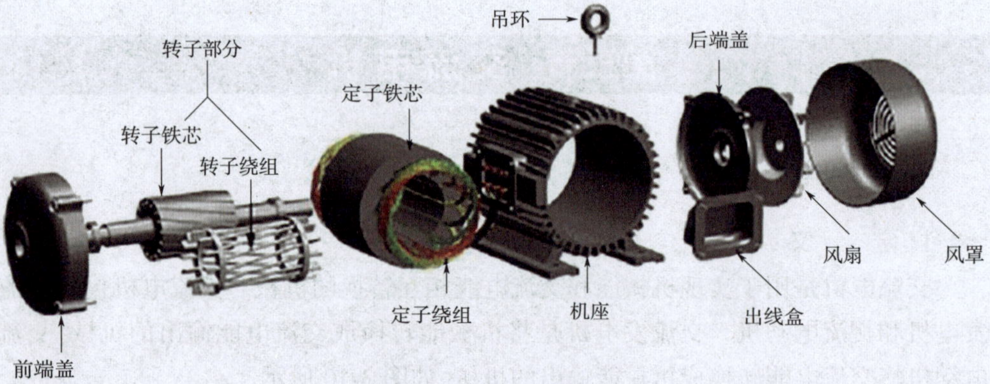

图 3-11　交流电机的结构

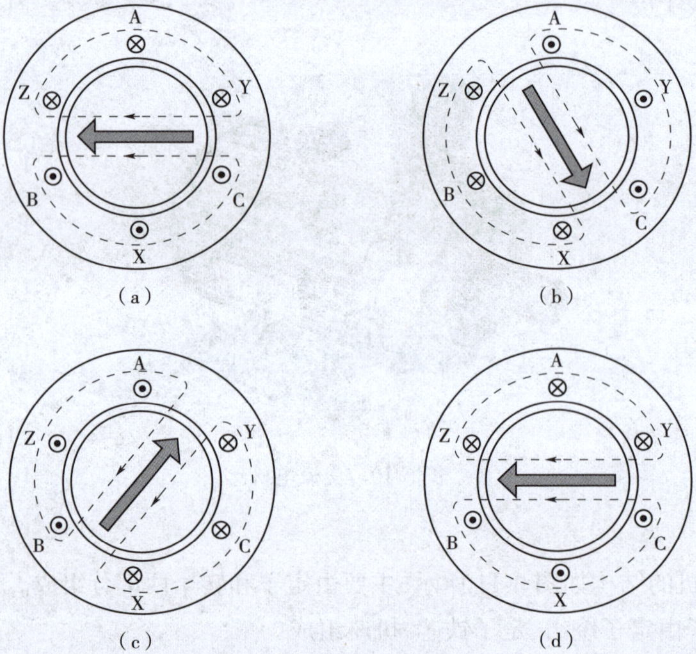

图 3-12　交流电机的旋转磁场

旋转磁场式交流发电机是将电枢绕组固定下来，而使磁场旋转，也就是说，转子是磁极，而定子是电枢，它的励磁电流是由电刷和滑环供给的。当原动机拖动转子运转后，由于旋转磁场的作用就能在固定的电枢绕组内产生感应电动势而输出。与之相对应的是旋转电枢式交流发电机，旋转电枢式交流发电机与直流发电机相类似，它的磁场是固定不动的，电枢绕组是旋转部分，交流电流是经滑环及电刷输出的。

4. 同步电机

转子转速与旋转磁场相同的交流电机。同步电机主要用作发电机。目前，获得广泛应用的是三相同步发电机，它能够发出三相对称交流电。在火力发电厂和水力发电站使用的发电机基本上都是三相同步发电机。

5. 异步电机

转子转速总是低于定子旋转磁场转速的交流电机称为异步电机。异步电机主要用作电动机。其工作原理是当电动机接通电源后，电机的定子就会产生一个旋转磁场。根据电磁感应原理，这个旋转磁场将切割转子上的导线，使转子上的绕组产生感应电动势，这个电势使转子绕组有感应电流通过而使转子铁芯产生一个磁场，这个磁场与定子旋转磁场共同作用，产生磁力矩使电机转子转动起来。

6. 感应电动机

感应电动机转子磁场不是由直流电源供给电流而产生的，而是由定子的交流电经感应作用而产生的。所以，这种电动机转子实际转速总低于定子旋转磁场的转速，这种电动机称感应电动机，也称异步电动机。

第四节　变　压　器

一、定　　义

变压器是根据互感原理制成的一种能把交流电从一个电压值转换为另一个不同电压值的静止电器。

二、组　　成

变压器是由两个以上匝数不同的线圈绕在一个构成闭合回路的铁芯上组成的。

三、原　　理

变压器的工作原理如图 3-13 所示。

线圈 A 与交流电源相连接时，绕组中有交变电流通过。同时，在铁芯内部产生一个交变的磁通 Φ，这个磁通穿过 A、B 两个线圈，即在 B 线圈中产生感应电动势。这个电动势大小和线圈匝数成正比。变压器就是根据这种互感的原理制成的。与

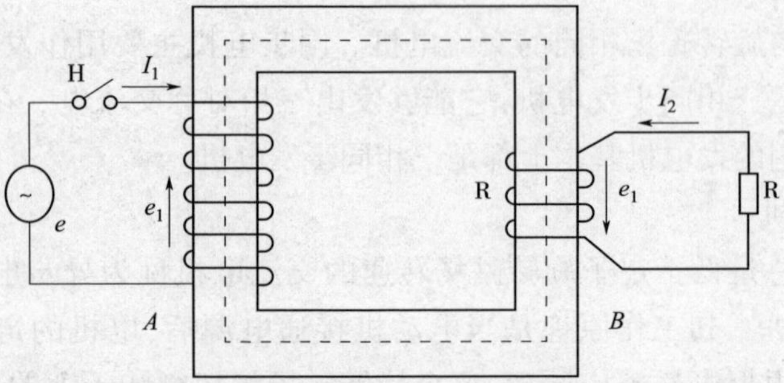

图 3-13　变压器的工作原理

电源相连接的线圈叫原边线圈或初级线圈，与负载相连接的线圈叫副边线圈或次级线圈。A、B 两线圈是通过磁通来联系的，这种联系叫磁耦合。

四、应　　用

根据电磁感应原理，线圈中的磁通量发生变化时（增大或减小），在线圈中能感应出感应电动势，由于交流电能产生变化的交变磁通，所以能变压；而直流电的大小不变，所以在原边线圈中的磁通不发生变化，则次边线圈中不能产生感应电动势也就不能变压。

第五节　电气符号与电路图识绘

一、常用低压电气开关及图形符号

1. 空气开关

空气开关是刀开关、熔断器、热继电器和欠电压继电器的组合，是一种既能手动开关操作又能自动进行欠电压、过载和短路保护，同时也可以用于不频繁地启动电动机。它是由触点系统、灭弧系统、保护装置和传动机构等组成，种类很多，常见的空气开关的外形图和图形符号如图 3-14 所示，文字符号为 QF。

2. 熔 断 器

熔断器是一种利用熔化作用而切断电路的保护电器，使用时将其串联在所要保护的电路中，主要由熔体和熔断管两部分组成。电路正常工作时，熔断器允许一定大小的电流通过，其熔体不熔化；短路或过载时，熔体中流过较大的故障电流，当电流产生的热量达到熔点时，熔体熔化，自动切开电路。文字符号为 FU。快速熔断器采用银质熔丝,其熔断时间比普通熔丝短得多。熔断器的外形图和图形符号如图 3-15 所示。

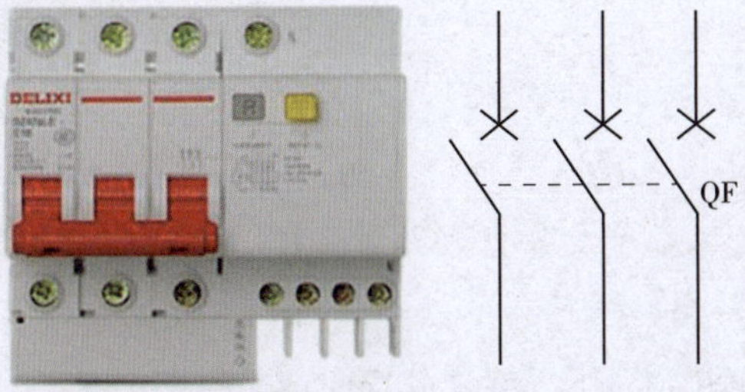

图 3-14 空气开关的外形图和图形符号

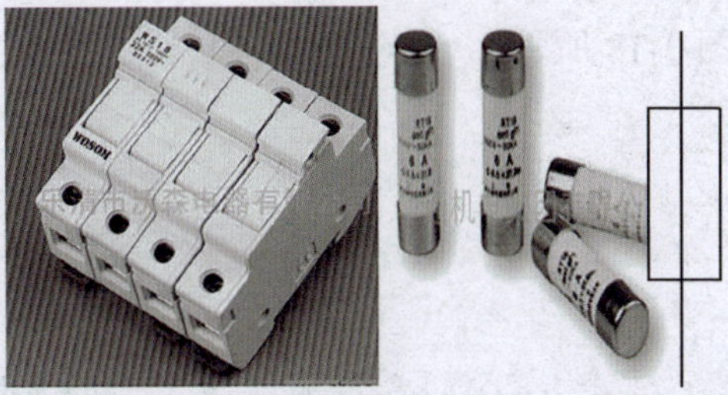

图 3-15 熔断器的外形图和图形符号

3. 热继电器

热继电器是应用电流的热效应原理来工作的低压电器,主要用来防止电动机或其他负载过载以及作为三相电动机的断相保护。热继电器主要由热元件、双金属片和触头系统组成。由于要使双金属片加热到一定温度,热继电器才会动作,脉冲电流甚至热元件流过短路电流时,热继电器也不会立即动作,所以它不能用来执行短路保护。热继电器的符号如图 3-16 所示,文字符号为 FR。

4. 控制按钮

按钮的触点允许通过的电流较小,一般不超过 5 A,因此不用来直接控制主电路的通断,而是用在控制电路中发出命令去控制接触器、继电器等,再由它们来控制主电路。原理:按下按钮时,首先断开常闭触点,常开触点再闭合;按下后再放开,由于复位弹簧的作用,常开触点先恢复断开状态,常闭触点再恢复闭合状态(按钮可以自动复位)。按钮的符号如图 3-17 所示。

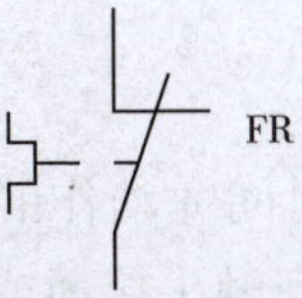

常闭触点

图 3-16 热继电器的符号

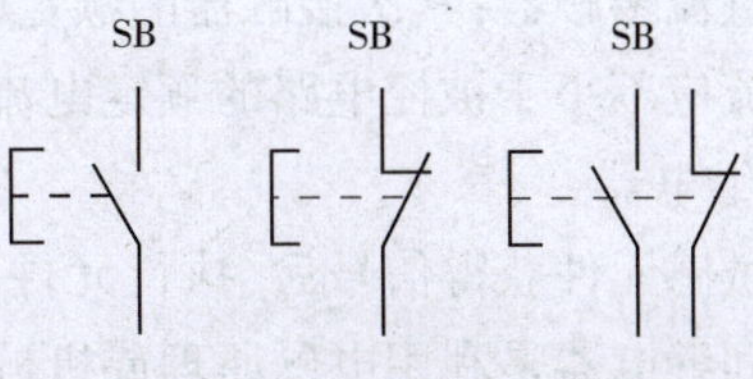

(a)常开 (b)常闭 (c)复式

图 3-17 按钮的符号

5. 行程开关

行程开关又称位置开关或限位开关。它的作用与按钮相同,但其触点的动作不是靠手按,而是利用生产机械中的运动部件的碰撞而动作,将机械信号变为电信号，接通、断开或变换某些控制电路的指令，借以实现对机械的电气控制要求。通常，这类开关被用来限制机械运动的位置或行程，使运动机械按一定位置或行程自动停止、反向运动、变速运动或自动往返运动等，行程开关的符号如图 3-18 所示。

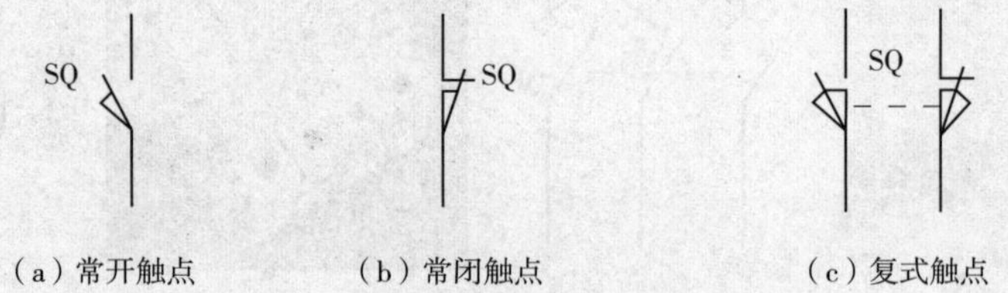

图 3-18　行程开关的符号

6. 接 触 器

接触器是用来频繁地接通或切断电动机或其他负载主电路的一种控制电器。接触器不仅仅能遥控通断电路，还具有欠电压、零电压保护，主要由电磁机构、触点系统、灭弧装置组成，符号如图 3-19 所示。

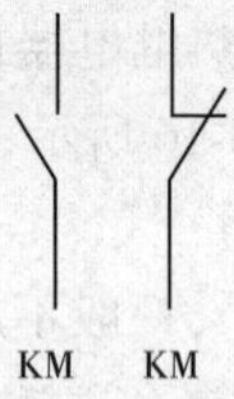

图 3-19　接触器的符号

工作原理：线圈得电，常闭触点先断开，常开触点闭合、主触点闭合，线圈失电，各触点复位。首先根据负载电流类别进行选择，交流负载应使用交流接触器，直流负载应使用直流接触器；其次接触器的额定电压应不小于主电路的工作电压，接触器的额定电流应不小于被控电路的额定电流。

7. 时间继电器

凡是在敏感元件获得信号后，执行元件要延迟一段时间才动作的电器叫时间继电器。时间继电器是利用电磁原理或机械动作原理实现触头接通或断开的自动控制电器，符号如图 3-20 所示。

8. 速度继电器

速度继电器又称反接制动继电器，是用来反映转速和转向变化的继电器。速度继电器应用广泛，可以用来监测火车的内燃机引擎，以及监测气体、水和风力涡轮机，还可以用于造纸业和纺织业生产。速度继电器的符号如图 3-21 所示。

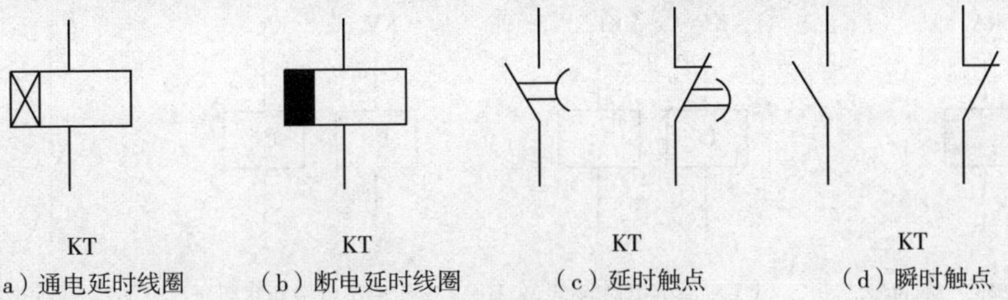

图 3-20 时间继电器的符号

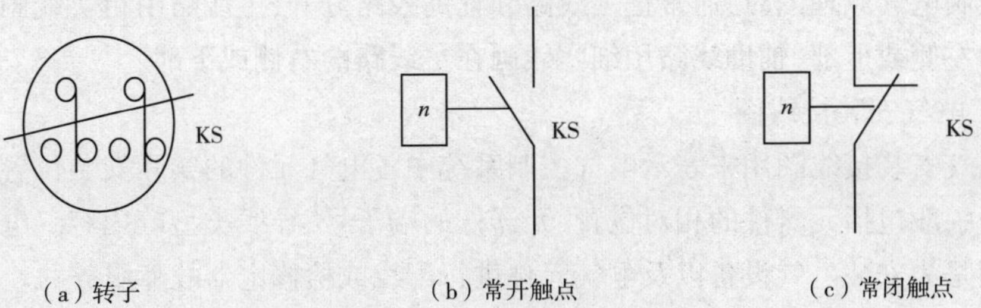

图 3-21 速度继电器的符号

9. 电磁式继电器

电流继电器、电压继电器、中间继电器均属于电磁式继电器。其结构和动作原理与接触器大致相同,都由铁芯、衔铁、线圈、释放弹簧和触点等部分组成。主要区别:继电器可以对多种输入量的变化做出反应,而接触器只有在一定的电压信号下才会动作;继电器是用于切换小电流电路,例如控制电路和保护电路,而接触器用来控制大电流电路;继电器没有灭弧装置,也无主、辅触点之分等。

中间继电器的选用依据是控制电路的电压等级、电流类型、所需触点的数量和容量等,用于继电保护与自动控制系统中,以增加触点的数量及容量,它在控制电路中传递中间信号。电磁式继电器的符号如图 3-22 所示,电流继电器的文字符号为 KI,电压继电器的文字符号为 KV,中间继电器的文字符号为 KA。

二、电气图的种类

1. 电气原理图

电气原理图是采用图形符号并按工作顺序排列,详细表明成套装置的组成和连接关系及电气工作原理的,而不考虑其实际位置的一种简图。一般生产机械设备的电气控制原理图可分成主电路、控制电路及辅助电路。

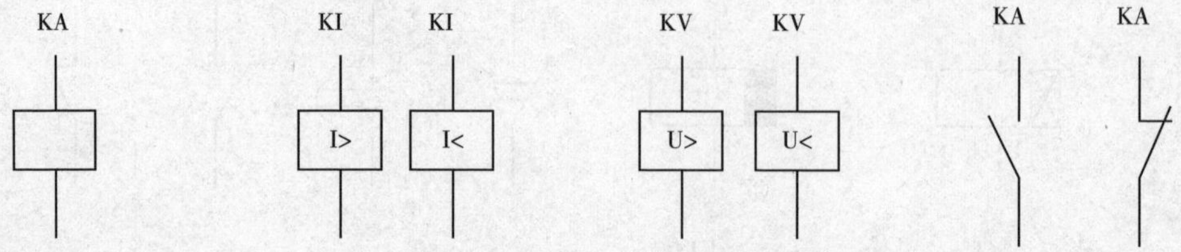

（a）线圈的一般符号　（b）电流继电器线圈　（c）电压继电器线圈　（d）触点

图 3-22　电磁式继电器的符号

绘制电气原理图时，通常把主线路和辅助线路分开，主线路用粗实线画在辅助线路的左侧或上部；辅助线路用细实线画在主线路的右侧或下部。

2. 电气安装接线图

电气安装接线图用来表示电气控制系统中各电气元件的实际安装位置和接线情况。一般包括元器件的相对位置、元器件的端子号、导线类型等内容。电气安装接线图是为安装电气设备以及电气元件进行配线或检修电器故障服务的。

3. 电气元件布置图

电气元件布置图主要是用来表明各种电气设备在机械设备上和电气控制柜中的实际安装位置，为生产机械电气控制设备的制造、安装维修提供必要的资料。

三、电气图的读图方法

维修电工以电气原理图，安装接线图和平面布置图最为重要，最后绘制的是平面布置图。

电气原理图的读图基本原则：自上而下、从左到右、先主后辅、顺藤（线圈）摸瓜（触点）。具体分析过程：分析主电路、分析控制电路、分析辅助电路、分析联锁与保护环节。

读图的基本步骤：看图样说明，看电路图，看安装接线图。较复杂电气原理图阅读分析时，应从主线路部分入手，再分析控制电路、最后是辅助电路和联锁保护环节。

在分析较复杂电气原理图的辅助电路时，要对照主线路进行分析。在分析主电路时，应根据各电动机和执行电器的控制要求，分析其控制内容，如电动机的启动、调速等基本控制环节。

由于电气原理图具有结构简单、层次分明、便于分析电路工作原理等优点，得到了广泛的应用。

某机床电气原理图如图 3-23 所示,以此为例来说明电气原理图的规定画法和应注意的事项。

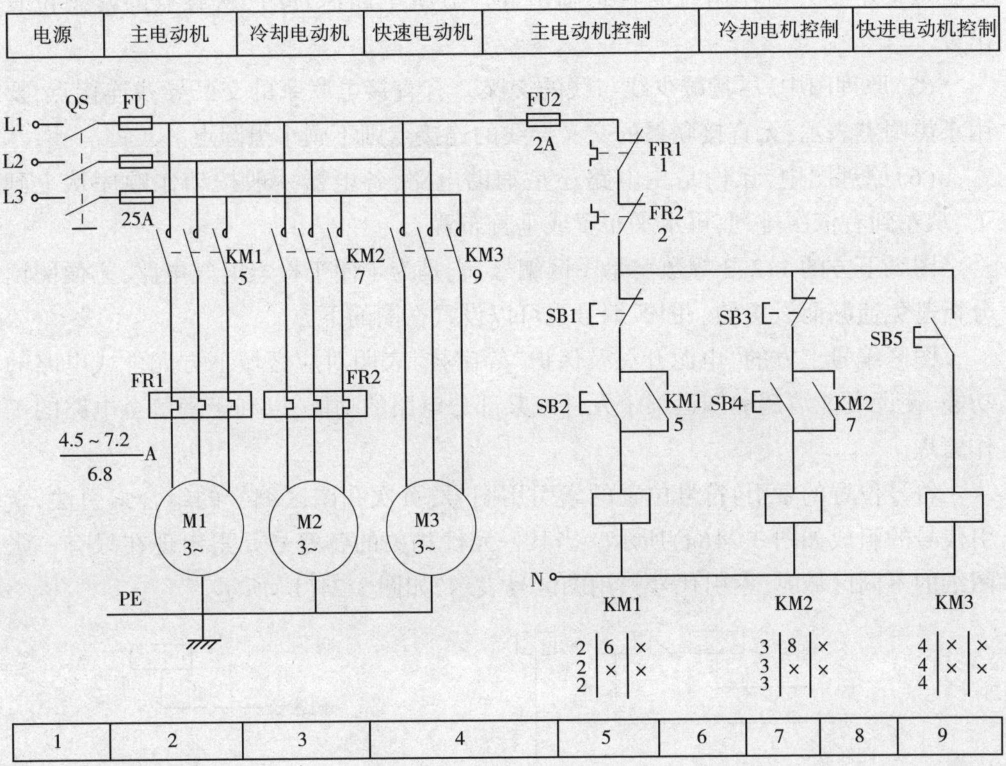

图 3-23　某机床电气原理图

1. 绘制电气原理图应注意的原则

(1)原理图一般分主电路、控制电路和辅助电路三部分。其中主电路就是从电源到电动机的大电流的通路,通常包括接触器主触点、热继电器热元件、熔断器、电动机等电气元件。控制电路是电气控制的实现,主要包括继电器和接触器的线圈、继电器的触点、接触器的辅助触点、按钮等电气元件。辅助电路包括照明电路、信号电路及保护电路等,通常由照明灯、控制变压器等电气元件组成。

(2)原理图中,各电气元件不画实际的外形图,而采用国家规定的统一标准电气符号。

(3)原理图中,同一电器的各部件根据需要可以不画在一起,应根据便于阅读的原则安排,但必须标注相同的文字符号。

(4)图中所有电器的触点,都应按没有通电或没有外力作用时的常态位置画出。例如继电器、接触器的触点,按吸引线圈不通电时的状态画出;按钮、行程开关触点按不受外力作用时的状态画出等。分析电路原理时,从触点的常态位置出发。

(5)原理图中,尽量减少线与线的交叉。有直接电联系的交叉导线连接点,要用小黑圆点表示;无直接联系的交叉导线的连接点则不画小黑圆点。

(6)原理图中,无论是主电路还是辅助电路,各电器一般按动作顺序从上到下、从左到右依次排列,可水平布置或垂直布置。

图纸下方的1、2、3等数字是图区编号,它是为了便于检索电气电路,方便阅读分析避免遗漏而设置的。图区编号也可以设置在图的下方。

图区编号上方的“电源开关及保护”等字样,表明对应区域下方元件或电路的功能,使读者能清楚地知道某个元件或某部分电路的功能,以利于理解全电路的工作原理。

符号位置的索引:符号位置的索引用图号、页次和图区编号的组合索引法,索引代号的组成如图3-24(a)所示。当某一元件相关的各符号元素出现在只有一张图纸的不同区域时,索引代号只用图区号表示,如图3-24(b)所示。

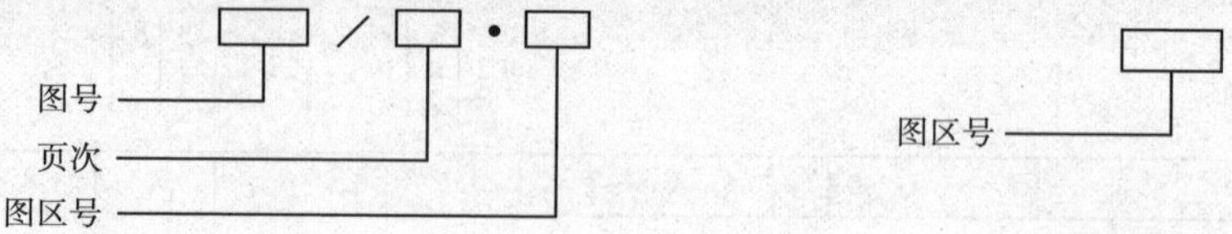

（a）组合索引法　（b）简易索引

图3-24　索引图号

电气原理图中,接触器和继电器线圈与触头的从属关系应用附图表示,即在原理图中相应线圈的下方,给出触头的图形符号,并在其下面注明相应触头的索引代号,对未使用的触头用“×”表明,有时也可采用上述省去触头的表示法,如图3-25所示。

对接触器,上述表示法中各栏的含义如图3-25(a)所示,对继电器,上述表示法中各栏的含义如图3-25(b)所示。

2. 电气原理图中技术数据的标注

电气元件的数据和型号,一般用小号字体注在电气元件附近,图3-26所示就是热继电器动作电流值范围和整定值的标注。

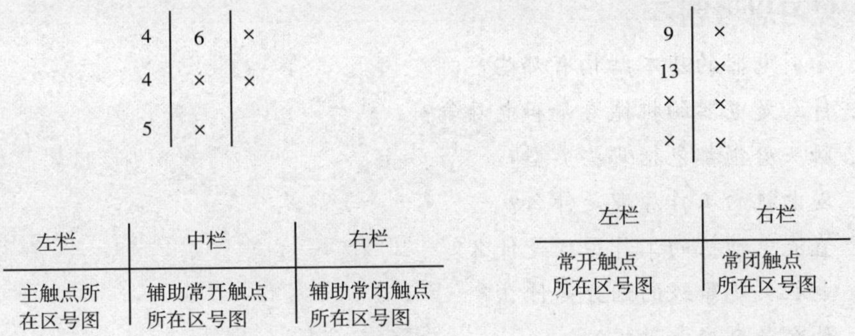

（a）接触器　　（b）继电器

图 3-25　触点的索引代号

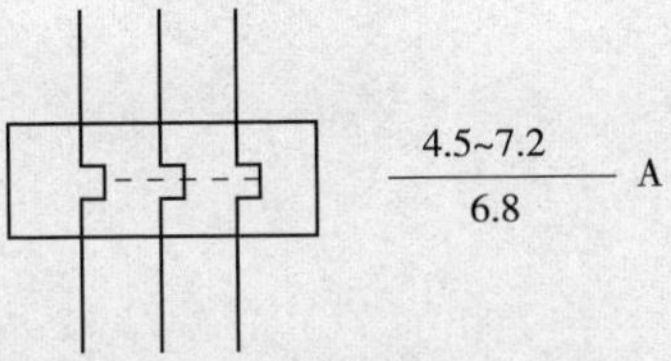

图 3-26　技术数据的标注

3. 绘制电气元件布置图应注意的原则

电气元件布置图主要是用来表明电气设备上所有电动机、电器的实际位置，为生产机械电气控制设备的制造、安装、维修提供必要的资料。以机床电气元件布置图为例，它主要由机床电气设备布置图、控制柜及控制板电气设备布置图、操纵台及悬挂操纵箱电气设备布置图等组成。电气元件布置图可按电气控制系统的复杂程度集中绘制或单独绘制。但在绘制这类图形时，机床轮廓线用细实线或点画线表示，所有能见到的以及需表示清楚的电气设备，均用粗实线绘制出简单的外形轮廓。

4. 绘制电气安装接线图应注意的原则

电气安装接线图是为安装电气设备以及电气元件进行配线或检修电器故障服务的。在图中可显示出电气设备中各元件的空间位置和接线情况，安装或检修时可对照原理图使用。在绘制时根据电器位置布置合理、经济等原则进行。

接触器和热继电器没有使用的触点可以不画，线路较多时可以不画出线，只标出线号即可；相同线号是等电位点，接线时必须全部连接在一起。

实际工作中电气设备较多时，还可单独画出电气元件布置图。接线图常与原理图结合起来使用，接线图中的线号，需要先在电气原理图中编号。

复习思考题

1. 牵引电器的基本结构有哪些？
2. 什么是电器的机械寿命和电寿命？
3. 触头磨损都包括哪些类型？
4. 发电机的工作原理是什么？
5. 直流电动机的工作原理是什么？
6. 电机火花等级的划分是什么？
7. 什么是感应电动机？

第四章

机车运用与统计知识

知识目标

通过学习，了解机车运用统计基础知识。

能力目标

能够运用机车运用与统计知识解决实际问题。

素质目标

严格执行机车运转方式，提高作业效率。

第一节　机车运用知识

一、机车作业形式

按运用机车的作业形式可分为本务机车、重联机车、有动力附挂机车、单机。

1. 本务机车是牵引列车担当本务作业的机车。两台机车牵引列车(包括规定的双机牵引区段)及组合列车，第一台按本务，第二台按重联统计。但两列列车临时合并运营时，两台机车分别按本务机车统计，所牵引的重量和车数各按原担任的列车组成填记。

2. 重联机车是运行图确定的或根据调度命令附挂于列车，担当辅助牵引的机车。通过补机区段时，仍按重联机车统计。

3. 有动力附挂机车是根据调度命令附挂于列车回送的有动力机车。

4. 单机是不牵引列车运行的机车。其运输种别按下列规定确定：

(1)原则上以车次确定为客运(客运单机车次)、货运(货车单机车次)和小运转工作(小运转单机车次)；

(2)全区段都为单机时,按其往路或复路的运输种别确定;往返都为单机时,按其往路的计划运输种别确定;

(3)利用单机在途中担任别的工作时,其前、后单机仍按原运输种别确定;

(4)不同运输种别的单机连挂运行时,各按原运输种别确定;

(5)单机挂车的辆数,线路坡度不超过12‰的区段,以10辆为限;超过12‰的区段,由铁路局规定,超过规定辆数按货运列车统计。

二、机车运转方式

1. 机车运转方式也叫机车运转制或机车周转方式,就是机车在交路上担当任务,往返行驶于机务段与折返(机务)段之间的运行方式。机车运转方式分为循环运转制、半循环运转制、肩回运转制和环形运转制机车交路等。

2. 机车担当机务段所在站相邻两个或更多区段的列车牵引任务,除需要进入折返段进行技术作业或因检修修程需要入机务段以外,机车均在机务段所在站进行乘务员换班和整备作业,直到需要定期检修时才进入本段的叫循环式运转方式,如图4-1所示。

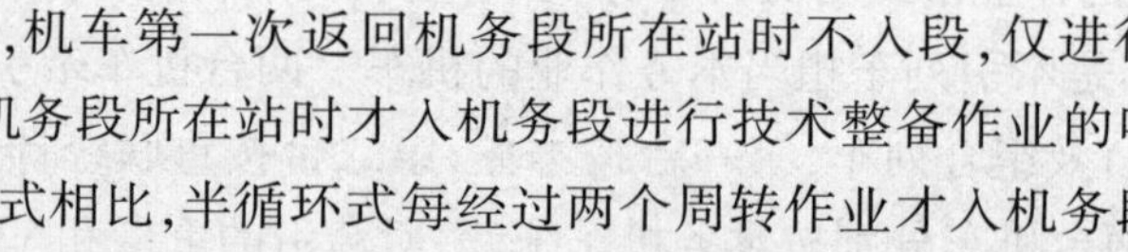

图4-1　循环式

3. 机车担当机务段所在站相邻两个区段的列车牵引任务,除需要进入折返段进行技术整备外,机车第一次返回机务段所在站时不入段,仅进行乘务员换班作业,第二次返回机务段所在站时才入机务段进行技术整备作业的叫作半循环式运转方式。与肩回式相比,半循环式每经过两个周转作业才入机务段一次,如图4-2所示。

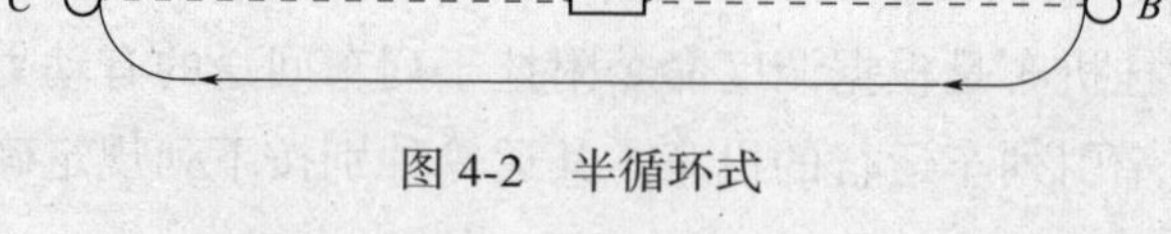

图4-2　半循环式

4. 机车担当机务段所在站的相邻两个区段的牵引列车任务，机车除在折返段整备外，每次返回机务段所在站时，都入段进行技术作业的方式叫肩回式运转方式，如图 4-3 所示。

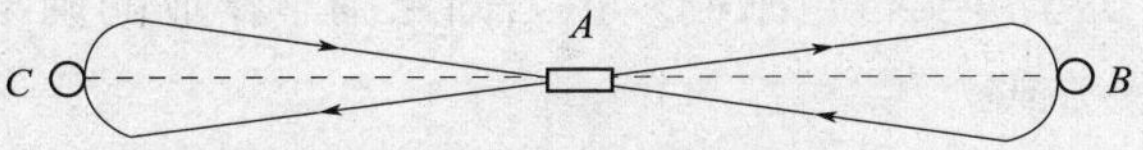

图 4-3　肩回式

5. 机车在牵引区段内或枢纽区段内，担当两次及其以上往复的列车牵引任务后，再进入本段进行技术整备作业或固定日期进入本段进行技术整备作业的叫环形运转方式，如图 4-4 所示。

环形运转方式适用于小运转列车，环城、城际列车，通勤列车及动车组等。

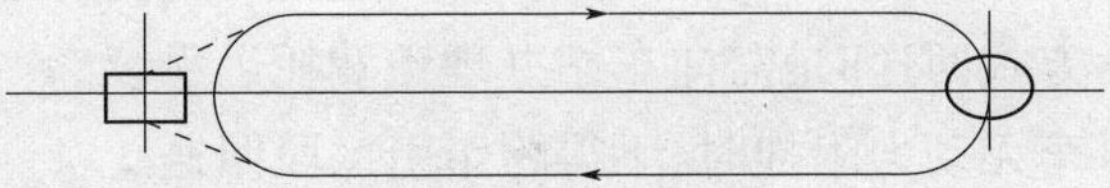

图 4-4　环形式

三、机车乘务组换班方式

机车乘务组的换班方式分为立即折返式、外（折返）段驻班式、外（折返）段调休式、中途站换班式和随乘式等。

1. 立即折返式：机班出乘到达折返段（站）后不换班，立即原班原机车返回；内燃、电力机车无需整备即可站折的叫作立即折返式。

2. 外（折返）段驻班式：一班乘务员出乘到达外（折返）段后驻班休息，机车交由另一班乘务员继续担当任务的叫外（折返）段驻班式。

3. 外（折返）段调休式：由于乘务员往返一次的工作时间超过规定时间，需要在外（折返）段调休，机车进入外（折返）段停留等待，休息后再返回的叫外（折返）段调休式。

4. 中途站换班式：第一班乘务员出乘，另一班已在中途换乘站驻班。当第一班到达驻班站后，由在站驻班的另一班乘务员继续运行的叫中途站换班式。

5. 随乘式：随乘式只适用于特殊任务。机车乘务组随列车同行，一班乘务员在机车值乘，另一组乘务员在宿营车休息，在途中适当站换班的叫作随乘式。

四、机车乘务制度

机车乘务制度是机车乘务员使用机车的制度，分为轮乘制、包乘制、轮包结合制。按值乘方式分为标准班、单班单司机、双班单司机。

1. 机车乘务制度的选择应符合工作时间标准和运输需要，积极推行标准班，管内具备条件的可实行单班单司机，严格控制双班单司机。干线机车实行轮乘制，调车机车、小运转机车可实行包乘制。担当固定调车作业的调车机车乘务员原则上采取小四班轮班方式。

2. 根据机车交路、乘务制度和工作条件，合理采用机车运转制和乘务员换班方式。

五、机车回送方式

1. 铁路机车回送方式有单机、专列、附挂、托运 4 种。

2. 铁路局所属电力机车在回送全程均为电气化区段时，应采用有动力附挂直通（直达）货物列车回送。回送全程不全是电气化区段时，应采用无动力托运方式回送。无动力托运方式回送时，需向车站办理免费托运手续。

铁路局所属机车无动力附挂时，不得跨牵引区段回送。

新造或厂修的内燃机车出厂时，全部按有动力附挂方式回送。入厂的内燃机车除事故车和返厂修车外，必须达到运用状态，按有动力附挂方式回送。

铁路局间调拨的内燃机车均按有动力附挂方式回送。铁路局管内的调拨和出、入厂的机车回送方式由铁路局自定。回送机车在机务（折返）段的停留时间，无特殊情况不得超过 24 h，并自行打温。铁路局所属的机车回送时至少配备两班机车乘务员，以保证回送速度。

六、运 行 图

1. 列车运行图

运行图是表示一个区段内列车在各车站的到、发、通过、会让关系和列车在区间内运行情况、运行时间的线条图。列车运行图是铁路行车组织的基础，是铁路运输和经营管理工作的综合计划。

2. 机车周转图

机车周转图是根据列车运行图、机车运转方式、乘务员乘务方式编制的机车牵引列车的工作计划和机车实际工作过程的线条图，是运用坐标图原理表示运行机车的一种图解形式。

七、机车交路

机车交路是机车固定担当运输任务的周转区段。

1. 按用途分为客运机车交路和货运机车交路。

2. 按区段距离分为一般机车交路和长交路。客运机车交路区段距离 800 km 以上、货运机车交路区段距离 500 km 以上的为长交路。

八、机车配属和指挥关系

1. 按机车的配属关系分为配属机车和非配属机车两大类。

(1)配属机车

配属机车是指根据国铁集团、铁路局配属命令拨交给铁路局、机务段保管、使用,涂有局、段标志并在资产台账内登记的机车。

(2)非配属机车

非配属机车是指原配属关系不变,根据国铁集团、铁路局命令由他局、段派至本局、段入住及临时加入支配(长交路轮乘)的机车。

2. 机车按指挥使用权限划分为支配机车和非支配机车两大类。

(1)支配机车

支配机车是指根据国铁集团、铁路局命令拨交给各局、段使用的机车。包括入助和临时加入支配(含长交路轮乘)的机车。

(2)非支配机车

非支配机车是指根据国铁集团、铁路局命令批准的长期备用机车(长期备用机车为局支配机车,为机务段的非支配机车)、出助的机车以及按租用合同办理的出租机车。

九、备用机车

机车备用分长期备用、短期备用和应急备用。

1. 长期备用

长期备用指备用时间 30 天以上的机车;加入长期备用的机车,自接到批准的调度命令时起,机务段应在 5 日内完成整备、防腐、防冻工作,长期备用的机车内燃、电力机车需要清除砂箱内的存砂并清扫涂油。

2. 短期备用

短期备用指备用时间大于 24 h 且不超过 30 天的机车。长期备用机车的加入、解除由国铁集团机车调度批准,短期备用机车的加入、解除由铁路局机车调度批准。长期和短期备用机车均须符合《铁路技术管理规程》规定的出段牵引列车的标准,工具备品齐全,严禁拆除零部件。

3. 应急备用

应急备用机车要纳入基本机车周转图和年度机车运用计划，按路用机车统计，包括高温季节设置在高铁、客专综合维修工区、机务段、车站等地点的热备内燃机车，冬季设置在电气化线路的应急内燃机车，为快速救援日常设置在车站、机务段等地点的应急客运机车，应按规定保证随时出动。

4. 解除备用

自接到调度命令时起，机务、电务（通信）段应保证短期备用机车在 2 h 内，长期备用机车在 48 h（平均气温低于零下 10 ℃的寒冷地区，为 72 h）内，达到运用状态。

十、无动力托运回送机车的整备

1. 直流传动机车的牵引电动机电刷全部拔掉，拆除动轴轴箱测速发电机机械连接；液力传动内燃机车应拆除与动轮连接的万向轴。

2. 按不同类型机车制动机无动力回送要求，对机车制动系统进行处置。

3. 内燃机车要排净柴油机冷却水和润滑油，冬季注意防冻。

4. 无动力托运回送机车应备有信号器具和必要的油脂、工具，并安排司机随车回送。

第二节　机车统计知识

一、机车全周转时间

1. 本段停留时间：自入本段时分起至整备换班后出本段时分止。

2. 本段所在站停留时间：出段时分起至牵引列车发车时分止这一段时间和牵引列车返回本段所在站时分起至进入本段的时间。

3. 纯运转时间：机车在区间内的运转时分，包括在区间内的停留时分（在区间的装、卸时间除外）。

4. 中间站停留时间：机车在中间站停留时间。

5. 外段站停留时间：牵引列车到达外段站时分起至进入外（折返）段的这一段时间和出外（折返）段时分起至牵引列车发车时止的时间。

6. 外（折返）段停留时间：自进入外（折返）段时分起至出外（折返）段时分止。

二、机车的旅行时间、旅行速度及机车技术速度

1. 机车旅行时间简称旅时,是指机车牵引列车从始发站发车至到达终点站的全部时间。

2. 机车旅行速度简称旅速,是指列车机车在区段内(包括中间站停留时间)平均每小时走行的公里。

3. 机车技术速度是指列车机车在区间内(不计入中间站停留时间)平均每小时走行的公里,简称技速。

三、机车走行公里

1. 机车走行公里是运用机车实际走行和换算走行的公里数。

2. 根据机车作业性质的不同主要分为下列5种:

(1)本务机车走行公里:牵引列车的本务机车走行公里之和;

(2)辅助走行公里:单机、重联、补机及各种换算走行公里之和;

(3)沿线走行公里:本务、单机、重联和补机机车走行公里之和;

(4)换算走行公里:每台机车小时换算的走行公里;

换算比例:调车工作每小时作业时间换算20 km;有动力停留每小时换算4 km(内燃、电力机车的段内停留均按有动力停留统计);其他工作每小时换算5 km。

(5)机车总走行公里:沿线走行公里及换算走行公里之和。

机车走行公里按照机车担当工作的种别不同,还可以分为货运机车(包括小运转)走行公里、客运机车走行公里、路用机车走行公里、其他工作机车换算走行公里。

四、机车日车公里、支配机车日车公里

1. 机车日车公里是平均每台运用机车在一昼夜内走行的公里数。

2. 支配机车日车公里是平均每台支配机车在一昼夜内走行的公里数。日车公里从时间上反映了机车的运用效率,是机车运用的主要效率指标。

五、司机报单

1. 司机报单上的机车所属局、段名,机车型号、车号,年、月、日,乘务员姓名及出勤时分应由机车调度员填记。

2. 出勤时分按机车乘务员规定出勤时分填记,如晚于规定时,填记实际出勤

时分。由机车调度员填记接车及交车时分，按实际交接时分填记。

3. 专用调车机车的司机报单应由车站指定专人负责填写。其调车与停留时分应与车站技术作业图表记载一致。

4. 段调机车司机报单由担任段调的司机负责按担当的工作分别填写其起讫时间。

六、牵引总重吨公里

1. 牵引总重吨公里是指机车牵引列车所完成的工作量（包括单机附挂车辆完成的工作量）。其中的总重吨数包含货物的总重和牵引车辆的自重。

2. 牵引总重吨公里反映铁路运输部门承运货物后的工作量，是确定机车油脂、燃料、电力消耗的重要依据；是计算日产量、平均牵引总重的原始资料。牵引总重吨公里计算公式为

$$\text{牵引总重吨公里}=\text{牵引总重}\times\text{实际走行公里} \tag{4-1}$$

机车的牵引总重（载重）和实际走行公里来自于司机报单。因此，司机要认真核对列车编组顺序表，并认真填记司机报单。

七、机车平均牵引总重

1. 机车平均牵引总重简称平牵，是本务机车平均每次牵引列车的总重量。

2. 机车平均牵引总重是从机车牵引力利用程度来考核机车运用效率的质量指标。

八、超重列车超重吨数计算方法

1. 在规定的双机牵引区段，按规定定数计算；

2. 挂有重联机车的列车，按该区段双倍定数计算；

3. 临时修定的牵引定数低于原定数或牵引定数不变而临时增加补机区段时，按原定数计算；

4. 临时使用运行图规定以外的机型牵引列车时，按机车牵引重量比值计算；

5. 超重列车在运行途中甩挂，按列车连续运行超过机车乘务员规定区段 1/2 的超重最多吨数计算；

6. 超重列车在区间发生分部运行时，不统计超重；

7. 超重吨公里等于超重吨数乘以其所运行的公里数。

复习思考题

1. 机车作业形式有哪些？
2. 机车运转方式有哪些？
3. 铁路机车回送方式有哪几种？
4. 什么是机车的旅行时间、旅行速度及机车技术速度？

第五章

机车保养与整备作业

知识目标

通过学习，掌握库内作业安全事项、整备作业标准。

能力目标

能够按库内各项作业程序检查机车，保证机车安全正点出库。

素质目标

提高责任意识，使库内整备各项作业有序进行，保障机车“无病”上线。

第一节　安全知识

一、移动机车前的注意事项

移动机车前，应加强联系，确认机车下部及两侧无作业人员，止轮器已撤除，人力制动已缓解，并鸣笛后方可动车。通过站段管内或其他特殊规定的线路时，应认真确认线路道岔开通状态，并注意邻线机车车辆以及工作人员的动向，执行要道还道制度，严守限制速度，并不得将身体探伸门窗以外，以防与建筑物碰撞。

二、防止列车及机车溜走应采取的措施

1. 列车在沿途各站停车，调小机车在车站停留时，不论在任何情况下，乘务员必须坚守岗位，有人看守机车。

2. 列车进站停车时，必须施行制动后的保压。

3. 停放在机务段或折返段内的机车，单独制动阀应施行制动并拧紧手制动

机。内燃、电力机车要锁好车门,钥匙交于机调室保管;除整备线和检修库内各线外,其他所有停放的机车均应设置止轮器。

三、内燃机车检查、修理作业时的注意事项

1. 检查蓄电池时,要先断开闸刀,严禁明火照明或将金属工具放在蓄电池的跨线上,并注意防止电解液溅到衣服、皮肤、眼睛上。

2. 进行水阻试验或机车带负荷运行时,禁止进入高压室作业。

3. 差示压力计作用后,在未判明原因前,禁止立即打开曲轴箱检查孔盖进行检查。

4. 检查机车电气部分时,禁止手触各电器触头,不得带电检查处理故障或直接接触高压带电部件。在不得已情况下需要人为闭合或断开电器时,必须使用绝缘物。检查电机内部时,开关或闸刀上须挂禁动牌。

5. 禁止带电接触高压导线和各种用电设备的导电部分。严禁敲击、紧固有压力或带电的机车部件。检修前,必须切断压力来源,排尽剩余压力,切断电源,禁止带电作业。

6. 机车检查完毕后,各防护网、罩必须安装牢固。

四、进入机械间巡视检查时的注意事项

进入机械间巡视检查前必须呼唤,经司机同意后方可进入。检查时,禁止接触各运动部件及高温或带电的部件,确保人身安全。

五、在电气化区段工作时的注意事项

在电气化区段,接触网的各导线及其相连部件,通常均带有高压电,因此禁止直接或间接通过任何物件与上述设备接触。当接触网的绝缘不良时,在其支柱、支撑结构及其金属结构上,在回流线与钢轨的连接点上,都可能出现高电压,因此应避免与上述部件相接触。当接触网损坏时,禁止接触。

六、进入电力机车高压室或变压器室处理故障时的必备条件

需要进入高压室或变压器室处理故障时,必须确认受电弓已降下,主断路器已断开后方可进入。

七、机车在运行时，电机发生下列情况时应断电检查

1. 电动机冒烟、起火；

2. 通电后，电机未启动，闻到异味或有“嗡嗡”声出现；

3. 电机联轴器损坏或负载装置发生故障；

4. 电机轴承异音或损坏；

5. 电机温升过高；

6. 电机的机身振动剧烈；

7. 转速不稳定，忽高忽低。

凡电机发生上述现象时，一定要查明原因并及时处理。

八、试灯的使用方法

1. 在机车上，为便于查找电路的断路、接地等故障，多在控制电路内安装试灯（亦称接地灯）。两个试灯分别接到蓄电池两端，接正端的称正灯，接负端的称负灯。两个试灯应选择瓦数相同，电压相符的灯泡。当两个试灯都插入接地插座时，在正常情况下两灯亮度应一致。机车运用中，试灯不要插入接地插座，以免因发生接地故障而造成有关电器的误动作。

2. 在控制电路中未安装试灯的机车上，可用临时手持试灯查找故障。临时手持试灯是用两根导线（两头带线夹）、一个灯口和一个与控制电路电压相符的灯泡组合而成。

3. 在使用试灯之前应进行正、负灯的区分，试灯线与接线柱正极接触时灯亮的则为负灯；与接线柱负极接触时灯亮的即为正灯。

九、更换机车闸瓦时注意事项

1. 机班人员应加强联系，注意人身安全，并对机车采取防溜措施。

2. 关闭相应制动缸（转向架）的塞门，然后将单阀置于制动位（使另一转向架的制动缸充气制动）。

3. 作业中严禁移动自阀或单阀手柄并挂好禁动牌。

更换闸瓦作业完毕后，应开放相应的制动缸塞门，进行制动试验，调整闸瓦间隙，然后撤除防溜措施。

第二节　机车整备作业

一、机车整备作业

所谓整备作业，就是对机车进行出发前的准备和供应，使其达到《铁路技术管理规程》规定的技术状态。

二、电机轴承加油的要求

一般电机轴承的加油量应占整个轴承空间的 2/3 为宜。

对电机轴承加油太少，会使电机轴承润滑不良，造成发热烧损；加油太多，则当轴承温度升高时，造成散热不良，使轴承发热甚至烧损。同时，加油太多还容易使油窜进电机内部，降低电机绝缘，还会使换向器表面产生火花，烧坏电机。

三、润滑油黏度与温度的关系

油脂黏度的变化取决于油脂的温度。

温度升高时，其黏度就会下降，黏着性能也会下降，不易建立油膜，反而会增加挥发和漏泄。油温过高时甚至会失去润滑作用；温度降低时，其黏度就会加大，流动性能降低。油温过低时甚至会失去流动性能，同样影响润滑作用。

四、机车整备用砂的质量要求

1. 机车用砂为石英砂质，粒度适宜。没有黏土及块状杂物，经烘烤干燥后具有良好流动性。

2. 机车用砂可分为普通良质砂和优质砂两种，普通良质砂要求含石英 70% 以上，黏土成分不超过 3%；优质砂要求含石英 90% 以上，黏土成分不超过 1%。

3. 原砂经过筛后方可使用，砂子粒度最好在 0.5~1 mm，最细不小于 0.2 mm，最粗不大于 2 mm。

4. 潮湿的砂子应烘烤或摊开自然晾晒，直至干透后再用，以防堵塞撒砂器喷嘴口。

5. 砂子从砂箱顶部小盖处加入砂箱，装砂后应注意将砂箱盖严，防止雨水漏入，使砂子失去流动性能。

五、机车过冬前防寒整修的要求

每年入冬前，机务段要抓好机车冬防工作，专门建立冬防领导小组，负责机车冬防整修、职工过冬教育、过冬物资准备等工作。

机车的防寒整修工作一般要求在每年的10月15日之前完成。为做好冬防工作，要根据机车的修程安排好冬防整修计划，保证冬防整修按时完成，符合质量标准要求后方可发给机车“防寒合格证”。

六、机车进入挂车线的注意事项

进入挂车线后，应严格控制机车速度，执行十、五、三车和一度停车规定，确认脱轨器、防护信号及停留车位置。

1. 距脱轨器、防护信号、车列10 m前必须停车。

2. 确认脱轨器、防护信号撤除后，显示连挂信号，以不超过5 km/h的速度平稳连挂。

3. 连挂时，根据需要适量撒砂，连挂后要试拉。

七、运用手检法检查机车的方法

手检法有手动、手触等。

1. 手　　动

对不适宜锤检的部件应用手动检查。手动包括晃、拍、握、拧，适用于较细小的螺钉、管接头、各部阀门及仪表、电器等。采用“晃动看安装、手拧看松漏”的方法，视其是否有松缓、泄漏、安装不牢固等现象，手动检查各止阀的手轮，可确认各油、水、风管路中阀门的正确位置。

2. 手　　触

手触主要适用于检查有关部件的温度、振动以及高压油管的脉冲等。在运行中不能进行手触温度检查的部件，应在停车后马上进行。应先用手指感觉温度，再用手背判断温度。手背触及部件表面的持续时间与相应的温度见表5-1。

表5-1　手触温度

热　别	温　度	差别方法
平热	40 ℃上下	可以长时间手触
微热	70 ℃上下	可手触3 s

续上表

热　　别	温　　度	差别方法
强热	90 ℃以下	不能手触
激热	150 ℃以下	变色
烧损	150 ℃以下	变色生烟

八、锤检法检查机车的方法

锤检法是指用检查锤对机车进行检查,其方法分为锤击、锤触、锤撬。

1. 锤　　击

锤击是靠检查锤敲击零部件时发出的音响及手握锤柄的振动感觉来判断螺栓的紧固程度或部件是否发生断裂,锤击适用于 14 mm 以上的紧固螺栓、弹簧装置以及适宜用锤击判别的容易发生断裂的部件。

使用锤击检查时应根据螺栓的大小、部件的状态和位置,用力适当并掌握好“轻重缓急”,不可用力过大以免损伤部件。不准锤击带有压力的管接头、摩擦工作面以及 14 mm 以下的螺栓。

2. 锤　　触

锤触主要适用于一些较细的管子和卡子、一些脆弱部件,也适用于 14 mm 及其以下的螺栓。用锤触动视其是否松缓或裂损。

3. 锤　　撬

用锤柄或锤尖拨动、撬动一些零部件以检查其跳动量、横动量及间隙等。

九、机车整备过程中应遵循的原则

机车整备作业过程中必须有一套严密的组织和管理制度,除具备良好的整备设施外,应坚持“一个统一”“二个结合”原则。“一个统一”是指整备场所的一切工作人员,无论是运用人员,还是检修人员及检测人员均由值班员统一指挥;“二个结合”就是地勤人员作业与乘务员作业相结合,地勤检查与行修维修相结合。

机车整备作业要有明确的机车乘务员和地勤人员的作业范围、程序、标准,各岗位分工明确,使机车整备作业程序化、规范化,保证各部门间工作衔接有序,节省时间,提高机车整备工作效率。

第三节　机车保养知识

一、机车电器的保养

机车电器保养质量就是指电器的技术状态和清洁状态。电器保养质量的好坏，直接影响机车的运用质量，因此对机车电器维护和保养工作要做到：

1. 检查和保养电器时要切断电源。机车辅修、小修时要用 300～350 kPa 的压缩空气吹扫电器，或用毛刷、棉布擦拭电器，使各电器保持清洁干燥。

2. 对电器的机械传动装置（转动部位）给油处所，要按时给油，如传动风缸、各注油嘴等，以保证机械装置的正常润滑，使其动作灵活可靠。

3. 电器装置各触头、触指、接点的工作表面有氧化层或接触不良时，及时用棉布蘸汽油或酒精擦洗。有灼伤处所可用 0 号砂布打磨，对于烧痕严重的要用细锉刀进行锉修，但银质接点禁止用砂布或锉刀修整。

4. 各触头、触指、接点的接触压力、开距、超程不良时要及时调整。发现触头焊片开焊、脱落、灭弧罩断裂破损的要及时更换或修理。

5. 电器线路各连接处要牢固，无松动现象。发现导线绝缘不良、电路虚接、短路、断路或有接地现象时要立即消除。

6. 电器上的漆封标记要清晰，不准任意改动。电器试验时动作要正确，发现有卡滞者及时处理。

7. 机车在运用中不准随意改变电器的动作整定值，禁止更改电器线路结构。

8. 各电器上的风管路、塞门和接头，要经常定期检查，使之处于良好状态，做到不漏风、不串风。

二、蓄电池液保养

机车蓄电池在日常使用及维护保养中，应注意以下方面：

1. 蓄电池各单节出气孔必须畅通，表面应清洁、干燥，电气连接必须紧固可靠，其接触面及螺纹部分应涂抹薄层工业凡士林。

2. 蓄电池组总电压不低于 96 V，电解液密度不应低于 1.23，电解液表面应高出防护板 10～15 mm，并特别注意检查接有抽头的单节状态。

3. 内燃机车启机时，按下启动按钮 1 min 后，柴油机虽然转动但不发火，应松开按钮找出原因并消除故障后再启动柴油机；连续启动柴油机不得超过 3 次，连续两次之间的间隔不应少于 1 min。当连续启动柴油机不能成功时,必须彻底找出原因,并加以消除后再行启动。

4. 柴油机运转后,必须经常注意启动发电机电压表和蓄电池充放电电流表的显示。启动发电机电压应为(110±2)V;蓄电池充电电流在柴油机刚启动后为 40~60 A,经过 20 min 左右,充电电流应下降到 20~30 A。如果不符合以上情况,应查找原因,及时处理。

5. 柴油机运转后,通常应等待蓄电池组充电电流下降到 20~30 A 后方可停机,以保证下次顺利启动柴油机。

6. 运用中个别蓄电池单节发生故障,允许将该单节蓄电池甩掉。但在此条件下应尽量减少柴油机的启、停机次数。

7. 禁止将应由启动发电机(机车)供电的用电装置移接到蓄电池供电电路一侧,作为柴油机停止运转或机车不发电时使用。

8. 当柴油机停止运转时,禁止打亮机车前照灯,其他照明灯也应尽量减少使用。

三、牵引电机的悬挂形式

机车牵引电动机的悬挂形式也就是安装方式分为半悬挂和全悬挂。

1. 半悬挂(轴悬式)

所谓牵引电动机的半悬挂,就是牵引电动机的一端支在转向架构架上,另一端用抱轴承支在车轴上。

①牵引电动机半悬挂时,约有一半的质量支在车轴上,属于簧下质量,半悬挂的簧下质量通常为每轴 4~5 t;另一半支在构架上,属于簧上质量,所以称为半悬挂,也叫轴悬式。

②一般地讲,机车最大运行速度不超过 120 km/h 时,可以采用轴悬式牵引电动机。

2. 全 悬 挂

全悬挂分为架悬式和体悬式。

①对于运行速度较高的客运机车,为使高速运行时减小轮轨垂向作用力,以免引起轨道的损坏,必须设法减轻簧下质量,把牵引电机全部支承在一系弹簧之上,就称为牵引电动机的全悬挂。

②全悬挂的簧下质量为每轴 2~3 t。架悬式为牵引电动机固装在转向架构架上,体悬式为牵引电动机悬挂在车体上。

四、机车车钩的技术要求

1. 车钩开、闭状态良好，作用灵活；

2. 测量车钩的开度（从最小处测量）：满开位为220～245 mm；锁闭位为110～127 mm；

3. 车钩锁闭位时，钩舌在推拉状态下，钩舌销能取出和安装；

4. 车钩高度应为845～880 mm；

5. 钩舌与钩锁铁的侧面间隙为1～3 mm（允许堆焊）；

6. 钩锁铁与钩舌接触面须平直，接触面积不小于40%；

7. 钩体防跳台和连接杆或钩锁铁的作用须良好；

8. 钩舌与钩体的下承力面应接触良好；

9. 车钩在锁闭位，钩锁铁向上的活动量为5～15 mm；

10. 钩舌销与钩耳间隙不得大于1 mm；

11. 钩舌内侧与钩锁铁接触面磨耗不得大于7 mm；

12. 钩尾销与销孔的间隙不得大于1.5 mm，套与销子的椭圆度不得大于1mm；

13. 钩体下磨耗板磨耗量不得大于1 mm。检查钩尾框的磨耗状态。

五、车轮踏面锥度

机车动轮踏面有1∶20～1∶10锥度的两段斜面，其中1∶20一段的面是与轨面经常接触的部分。其作用：

1. 机车在直线上运行时，踏面的锥度有使轮对自动滑向轨道中心的倾向，减少钢轨内侧与轮缘的磨耗。

2. 机车在曲线上运行时，避免车轮滑行。因为机车在曲线上运行时，外轮沿外轨所走的距离大于内轮沿内轨所走的距离，如果两轮踏面皆为圆柱形，由于内、外轮固装在同一根轴上，势必引起内轮向后或外轮向前滑行。如果踏面有锥度，则通过曲线时，轮对因离心力的作用往往贴靠外轨，外轮滚动圆的直径必然大于内轮滚动圆的直径，这样就减少乃至避免了滑行。

3. 车轮踏面上1∶10的一般只有在曲线半径很小时才与轨面接触，它不仅防止了轮对通过小半径曲线时的滑行，并可保证当踏面磨耗到一定程度时，机车能安全地通过道岔。

六、机车检查作业

1. 机车检查前必须遵守“先联系，后检查”的制度，并通知有关作业人员，在操纵手柄开关处挂好禁动标志。

2. 检查机车时应做到：顺序检查，不错不漏；姿势正确，步法不乱；锤分轻重，目标准确，目视耳听，仔细周到；鼻嗅手触，灵活熟练；仪表量具，动用自如；判断故障，迅速果断。

3. 检查带有压力的管子、细小管接头螺母、M14 以下螺母以及对光洁度要求较高或印有镀层的零件时，禁止锤击。

4. 用手晃动、拍击、拧动零件时用力要适当，防止损伤部件，尤其是检查线路接头与紧固件松紧度时，要顺时针拧动。

5. 禁止反方向敲击螺母、螺栓或打在螺栓、螺母的棱角上。

6. 检查带电部件及转动部件时，禁止手触，以防触电或挤伤。

7. 对加封的零部件（如铅封，漆封）严禁随意破封，各种保护装置不得随意变动其动作参数。各部件检查完后，必须恢复定（原）位。

8. 检查机车时要注意人身安全，严禁跳越地沟。

9. 电力机车进行车顶作业时，机车必须停在安全区内，并办妥停电手续，挂好接地线后方能进行。上车顶必须由车顶门登上，严禁从其他地方爬上车顶。在检查中，应注意防止跌落和摔伤，确保人身安全。

10. 电力机车升弓做高压试验前，必须确认各高压室和地沟内无人后方可进行。高压试验升、降弓，必须按规定鸣笛和呼唤应答后方可进行，以保证人身安全。

复习思考题

1. 移动机车前的注意事项有哪些？
2. 进入机械间巡视检查时的注意事项有哪些？
3. 机车在运行时，电机发生哪些情况时应断电检查？
4. 更换机车闸瓦时注意事项有哪些？
5. 电机轴承加油的要求是什么？原因是什么？
6. 牵引电机的悬挂形式是什么？
7. 全悬挂可以分为哪两种形式？

第六章

牵引计算与列车操纵

知识目标

通过学习牵引计算及操纵基础知识，了解简单机车操纵技巧。

能力目标

能计算列车制动力大小。

素质目标

苦练技能，合理操纵机车。

第一节　列车牵引计算

一、牵 引 力

1. 机车牵引力

机车牵引力是与列车运行方向相同并可由司机根据需要调节的外力。

机车牵引力的产生，是由机车动力装置发出的扭矩经传动装置传递，在各动轮的轮周上形成的切线力，依靠动轮与钢轨间的黏着作用而产生的作用各动轮轮周上使机车发生平移运动的反作用力。机车牵引力用符号 F 表示，计量单位为 kN。

2. 指示牵引力

指示牵引力是一个假想的概念，在机车设计时，假定内燃机车柴油机气缸中燃气所做的指示功毫无损失地传到动轮上所得到的机车牵引力。指示牵引力用符号 F_i 表示。

3. 车钩牵引力

①车钩牵引力是轮周牵引力除去驱动机车本身的阻力消耗，实际作用在车钩上的牵引力。车钩牵引力用 F_g 表示。

②在列车作等速运行时，车钩牵引力与轮周牵引力有如下关系：$F_g = F - W'$（W' 为机车阻力）。

③机车牵引时，牵引力的传递过程为轮周牵引力→车架→牵引梁→缓冲器→从板→尾销→车钩。

4. 黏着牵引力

(1)在不发生空转的情况下，机车所能实现的最大牵引力称为黏着牵引力。计算黏着牵引力用符号 F_μ 表示，计量单位为 kN。

(2)机车在运行中，致使黏着牵引力变化的主要因素有以下方面：

①机车运行中，由于弹簧的振动，动轴载荷产生不均和变化以及线路状态与线路坡道的大小等原因，均会致使机车黏着重量发生变化。

②机车运行中出现蛇行运动、沉浮运动、摇头振动、侧滚运动，轮轨间清洁与接触状态变化以及机车各动轮直径的大小差异，使轮轨间发生某种程度的滑动，都会使黏着系数发生变化。

③机车速度变化也影响黏着系数，机车速度增高时，黏着系数下降。

二、制 动 力

对运动中的机车、车辆施加制动力，使其停止运动或减低速度，这种作用叫作制动。对静止的机车、车辆采取适当措施，防止其移动也叫制动。

1. 制动力及其影响因素

(1)由司机控制、通过制动装置产生的，与列车运行方向相反并可根据需要调节的外力，称为制动力。

(2)制动力的大小与下列因素有关：

①制动缸内空气压力的大小；

②制动缸活塞直径的大小；

③制动倍率的大小；

④闸瓦与车轮间摩擦系数的变化。

2. 闸瓦压力

(1)闸瓦作用于车轮踏面上或闸片作用于制动盘上的压力，称为制动压力，亦称闸瓦压力。

(2)制动力与闸瓦压力的关系：

闸瓦压力大，制动力也大。但闸瓦压力不能过大，否则将会产生“抱死轮”现象，使机车、车辆产生滑行，损伤车轮并延长制动距离。闸瓦产生的制动力等于闸瓦与车轮踏面之间的摩擦力。一块闸瓦产生的制动力等于闸瓦压力与摩擦系数的乘积。

(3)闸瓦摩擦系数与下列因素有关：

①闸瓦压力增大，摩擦系数随之减小；

②列车速度减低，摩擦系数增大，铸铁闸瓦和低磨合成闸瓦的摩擦系数还与制动初速有关，制动初速高时摩擦系数小；

③闸瓦温度增高，摩擦系数减小；

④闸瓦与车轮踏面之间附有雨雪油垢时，摩擦系数小；

⑤闸瓦摩擦表面的材质硬度提高，摩擦系数小。

3. 制动原力

作用在制动缸活塞上的压缩空气推动活塞，由活塞杆传出的力称为制动原力。

$$\text{制动原力} = \text{制动缸压力} \times \text{活塞面积} \times \text{制动缸数} \tag{6-1}$$

三、制动力的产生

1. 摩擦制动

(1)闸瓦制动

以压缩空气为动力，通过控制传动装置使闸瓦压力压紧车轮踏面产生摩擦而形成的制动力，如图 6-1 所示。

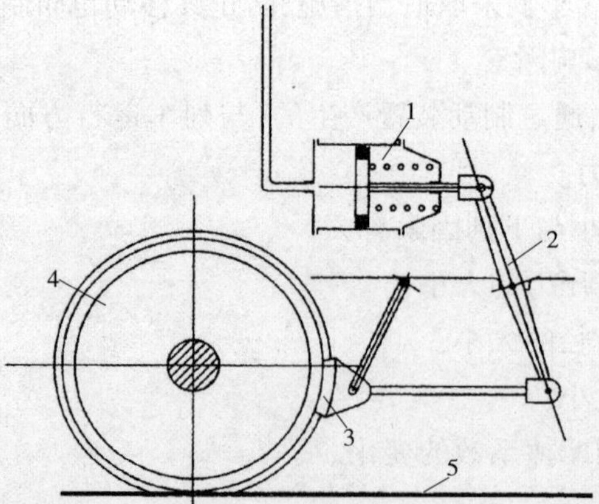

1—制动缸；2—基础制动装置；3—闸瓦；4—车轮；5—钢轨。

图 6-1　闸瓦制动

(2)盘形制动

以压缩空气为动力,通过控制传动装置使闸片压紧装在车轴(或车轮)上制动盘产生摩擦而形成的制动力,如图 6-2 所示。

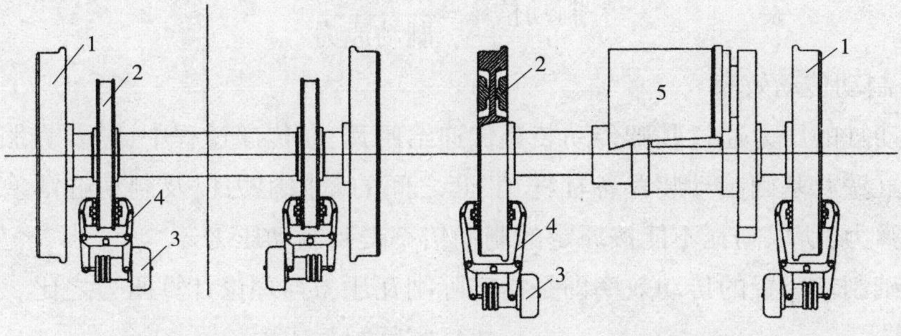

1—轮对;2—制动盘;3—单元制动缸;4—制动夹钳;5—牵引电机。

图 6-2 盘形制动

2. 动力制动

动力制动是依靠机车的动力机械产生的制动力,包括电阻制动、再生制动、液力制动,动力制动力的大小受到机车动力制动功率的限制。

3. 电磁制动

电磁制动属于非黏着制动,应用在高速列车上。

(1)磁轨制动

接通励磁电流将转向架上的制动电磁铁吸附在钢轨上,电磁铁的极靴与轨面摩擦而产生制动力。

(2)涡流制动

利用转向架上的电磁铁和电磁感应体的相对运动,引起电涡流产生电磁力而形成制动。

四、制动率、制动倍率、制动传动效率、制动功率

1. 制 动 率

作用在机车、车辆轮对上的闸瓦总压力与机车、车辆总重量之比称为制动率。

$$列车制动率=\frac{闸瓦总压力}{机车、车辆总重量\times 9.81} \tag{6-2}$$

$$机车制动率=\frac{机车闸瓦总压力}{机车重量\times 9.81} \tag{6-3}$$

2. 制动倍率

制动原力通过制动传动装置的传递,并增大后传给闸瓦,其增大的倍数称为制动倍率。

$$\text{制动倍率}=\frac{\text{闸瓦压力}}{\text{制动原力}} \tag{6-4}$$

3. 制动传动效率

制动缸的压力通过基础传动装置传递给闸瓦,在传递过程中,需要克服制动缸活塞与缸壁及基础制动装置各杠杆销、套之间的摩擦阻力以及制动缸活塞缓解弹簧的反弹力,所以闸瓦不能按原定的制动倍率得到制动压力。

基础制动装置的传动效率即是指实际闸瓦压力与理论计算压力之比。

$$\text{制动传动效率}=\frac{\text{实际闸瓦压力}}{\text{理论计算压力}} \tag{6-5}$$

TB/T 1407. 1—2018《列车牵引计算　第1部分:机车牵引式列车》规定,在制动计算中采用计算传动效率:机车和客车闸瓦制动的制动传动效率均取0. 85;客车盘形制动及其踏面制动单元的制动传动效率取值为0. 90;货车闸瓦制动的制动传动效率取值为0. 90。

4. 制动功率

(1)在列车制动进行动能转换的过程中,每单位时间内转移的列车动能,称为制动功率。

(2)列车动能的大小与列车的质量和速度有关,而《铁路技术管理规程》对列车的制动距离均有明确的规定,列车的质量也由担当区段的牵引定数所确定。那么,制动功率就取决于列车制动时平均减速度的值。而制动减速度又依赖于制动距离的长短、轮轨黏着系数的大小,影响着列车运行舒适性等因素。

所以,列车的制动功率,特别是紧急制动时的制动功率,是开行高速旅客列车、重载货物列车需要解决的重要问题之一。

五、空走时间和空走距离、列车制动距离和有效制动距离

1. 当列车(机车)在运行中施行制动时,从制动开始到全列车闸瓦突然同时以最大压力压紧车轮的假定瞬间,这段时间就称为制动空走时间。此后的制动时间称为有效制动时间。

2. 在空走时间内所走行的距离称为空走距离。

制动空走时间的计算是通过专门试验和理论分析确定的,TB/T 1407. 1—2018

《列车牵引计算　第1部分:机车牵引式列车》规定:机车单机不分类型,其仅仅制动空走时间均按2.5 s计算。

3. 列车制动距离是指自阀(大闸)施行制动时起,至列车停车或缓解时止,列车所走行的距离。

4. 有效制动距离是有效制动时间内(到停车或缓解时止)列车所走行的距离。

在列车制动计算中,列车制动距离 S_z 等于空走距离 S_k 与有效制动距离 S_e 之和。

$$S_z = S_k + S_e \tag{6-6}$$

六、列车运行阻力

列车运行阻力按阻力产生的原因分为基本阻力和附加阻力。

1. 基本阻力

①基本阻力是列车在运行中任何情况下都存在的阻力。如:轴承摩擦、冲击振动、空气阻力等。

列车在平、直线路上运行时,只有运行基本阻力。列车在平、直线路上起动时,只有起动基本阻力。

②列车起动时,几乎没有空气阻力,以轴颈与轴承的摩擦为主。所以,滚动轴承的车辆起动要容易得多。但是,列车起动时轮轨间的滚动摩擦要比运行中大得多;列车低速运行时轴颈与轴承间的摩擦也占有较大的比例。速度提高后,轮轨间的滑动摩擦、冲击振动和空气阻力逐渐加大;列车高速运行时,基本阻力则主要为空气阻力。因此,高速列车的外形流线化显得特别重要。

2. 附加阻力

附加阻力是指发生在个别情况下的阻力。如:曲线阻力、隧道阻力、坡道阻力等。

(1)曲线阻力

列车在曲线上运行时的阻力大于相同条件下直线上的运行阻力,那么,增大的那部分阻力就是曲线附加阻力。产生曲线附加阻力的主要原因:

①列车运行在曲线地段时,由于内、外轨长度的不同将使车轮相对于钢轨的纵向、横向滑动加剧。

②机车、车辆在离心力的作用下,轮缘与轨头内侧的摩擦增加。

③车辆上下心盘之间以及轴承有关部分的摩擦加剧。

(2)隧道阻力

列车在隧道内运行时因活塞效应而使空气阻力较空旷地段增大,其增大部分即为隧道内空气附加阻力。

因此，列车在隧道区段运行时，运行条件差，瞭望困难，内燃机车柴油机燃烧状态不良，功率不能正常发挥，油耗增加。为此司机应做到：

①接近隧道前，提早增大机车牵引力，在允许范围内尽量提高列车速度。

②根据线路纵断面及速度变化情况，适当确定主手柄或气门、手把的位置。

③在通风不良，比较潮湿的隧道内爬坡牵引运行时，要适量撒砂，防止机车空转。

(3)坡道阻力

①列车在坡道上运行时，除了基本阻力之外，还有坡道阻力。因为坡道阻力只产生在坡道上，所以叫作坡道附加阻力。

②列车运行在上坡道时，由于坡道具有一定的斜度，机车、车辆将受到一个与坡道平行，且指向下坡方向的重力的分力。这个分力影响着列车的运行，这就是坡道阻力产生的原因。

3. 总 阻 力

基本阻力加上附加阻力称为总阻力。

第二节 列车操纵

一、列车操纵示意图

1. 列车操纵示意图是指以 TB/T 1407. 1—2018《列车牵引计算　第 1 部分：机车牵引式列车》和列车运行图为依据，根据担当区段的使用机型、牵引定数以及线路纵断面情况，按事先经过优化制定的安全、合理的列车操纵方法绘制成的坐标曲线示意图。

2. 列车操纵示意图应能起到推广先进操纵经验的作用。司机按照列车操纵示意图进行操纵，就能做到充分发挥机车牵引力和列车动能，合理、正确地使用制动装置，确保按图行车、安全正点、平稳操纵，优质服务、高效低耗地完成运输生产任务。

3. 列车操纵示意图应包括以下内容：

①列车速度曲线；

②运行时分曲线；

③线路纵断面和信号机位置；

④站场平面示意图；

⑤提、回手柄地点；

⑥动力制动使用和退回地点；

⑦空气制动减压量和缓解地点及速度；

⑧区间限制速度及区段内各站道岔的限制速度；

⑨机械间、走廊巡视时机；

⑩接触网分相区地点；

⑪各区间注意事项。

二、运行操纵

(一)运　行

1. 列车起动时操作

起动列车前,必须两人及以上(单司机值乘区段除外)确认行车凭证、发车信号显示正确,准确呼唤应答,执行车机联控,鸣笛起动列车。

(1)起动列车前使用列尾装置检查尾部制动主管压力是否与机车制动主管压力基本一致。

(2)列车起动时,应检查制动机手柄是否在正常位置及各仪表的显示状态,做到起车稳、加速快、防止空转。

(3)内燃机车提手柄、电力机车进级时,应使柴油机转速及牵引电流稳定上升。当列车不能起动或起动过程中空转不能消除时,应迅速调整主手柄位置,重新起动列车。

(4)列车起动后,应进行后部瞭望确认列车起动正常。单司机单班值乘的不进行后部瞭望。

2. 列车运行中操作

(1)列车在运行中,司机应按照列车操纵示意图操纵列车,按规定使用列车运行监控记录装置、无线调度电话、机车自动信号以及机车自动停车装置,并严格执行呼唤应答和车机联控制度。

(2)严格遵守每百吨列车重量换算闸瓦压力限制速度,列车限制速度,线路、桥隧、信号容许速度,机车、车辆最高运行速度,道岔、曲线和慢行地段等限制速度,以及监控装置制动模式设定的限制速度的规定。

(3)设有双端司机室的机车,司机必须在运行方向前方司机室操纵。在正常情况下,非操纵端控制电路的各开关均应置于断开位,锁闭琴键开关,取出自阀、单阀手柄;列车无线调度电话和列尾装置司机控制盒置于关闭位。

(4)按图行车,合理调节列车速度,正点运行。内燃机车提、回主手柄要使牵引电流、柴油机转速稳定变化。牵引运行中,当柴油机发生喘振、共振时,司机应及时调整主手柄位置。退回主手柄时,至1位稍作停留再退回零位。主手柄退回零位的过程中,若柴油机转速下降,应立即采取停止燃油泵工作、打开燃油系统排气阀、按下紧急停车按钮等措施。

(5)运行中随时监视各仪表及灯显信号的状态。副司机进行机械间巡视检查时,司机更要加强瞭望。副司机返回进行检查汇报后,司机应核对司机室各仪表及灯显信号状态。牵引双管供风的客运列车,当列车总风管压力低于550 kPa时,应及时通知车辆乘务员,按其要求运行或维持运行到前方站停车处理。

(6)对使用EL-14型制动机的机车,每运行1~3个区间和制动减压前进行自阀瞬间缓解,单阀每个区间进行不少于1次的缓解。DK-1型制动机每运行2~3个区间应使用检查按钮,检查制动管贯通状态。使用JZ-7型制动机的要随时检查确认机车制动缸压力表显示状态。

(7)货物列车在开车后、进站前,应使用列尾装置对列车制动管的压力变化情况进行检查。运行中,当列尾装置主机发出电池欠压报警时,司机应及时通知就近车站值班员或列车调度员,并按其指示妥善处理。

(8)施行紧急制动时,要及时解除机车牵引力。车未停稳,严禁移动自阀、单阀手柄,自动撒砂装置失效时,停车前应适量撒砂。

3. 列车在长大下坡道操纵

列车在长大下坡道运行中,应采用空气、动力制动配合使用的操纵方法,做到:

(1)列车进入下坡道时,投用动力制动,待列车继续增速的同时,再逐步增加制动电流。

(2)当动力制动不能满足控制列车运行速度的要求时,采用空气制动调整列车运行速度。无动力制动或动力制动故障时的空气制动操纵办法,由铁路局制定。

(3)缓解列车制动时,应在缓解空气制动后,再逐步解除动力制动。

(二)制　动

1. 制动机操作

(1)最小减压量:

根据试验和测算,机车在常用制动时的最小减压量为40 kPa;车辆为41.5 kPa,为保证车轮与闸瓦之间能产生制动力,所以规定常用制动时的最小减压量为50 kPa。

(2)最大减压量:

《铁路机车操作规则》规定:制动管定压为500 kPa时,最大有效加压量140 kPa,

制动管定压为 600 kPa 时，最大有效加压量 170 kPa。

（3）制动缸压力与制动管减压量：

机车制动缸压力与制动管减压量的关系，实际上也是作用风缸压力与制动管减压量的关系。因为自阀制动时，制动缸压力受作用风缸的控制，而且两者压力保持平等。根据分配阀主阀大、小膜板面积比制动保压状态时的平衡条件，即可求出制动管减压量与作用风缸的关系（ET-14 为分配阀压力室与作用室、作用筒的容积比所决定）。经计算：制动缸压力＝2.5×制动管减压量。

但是对于加装了切控阀的客运机车，制动管减压产生的分配阀作用管的压力，还要通过切控阀的控制。由于三压力机构的切控阀上下膜板活塞的面积比为 1∶1，分配阀作用管的压力经切控阀出来只能依照制动管减压量按 1∶1 的关系产生，所以，加装了切控阀的客运机车，其制动缸压力与制动管减压量的关系：制动缸压力＝1×制动管减压量。

（4）少量减压后停车的列车，要追加减压至 100 kPa。

少量减压后停车的列车，后部车辆三通阀作用位置不到位，易造成不缓解，为此，应追加减压至 100 kPa，使车辆三通阀主活塞两侧压力差增大，动作灵活，避免车辆制动缓解不良的现象发生。

（5）列车制动减压排风未完成时不应再次追加并且一次追加减压量不应超过初次减压量。

列车制动减压排风未止就进行追加减压，等于施加一次大减压，并且制动管减压量波动，列车将因前部车辆制动力过强而产生较大的纵向冲动。一次追加减压量超过初次减压量，会使列车制动力急剧增加，不利于平稳操纵。

（6）列车施行常用制动时应遵守下列规定：

施行常用制动时，应考虑列车速度、线路坡道、牵引辆数和吨数、车辆种类以及闸瓦压力等条件，保持列车均匀减速，防止列车冲动。进入停车线停车时，提前确认 LKJ 显示距离与地面信号位置是否一致，准确掌握制动时机、制动距离和减压量，应做到一次停妥，牵引列车时，不应使用单阀制动停车，并遵守以下规定：

①初次减压量不得少于 50 kPa。长大下坡道应适当增加初次减压量，具体减压量由铁路局制定。

②追加减压一般不应超过两次；一次追加减压量，不得超过初次减压量。

③累计减压量，不应超过最大有效减压量。

④单阀缓解量，每次不得超过 30 kPa（CCBⅡ、法维莱型制动机除外）。

⑤减压时，自阀排风未止不应追加、停车或缓解列车制动。

⑥货物列车运行中，自阀减压排风未止，不得缓解机车制动。

⑦禁止在制动保压后，将自阀手柄由中立位推向缓解、运转、保持位后，又移回中立位（牵引采用阶段缓解装置的列车除外）。

⑧货物列车速度在 15 km/h 以下时，不应缓解列车制动。长大下坡道区段因受制动周期等因素限制，最低缓解速度不应低于 10 km/h。重载货物列车速度在 30 km/h 以下，不应缓解列车制动。

⑨少量减压停车后，应追加减压至 100 kPa 及以上。

⑩站停超过 20 min 时，开车前应进行列车制动机简略试验。

2. 一段制动法和两段制动法

（1）列车施行制动后不再缓解，根据减速情况追加减压，就可使列车停于预定地点，叫一段制动法。

（2）列车进站前施行调速制动，到预定地点且降至所需速度时缓解；进站充满风后再施行停车制动，这种操纵方法叫两段制动法。

3. 动力制动的使用

装有动力制动装置的机车在列车调速时，要采用动力制动为主、空气制动为辅、相互配合使用的方法，并应做到：

（1）内燃机车在提、回动力制动手柄时，要逐位进行，至 1 位时应稍作停留。电力机车给定制动励磁电流时，电流的升、降要做到平稳。

（2）制动电流不得超过额定值。

（3）动力制动与空气制动配合使用时，应将机车制动缸压力及时缓解为 0（设有自动控制装置的机车除外）。

（4）需要缓解时，应先缓解空气制动，再解除动力制动。

（5）多机牵引使用动力制动时，前部机车使用后，再通知后部机车依次使用；需要解除动力制动时，根据前部机车的通知，后部机车先解除，前部机车后解除（装有重联线和同步装置机车运行时除外）。

（三）特殊须知

1. 机车动轮空转

（1）空转原因

机车动力装置发生的扭矩经传动装置传递，在各动轮的轮周上形成切线力，依靠轮轨间的黏着作用产生钢轨作用于各动轮周上的反作用力，从而使列车产生平移运动。当机车动轮轮周上的切线力大于轮轨间的黏着力时,黏着被破坏,在轮轨接触点处出现车轮与钢轨间的相对滑动,车轮在驱动力矩的作用下,会围绕轮轴高速旋转产生空转。

(2)空转危害

①空转发生时,牵引力急剧下降,使列车速度降低,容易造成坡停和运缓;

②空转发生时,轮轨剧烈摩擦,造成车轮踏面与钢轨的非正常磨耗,甚至造成轮箍松弛;

③内燃、电力机车的牵引电机高速旋转,会造成电机损伤,甚至造成电机“扫膛”。

(3)处理办法

①正在空转时,应立即降低牵引力,禁止撒砂;

②挂车前适当撒砂,列车起动前适当压缩车钩;

③通过道岔群时提手柄不要过急过快,遇有空转预兆时立即降低牵引力;

④掌握空转发生的规律,进入长大下坡道前,应尽可能提高列车运行速度,充分利用动能闯坡,防止因发生空转而造成坡停。

2. 车轮滑行

(1)滑行定义

当制动力大于轮轨间黏着力时,闸瓦抱住车轮使其停止转动,但因机车、车辆的惯性作用,车轮在不能滚动的情况下将继续在钢轨上滑动,这种现象叫滑行。

(2)滑行原因

①因闸瓦压力过高,使制动力大于轮轨间的黏着力;

②轨面有水、霜、冰、雪、油等物,降低了黏着力。

(3)滑行危害

①极易造成车轮踏面擦伤;

②车轮擦伤后继续运行时,将对轨面产生锤击作用,速度越高,锤击作用越大,不但增加了机车、车辆振动,缩短机车部件使用寿命,而且会损伤钢轨和线路;

③轮轨黏着状态被破坏,使列车制动力下降,延长了制动距离。

(4)防止办法

①适当掌握减压量;

②低速制动时,一次减压量不可过大;机车制动力过大时,可用单阀适当缓解;

③机车制动机紧急制动位的自动撒砂作用良好;列车发生紧急制动时,应在停车前适当撒砂。

3. 机车撒砂

(1)手动撒砂

手动撒砂方法分为线式撒砂和点式撒砂两种。

①线式撒砂

较长时间地向轨面连续进行少量撒砂。适用于机车起动加速阶段或雨、雪、霜、雾天气造成轨面湿滑时。

②点式撒砂

向轨面断断续续地进行撒砂叫点式撒砂。适用于列车在上坡道运行，有空转预兆时。

(2)注意事项

①撒砂量不要太多；

②已发生空转时，应适当减低牵引力，空转停止后再适量撒砂；

③列车紧急停车，速度较低时应少量撒砂。

4. 压缩车钩

(1)压缩车钩的目的

由于列车起动时的阻力较大，特别是重载、长大货物列车在起动时，若列车中大部分车辆的车钩是处于伸张状态的，可能使列车起动困难。压缩车钩的目的在于列车起动前压缩一部分车钩，发车时使列车中的车辆逐辆起动，再加上各车钩缓冲弹簧的伸张力，就会使列车起动变得顺利、轻便。

(2)压缩车钩时需要注意事项

①被压缩的车辆数不应超过列车总辆数的2/3；

②压缩车钩的退行距离要根据实际情况适当掌握，禁止因压缩车钩不当造成列车尾部越过警冲标；

③压缩车钩后，在机车加载前，不应缓解机车制动。

压缩车钩也有不利的一面，就是起动时车钩间隙过大，易引起剧烈冲动和断钩，随着滚动轴承的普及和大功率机车的使用，使列车起动困难程度大大减轻，所以凡是不压缩车钩能够起动的，不一定要强调压缩车钩。

5. 防止列车断钩措施

(1)列车起动时

①列车起动前，按压列尾装置司机控制盒绿键，检查尾部列车制动管压力应与机车制动管压力一致。

②列车完全缓解后再起动，伸长车钩再加速。

③非起动困难线路，尽量不使用压缩车钩的方法起动列车。

④坡道起动，视情况可采用先加载后缓解制动的方法，随着列车缓解再逐步加大启动电流。

⑤双机及多机重联或使用后部补机时，要加强联系，相互配合，协同操作，动作一致。

(2)列车运行中

①运行途中制动调速，严禁未排完风施行缓解，列车未完全缓解就加速。

②使用自阀紧急制动时，应迅速将自阀手柄推至制动位（或保压位），并解除机车牵引力。列车未停稳前不得充风缓解。

③货物列车惰力运行后，再加速不得过快，避免车钩拉伸过猛。

④尽量避免在起伏坡道施加制动调速。列车通过起伏坡道边坡点时，应适当调节机车功率，以缓和因坡度变化引起车钩拉力较大变化。

⑤电—空联合制动时，应先使用动力制动，后使用空气制动；缓解列车制动时，应先缓解空气制动，后断开动力制动。制动励磁电流的升、降要平稳，并不得超过额定值。

⑥货物列车要避免低速施行紧急制动和低速（15 km/h 以下）缓解列车制动。长大下坡道区段因受制动周期等因素限制，最低缓解速度不应低于 10 km/h；重载货物列车速度 30 km/h 以下时不应缓解列车制动。

(3)进站停车

①施行空气制动要适当加长制动距离，初次减压量要小，做到“早减压、少减压”。

②货物列车要做到一次制动停妥、停稳并施行保压停车。

③货物列车要防止低速缓解、二次制动。

复习思考题

1. 什么是机车牵引力？
2. 影响制动力大小的因素有哪些？
3. 空转产生的原因是什么？
4. 空转的危害是什么？
5. 防止空转和发生空转时处理方法是什么？
6. 什么是滑行？
7. 滑行的危害有哪些？

第七章

车辆制动机基础知识

知识目标

通过学习，了解车辆制动基础知识，提高处理车辆制动故障能力。

能力目标

结合现场识别车辆制动机部件。同时，掌握制动机使用方法，防止机车溜逸。

素质目标

培养学员吃苦耐劳、爱岗敬业精神。

第一节　空气制动机

一、空气制动机

空气制动机分为直通制动机和自动制动机两类。

1. 直通制动机

制动时压力空气由总风缸经制动阀、制动主管直接进入制动缸的，称为直通制动机，如图 7-1 所示。

直通制动机构造简单，直接用制动阀来控制制动缸压力，能实现阶段制动和阶段缓解。但用于编组较长的列车时，制动和缓解时的一致性很差，造成的列车冲动也非常大。此外，当发生列车分离或制动软管破损时，不但不能使列车自动停车，反而会使处于制动状态的列车由于制动管内的压力空气排出而使制动失败。所以，这种制动机早已被自动制动机所替代。

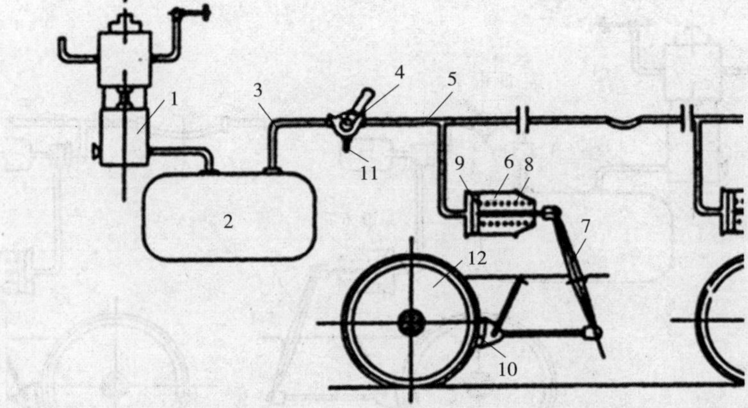

1—空气压缩机；2—总风缸；3—总风缸管；4—制动阀；5—制动管；6—制动缸；7—基础制动装置；8—制动缸缓解弹簧；9—制动缸活塞；10—闸瓦；11—制动阀EX口；12—车轮。

图 7-1　直通空气制动机

2. 自动制动机

自动制动机的特点：

(1)制动管减压为制动，制动管增压为缓解；

(2)发生列车分离、制动软管破损、断开或拉动紧急制动阀时均能实现列车自动停车；

(3)制动时，各车辆制动缸内的压力空气就近取自本车辆的副风缸；缓解时，各车辆制动缸的压力空气经本车辆的三通阀(分配阀)的排气口排出，因此，制动和缓解的一致性较好，列车的冲动也相应地小。

二、二压力机构阀自动制动机

具有二压力机构阀的自动制动机，在制动管与制动缸之间安装了三通阀(分配阀)和副风缸，如图 7-2 所示。利用制动管与副风缸两种压力的压力差来控制三通阀活塞的动作，进而实现列车的充气、制动和缓解作用。

三、三压力机构阀自动制动机

具有三压力机构阀的自动制动机，这种制动机用分配阀替代三通阀，分配阀的动作由制动管、定压风缸和制动缸三种压力来控制，所以称为“三压力机构”，如图 7-3 所示。

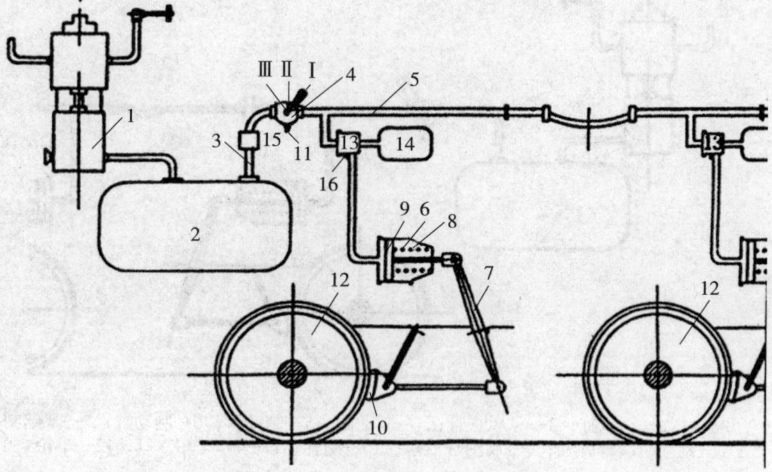

Ⅰ—缓解位；Ⅱ—保压位；Ⅲ—制动位；1—空气压缩机；2—总风缸；3—总风缸管；4—制动阀；5—制动管；6—制动缸；7—基础制动装置；8—制动缸缓解弹簧；9—制动缸活塞；10—闸瓦；11—制动阀EX口；12—车轮；13—三通阀；14—副风缸；15—给气阀；16—三通阀排气口。

图 7-2　二压力机构阀的自动制动机

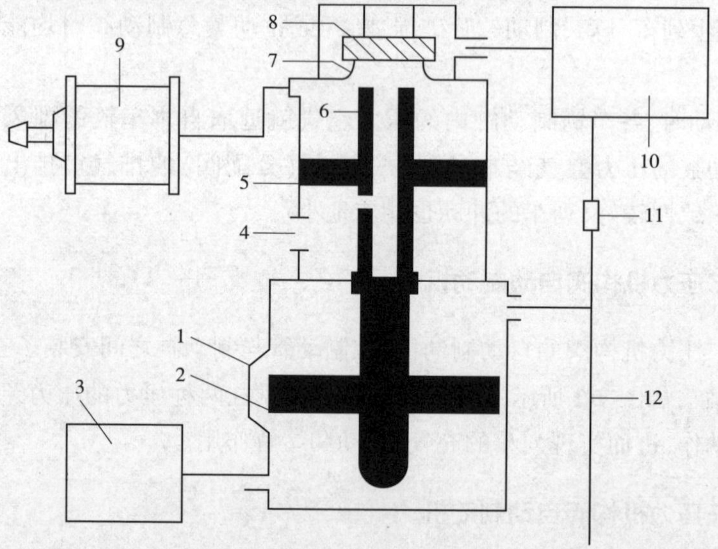

1—大活塞；2—充气沟；3—定压风缸；4—分配阀配气口；5—制动缸压力活塞（小活塞）；6—排气口阀；7—进气阀座；8—进排气阀；9—制动缸；10—副风缸；11—充气止回阀；12—制动管。

图 7-3　具有三压力机构阀的自动制动机

四、二、三压力机构阀自动制动机

1. 既具有二压力机构又具有三压力机构阀的称为二、三压力混合机构自动制动机。

2. 具有二、三压力混合机构的制动机兼顾了二压力机构阀和三压力机构阀的优点。

3. 将转换塞门置于客车位可实现阶段缓解作用；置于货车位即可实现一次缓解作用。

4. 货物列车在长编组情况下适宜于一次缓解制动机。

第二节　车辆制动机

一、车辆制动机

在车辆制动装置中，由机车司机操纵控制，并产生制动原力的部分称为制动机。

二、车辆制动的实质

运行中的列车具有动能，动能的大小等于列车质量与速度平方的乘积的一半。因此，列车质量越大、速度越高，其动能就越大。例如，闸瓦制动的列车，列车的制动过程实质上就是列车动能转换的过程。列车在制动过程中，闸瓦紧压在滚动着的车轮踏面上，使车轮与闸瓦产生摩擦，将列车动能转变成热能，转移到闸瓦并散热于大气。随着列车动能的转移和减小，列车不断减速，直至列车全部动能转移完毕，列车停车。

三、车辆制动机的灵敏度

所谓灵敏度就是制动机的感度，它是评价车辆制动机性能的主要指标之一。

车辆制动机灵敏度分为制动灵敏度和缓解灵敏度。而制动灵敏度又分为紧急制动灵敏度和常用制动灵敏度。一辆车的制动灵敏度，就是在制动管一定的减压速度下经过一定的时间或一定的减压量，制动机必须发生制动作用。

四、空气波、空气波速

1. 空 气 波

施行制动时，制动管经排气口与大气相通，制动管前端的压力空气首先排入大气，制动管压力降低，然后这一压降将沿着列车长度由前向后逐次传播，这种压降的传播即是空气波。

2. 空气波速

在压降传播的过程中，制动管中的压力空气发生膨胀，将空气的压能转化为动能，使空气由后向前流动。

空气波是属于一种振动波，具有波的性质。空气波的传播速度称为空气波速。

五、制动波、制动波速

1. 制 动 波

列车的制动作用或缓解作用沿列车长度方向由前向后逐次发生，习惯上叫“制动作用的传播”，简称“制动波”。

2. 制动波速

制动作用沿列车长度方向的传播速度分别称为“制动波速”。

制动波速用来评价列车的制动灵敏度，制动波速还分紧急制动波速和常用制动波速，根据自动制动阀手柄放置紧急制动或常用制动位区分。

六、缓解波、缓解波速

1. 缓 解 波

列车的制动作用或缓解作用沿列车长度方向由前向后逐次发生，习惯上叫“缓解作用的传播”，简称“缓解波”。

2. 缓解波速

缓解作用沿列车长度方向的传播速度分别称为“缓解波速”。

缓解波速用来评价列车的缓解灵敏度。

七、车辆制动机的分类

1. 车辆制动机按动力来源与控制方法大致分为四类：

(1)空气制动机

用压力空气作为动力并用空气压力的变化来操纵的制动机，叫作空气制动机。

我国普遍采用空气制动机。

(2)电空制动机

电空制动机也以压力空气作为动力来源,但电空制动机用电来控制制动装置的制动、保压和缓解作用。电空制动机的最大优点是全列车能迅速实现制动和缓解作用,且列车前、后动作一致性好,适用于高速旅客列车和长大货物列车。但由于增加了电控部分,结构比较复杂,比较容易引起故障。由于车辆混编等原因,目前只在旅客列车投入使用,不能在货物列车应用。

(3)人力制动机

用人力转动手轮或用杠杆拨动的方法,使闸瓦压紧车轮踏面而达到制动的目的。在我国铁路车辆上均装有人力制动机,用于空气制动机故障时以及调车作业、坡道停留时的制动。

(4)真空制动机

真空制动机以大气作为动力来源,利用真空度(对空气抽空程度)的变化,来控制制动机的制动与缓解。真空制动机的压力最高只能达到一个大气压,所以其制动力受到限制,我国均不采用这种制动机。

2. 车辆制动机按用途分为两类:

(1)客车车辆制动机

我国先后使用的客车车辆制动机有 PM 型、LN 型、104 型、F8 型以及列车提速后投入使用的 104 电空制动机和 F8 电空制动机。其中,PM 型、LN 型已不再使用。104 电空制动机和 F8 电空制动机应用于提速后的客车车辆及动车组。

(2)货车车辆制动机

我国先后使用的货车车辆制动机有 K 型(KC、KD)、GK 型、103 型、120 型。其中,K 型(KC~KD)、GK 型车辆制动机已不再使用,103 型也将逐渐被 120 型制动机替代。

八、车辆人力制动机

车辆人力制动机是用人力转动手轮或手把,用以代替空气制动机的作用,带动基础制动装置,使闸瓦压紧车轮的一种制动装置。现在我国的车辆,除了极个别的特种车辆无法安装外,都规定必须安装人力制动机,一般安装在车辆一端(在个别车辆中,也有两端都安装人力制动机的)。其用途:

1. 调车作业时,用以调速或停车,提高调车效率,保证调车作业安全;

2. 在运行途中,如在坡道上停留时间较长时,使用空气制动机停车后,还应拧紧人力制动机，防止空气制动机因制动缸的漏泄发生自然缓解而失去制动作用；

3. 在运行途中，当空气制动机发生故障失去作用时，用以代替空气制动机，继续慢行到前方站，以免停留途中，妨碍运输；

4. 当车列或车辆停在有坡道的线路上时，用以防止其发生溜走。

由于人力制动机的原动力完全使用人力，虽然提高了制动倍率，但其制动力仍比空气制动机小得多，动作也比空气制动机慢，因此，只有在不能使用空气制动机的情况下才使用人力制动机。

九、120 型车辆制动机

120 型车辆制动机由制动管 4、制动支管 7、截断塞门和远心集尘器组合装置 6、120 型空气制动控制阀 8、副风缸 10、加速缓解风缸 5、制动缸 13、空重车自动调整装置（包括空重车阀 16、比例阀 9 和降压风缸 17）、折角塞门 3 和 11、橡胶制动软管 2 和 12、软管连接器和橡胶垫圈 1 和 14 等零部件组成，如图 7-4 所示。

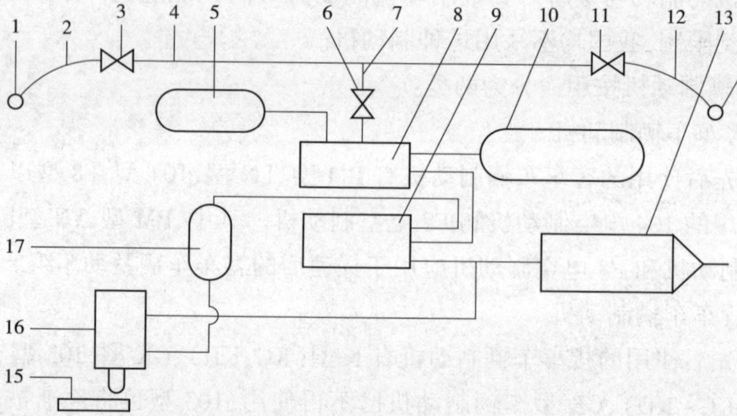

1、14—软管连接器和橡胶垫圈；2、12—橡胶制动软管；3、11—折角塞门；4—制动管；5—加速缓解风缸；6—截断塞门和远心集尘器组合装置；7—制动支管；8—120型空气制动控制阀；9—比例阀；10—副风缸；13—制动缸；15—摇枕接触板；16—空重车阀；17—降压风缸。

图 7-4 120 型车辆制动机

1. 120 阀根据制动管中空气压力的变化，来操纵本车制动装置的制动和缓解，它是制动机的主要控制机构。

2. 制动管既是一根贯通全列车的压力空气输送管，向各车辆制动机供给压力空气，也是一根传递列车制动、保压或缓解指令的控制管，司机通过机车上的自阀来操纵制动管中的空气压力变化，从而控制全列车各车辆制动机产生应有的动作。

3. 截断塞门装设在制动管至120阀的制动支管上。制动机临时发生故障，或遇有特殊情况如货物列车中因装载的货物规定须停止该车辆的制动机作用时，必须将此塞门关闭（简称“关门”），截断塞门关闭的车辆（简称“关门车”）无空气制动作用。编入列车的关门车数以及关门车在列车中所处位置限制须符合《铁路技术管理规程》规定。

4. 在已经装车运用的120型空气制动机中，有的使用400B型空、重车自动调整装置，也有的使用与GK型空气制动机相同的手动二级空、重车调整装置。空、重车调整装置可根据车辆实际装载重量在制动时调整充入制动缸的压力空气量，从而达到调整制动缸压力的目的。

十、F8型电空制动机

F8型电空制动机为客车车辆制动机，在运用中要注意以下事项：

1. 需车辆单独缓解进行调车作业时的处理

调车作业需单独缓解车辆时，可开启缓解塞门，使制动缸缓解；也可开启工作风缸下的排水塞门，车辆即可达到完全缓解状态。

2. 投入运用前必须检查各塞门开闭位置

按正常作业，除要检查折角塞门开启、各风缸排水塞门关闭外，需特别注意检查由列车支管向空气弹簧直接充气的支管塞门必须处于关闭位置；电空阀箱后侧的4个截断塞门应在开启位置，以保证电空制动机的正常使用，如果误关了此塞门，将使本车的电空制动失去作用，仅具有空气制动作用。

3. F8分配阀的一次位和阶段位处理

列车中各车辆全部装有分配阀时，转换盖板置于阶段位（指示箭头向下）；与其他车辆混编时，应区别其他制动机性质，可以设置于一次位（指示箭头向上）或阶段位。

4. 电空连接插头检查

车辆端部用的电空连接线，使用时需检查有无断线、进水等。

在插入电空连接线时，必须先检查插座有无进水，保证良好绝缘。电空连接插头，需在插座上拧紧，保持良好接触。拆下电空连接插头时，必须将连接座上盖关严。

5. 操纵紧急制动时的处理

司机使用列车紧急制动后，需经15 s后才可以充气缓解，以防意外事故发生。

6. 拆换分配阀和电空阀时的处理

当拆换分配阀、电空阀时，先关闭支管塞门，然后将工作风缸和副风缸的空气从排水塞门排净后再拆卸，以保证安全。

第三节 车辆基础制动装置

一、定 义

传递制动原力，并将其扩大以后均匀分配各个闸瓦的装置称为车辆基础制动装置。

二、组 成

为了实现列车的制动，达到减速或停车的目的，在机车与车辆上都装有一套制动装置。车辆制动装置由车辆制动机和车辆基础制动装置两部分组成。

三、分 类

车辆制动机按基础制动装置的摩擦方式分为以下 3 类：

1. 闸瓦制动

用闸瓦压紧车轮踏面，使其发生摩擦阻力而产生制动作用。

2. 盘形制动

使用带有闸片的制动钳夹紧安装在车轮两侧或车轴上的制动盘，使其发生摩擦阻力而产生制动作用。

3. 轨道电磁制动

利用安装于转向架上的电磁铁通电后的吸力吸附在钢轨上，使安装在电磁铁上的磨耗板与钢轨之间发生摩擦而产生制动力。轨道电磁制动不受轮轨间黏着力的限制，不易造成车轮滑行，一般用于高速旅客列车上，还可与空气制动机并用。

四、盘形制动基础制动装置

1. 使用带有闸片的制动钳夹紧安装在车轮两侧或车轴上的制动盘，使其发生摩擦阻力而产生制动作用的制动装置，称为盘形制动基础制动装置。

2. 盘形制动基础制动装置有两种类型

①制动盘装在车轮上的叫轮盘式盘形制动基础制动装置。

②制动盘装在车轴上的叫轴盘式盘形制动基础制动装置。

五、折角塞门

1. 安装位置

折角塞门安装在车辆制动主管的两端。

2. 用　途

用来开通或遮断制动主管与制动软管之间的空气通路,以利于在列车中处理制动软管或制动主管故障,保存或排出制动管压力空气。同时,在有压力空气状态下摘挂机车或车辆时,只需关闭其折角塞门而无须排除列车制动主管的全部压力空气。

六、截断塞门

1. 安装位置

截断塞门安装在制动支管上。

2. 用　途

凡遇列车中某一车辆制动机发生故障,不能及时修复或因车辆装载的货物规定需停止使用该车制动机等情况时,可以关闭此塞门,同时拉动缓解阀(货车)或开放排水塞门(客车),排出副风缸内的压力空气,停止该车制动机的使用。

七、更换制动软管

1. 更换方法

(1)关闭相邻两车的折角塞门,摘开软管连接器,卸下不良软管。

(2)安装良好软管,并在连接器中装入垫圈。

(3)连接好两车的软管连接器。

(4)先开放通向机车一方的折角塞门,确认无漏泄,然后再开放另一方的折角塞门。

2. 更换要求

(1)安装制动软管时,应注意安装角度,须使软管连接器的连接平面与轨道面垂直。

(2)接头牢固地安装在折角塞门口内,不得有松动或漏泄。

(3)连接器垫圈不得反装,两车的制动软管连接器结合须严密,不得发生漏泄。

八、车辆活塞行程调整

1. 车辆经过长期运用，由于各闸瓦和各杠杆圆销等零件的逐渐磨耗（主要是闸瓦的磨耗），在制动时，制动缸活塞行程会逐渐增长，而以新闸瓦更换磨耗的旧闸瓦时，则活塞行程反而会缩短，同时制动缸活塞行程的长短与制动缸的压力有着密切关系，而制动缸压力的大小，又直接关系到制动力的大小，因为副风缸的容积和空气压力的强度是固定的。

2. 当施行制动时，在一定的减压量下，副风缸的降压量，即进入制动缸内的风量也是一定的，如果制动活塞行程过长，则制动缸容积增大，其压力强度就会降低，这样便降低了制动力，延长了制动距离，影响了行车安全。反之，如果制动缸活塞行程过短，则制动缸容积缩小，其压力强度就增高，就会加大制动力，甚至可能造成抱死闸，使车轮滑行擦伤，同样也会延长制动距离。而且在同一列车中，如果各个车辆制动缸活塞行程长短相差过大，则不但会影响制动力的大小相差悬殊，而且将影响制动和缓解时间也不一致，增加列车的纵向冲动。

复习思考题

1. 什么是车辆制动机？
2. 什么是车辆基础制动装置？
3. 车辆制动机按基础制动装置的摩擦方式分为哪几类？

第八章

LKJ2000 型监控装置操作

知识目标

通过学习，了解 LKJ2000 型监控装置基本组成及控制原理；掌握非正常行车操作。

能力目标

能够熟练完成 LKJ2000 型监控装置各项基本操作，做到一手精。

素质目标

提高学员动手能力和非正常处置能力，以保障安全运行。

第一节　LKJ2000 型监控装置

一、LKJ2000 型监控装置界面简介

LKJ2000 型监控装置界面如图 8-1 所示。

1. 上部各窗口显示功能

(1)信号灯状态显示窗口　(2)速度等级显示窗口

(3)运行速度窗口　(4)限制速度窗口

(5)距前方信号机距离窗口　(6)信号机窗口

(7)里程显示窗口　(8)日期和时间窗口

2. 左侧灯显示功能

(9)故障　(10)工作状态

(11)紧急　(12)常用

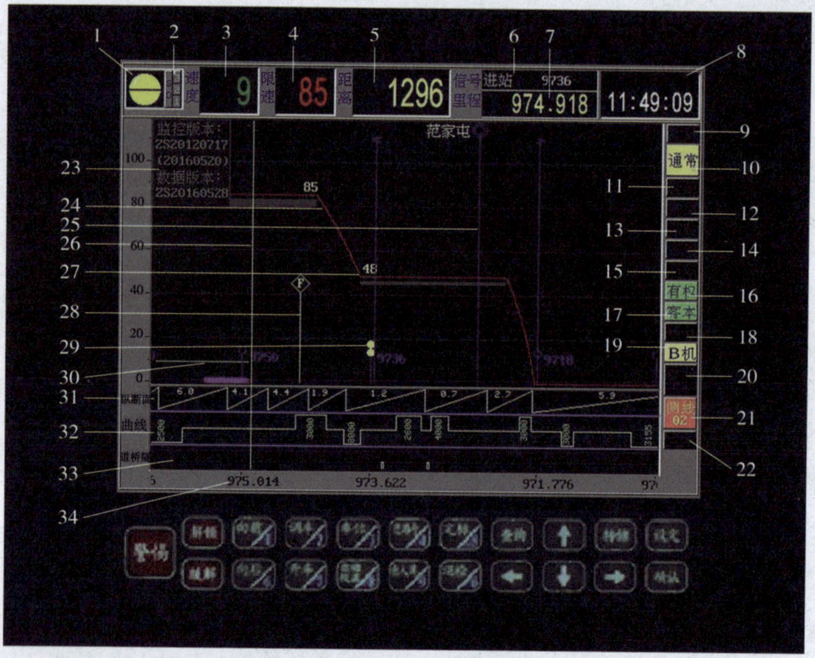

图 8-1 LKJ2000 型监控装置界面

(13)卸载　　(14)解锁

(15)开车　　(16)控制权

(17)列车种类(巡检)　　(18)IC 卡

(19)A/B 机　　(20)支线

(21)侧线　　(22)诊断

3. 中间部分显示功能

(23)版本号　　(24)限制速度曲线

(25)站中心及站名　　(26)机车位置

(27)道岔　　(28)分相标

(29)信号机位置　　(30)运行速度曲线

(31)线路纵断面　　(32)线路曲线

(33)桥梁、隧道、道口　　(34)公里标

二、功能键使用时机

LKJ2000 型监控装置功能键面板如图 8-2 所示。

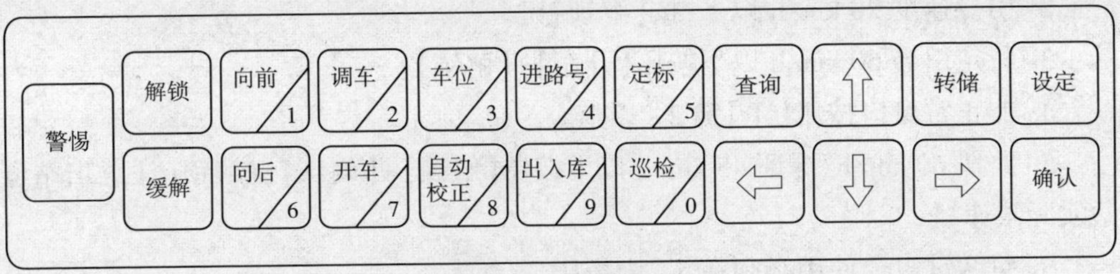

图 8-2 功能键面板

1.【警惕】键：

(1)降级状态下警惕报警 7 s 内按压【警惕】解除报警。

(2)管压防溜报警 10 s 内按压【警惕】解除报警。

(3)信号突变 10 s 内按压【警惕】解除报警功能。

(4)手柄防溜报警 10 s 内按压【警惕】解除报警功能。

(5)相位防溜报警 10 s 内按压【警惕】解除报警功能。

2.【解锁】键：

(1)引导按压【解锁】键解锁。

(2)特定引导按压【开车】+【解锁】。

(3)使用绿色许可证行车按压【解锁】+【确认】键解锁。

(4)停止基本闭塞改用电话闭塞法按压【解锁】+【确认】键解锁。

3.【缓解】键：常用制动后按压【缓解】键。

4.【车位】键：距离校正时【车位】+【向前】或【车位】+【向后】进行距离调整。

5.【开车】键：进入监控状态时按压【开车】键。

6.【自动校正】键：距离误差 300 m 内按压此键调整距离。

7.【出入库】键：出入库时按压此键。

8.【巡检】键：进入机械间巡检按压此键。

9.【进路号】键：输入侧线股道号或支线号输入时按压此键。

10.【定标】键：记录功能同时能代替警惕功能键解除警惕报警。

11.【查询】键：【查询】+【3】查询全部揭示，【查询】+【6】查询参数，【查询】+【2】查询工况。

12.【转储】键：转储文件按压此键，【转储】+【数字】键删除揭示。

13.【设定】键：输入参数时按压此键，【设定】+【4】键速度通道切换。

三、功能键使用注意事项

1. 每次解锁必须确认信号正确方可解锁。

2. 引导速度 20 km/h 以下，按【解锁】键。

3. 特定引导 60 km/h 以下按压【开车】+【解锁】。

4. 非正常窗口按压【↑】键 2 s 以上。

5. 路票 60 km/h、绿证 45 km/h 以下按压【解锁】+【确认】键解锁（注意出站道岔实际限速）。

6. 每两键组合使用必须在 5 s 内按压。

第二节　基本数据输入

一、出　　勤

机车乘务员出勤时，应将“IC 卡”交给出勤调度员，出勤调度员需将执乘交路的“IC 卡数据文件”录入其携带的“IC 卡”；然后由机车乘务员在模拟运行测试设备上核对，确认“IC 卡”内数据文件正确后，双方在“机务派班室 IC 卡数据录入登记簿”上签字。核对时如果发现错误，要求出勤调度员重新录入，并重新核对；如果确认“IC 卡”故障，由调度员换卡后重复上述过程。

遇所担当交路有信联闭停用、列车运行径路改变的运行揭示，机车司机出勤时须在模拟运行测试设备上进行模拟操作。

二、输入数据

1. 机车速度为 0 时，将“IC 卡”插入显示屏“IC 卡插槽”内，“IC 卡灯”点亮，按压【设定】键后进入参数设定界面，必须选择“车速等级”后再直接按压【设定】键（或者在参数设定界面选择“车速等级”后将光标移到【确定】处按压【确认】键）将“IC 卡”内信息输入监控装置，输入完毕，显示屏显示输入的揭示条数窗口，按压【确认】键，显示屏显示“请查询揭示”窗口，按压【确认】键进入全部揭示查询界面，显示“全部揭示信息查询”，乘务员必须按要求与运行揭示核对，确认无误后，将光标移到“0 返回”位置处，按压【确认】键返回。如果没有揭示信息，屏幕将显示“没有揭示”窗口，按压任意键，退出窗口，拔出“IC 卡”。若揭示发送失败，重新插卡发送。如果揭示仍不能正常发送，机车乘务员必须及时通知所在地车载设备检测人员处理，否则，严禁机车出段；站接机车必须及时通知列车调度员，按列车调度员指示办理，如图 8-3 所示。

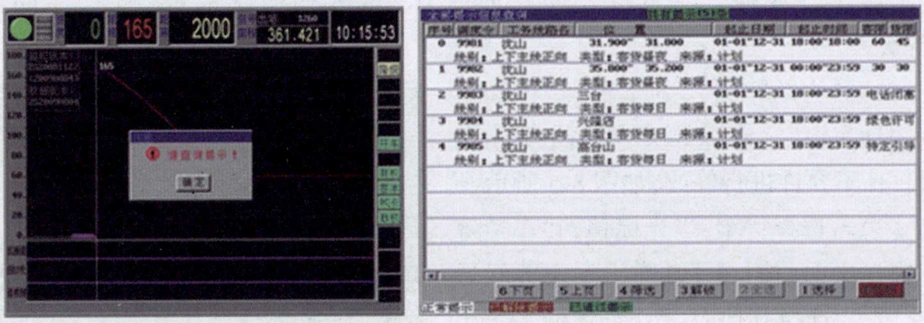

图 8-3 数据输入

2. 如需再次查询全部揭示，按压【查询】键，显示“查询选择”界面，将光标移到“3 全部揭示”位置处，按压【确认】键，显示“全部揭示信息查询”，查询完毕，将光标移到“0 返回”位置处，按压【确认】键返回。如果没有揭示信息，屏幕将显示“禁止查询”，按压任意键，退出窗口。

3. 按压【设定】键，进入“参数设定”界面，查看司机号、副司机号、区段号、车站号、车种、车次、客/货、本/补类别、监控限速（按“监控限速”输入要求输入）信息，确认无误后，将光标移动到“确定”处，按压【确认】键退出。

4. 按压【查询】+【6】键，进入“设定参数查询”界面，查看司机号、副司机号、区段号、车站号、车次种类、车次编号、列车种类、本/补类别、车速等级信息是否正确，如图 8-4 所示。

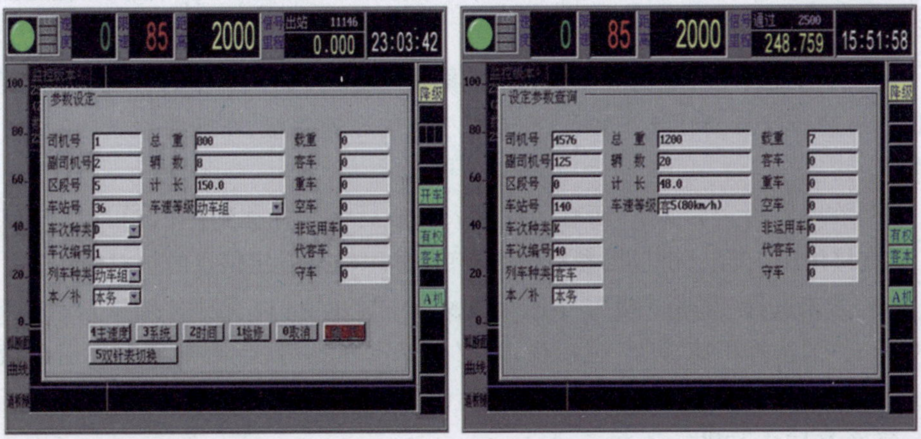

图 8-4 参数设定查询界面

5. 车速等级输入

（1）停车状态下按【设定】键进入参数设定界面，输入司机号、副司机号、区段号、车站号、车次种类、车次编号、列车种类、本/补、编组信息、选择（输入，下同）车速等级。

（2）若为动车组，“列车种类”中固定显示“动车组”，“车速等级”中固定显示动车组，且不允许进行修改，如图 8-5 所示。

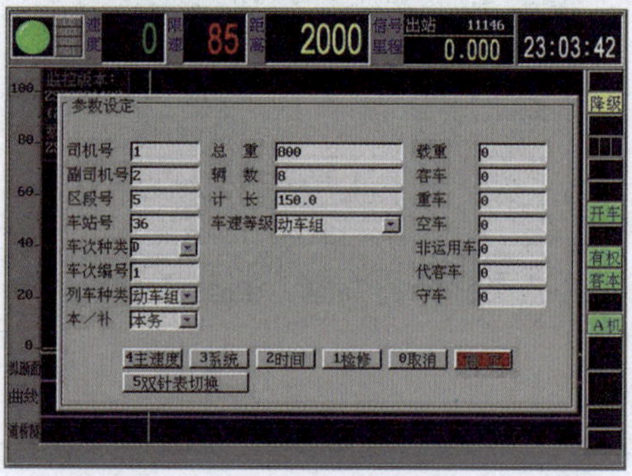

图 8-5　车速等级输入

（3）若选择货车，当光标移到“车速等级”窗口中时，按【↓】键弹出车速等级选择窗口，当选择其他时，弹出“请输入货车车速等级限速”窗口，在该窗口中输入货车车速等级限速值，输入确认后，货车车速等级限速窗口中输入的车速等级输入范围为 1～120 km/h，如果司机输入的值不在此范围内，司机按【确认】键，重新弹出“请输入货车车速等级限速”窗口，输入合法值，如图 8-6 所示。

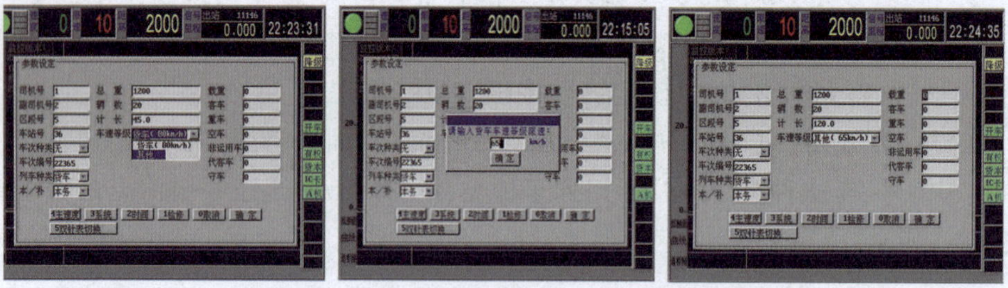

图 8-6　货车车速等级限速

（4）若输入列车种类为客车，当光标移到“车速等级”窗口中时，按【↓】键弹出车速等级选择窗口，利用【↑】/【↓】选择相应的车速等级，车速等级选定后按【确认】键。

（5）在参数设定界面下，所有信息输入完成后将光标移到【确定】处按【确认】键，或直接按压【设定】键退出参数设定界面，显示输入设定信息的核对窗口。

（6）若未选择“车速等级”（车速等级窗口中显示空白），按压【确认】或【设定】键时弹出“请选择车速等级”提示窗口，必须选择车速等级，否则不允许退出设定界面。

6. 参数输入时机

当监控装置无控制指令（常用、紧急）输出且不处于防溜报警状态，满足下列条件之一时允许进行参数输入：

(1)列车种类、本/补类型之间转换、车速等级选择必须处于停车状态。

(2)区段号、车站号、车次种类、车次编号、总重、辆数、计长的输入时机:

①机车信号为停车信号或按停车信号控制时,停车状态下。

②机车信号为红黄灯(或按停车信号处理的灭灯、多灯、单红灯、白灯),手信号引导、绿证、路票、特定引导等解锁开口后,必须停车时。

③机车信号为红黄闪,自动引导或容许信号机自动开口后,必须停车时。

④半自动闭塞区间信号机的红黄灯(或按照停车信号处理的灭灯、多灯、单红灯、白灯),停车时。

⑤机车信号为双黄灯(含降级状态下的双黄闪灯)时,速度<45 km/h。

⑥机车信号为双黄灯以外的其他进行信号时,速度<60 km/h。

注:监控装置初始上电、关机超过 30 s 再开机或客货车类型转换时,监控装置默认预先设置的客车(或货车)最大总重、辆数、计长,乘务员须根据实际牵引列车的编组信息进行修改。

第三节 出库及运行监控操作

一、出段挂车

1. 进入出段状态

按压【出入库】键进入出段状态,以不超过规定的出/入段限速运行至出段闸楼处。

2. 退出出段状态

在出段状态下连续按压三次【出入库】键退出出段状态,进入调车状态;再按压【出入库】键时进入入段状态,再连续按压二次【出入库】键退出入段状态。

3. 机车与车列连挂后的参数输入

机车与车列连挂后,按压【调车】键退出调车状态。

二、运 行

1. 开车对标

降级状态下,当机车头部与规定的对标点平齐时,按压【开车】键进入监控状态。交流计数区段,开车对标后监控装置按侧线道岔最低限速值控制;非交流计数区段,若机车信号为白灯(单红灯)或双黄灯(双黄闪灯),开车对标后监控装置按侧线道岔最低限速值控制。

注：调车状态下“开车”灯不能点亮，开车对标无效。开车对标前必须退出调车状态，“开车”灯点亮后，按压【开车】键对标有效。有速度情况下降级，必须选择原来所选的“列车种类”“车速等级”，否则“开车”灯不能点亮。开车对标点通常为正线出站（发车进路）信号机平齐处，特殊对标位置按“交路特殊对标点”中所标明的处所进行开车对标。

本务机车在中间站调车作业如未返回原股道开车，应降级后重新对标开车；如返回原股道开车，乘务员应注意观察距离是否准确，必要时可降级对标开车。

2. 司机警惕功能

（1）周期警惕

监控装置在通常工作状态（监控状态，下同），速度大于5 km/h时，启动“周期警惕功能”，并开始计时，计时达到120 s，启动“警惕控制过程”。计时过程中，列车管减压50 kPa及以上终止计时，当列车管压力回升至距定压小于50 kPa时重新开始计时；制动缸压力大于等于50 kPa时终止计时，当制动缸压力小于50 kPa时重新开始计时；机车工况（零位/非零位）状态变化后重新开始计时；列车速度小于3 km/h，终止“周期警惕功能”，当速度大于5 km/h时重新启动“周期警惕功能”，如图8-7所示。

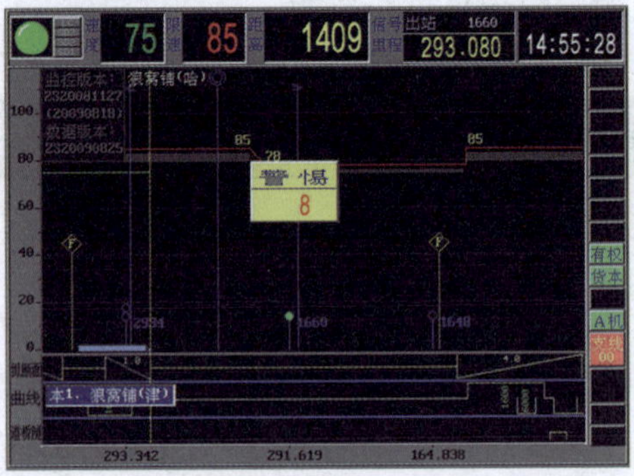

图8-7 周期警惕

（2）进站确认

监控装置在通常工作状态，当显示屏显示的前方信号机为进站、进出站，且其次一信号机为出站或进出站信号机时，显示屏语音提示“请确认信号”两遍。在列车越过进站、进出站信号机前，司机应按压1次“警惕按钮”开关，否则，列车越过信号机后，启动“警惕控制过程”。

（3）警惕控制过程

监控装置启动警惕控制后，显示屏弹出“警惕”提示窗口，并从20 s开始倒计时，倒计时到10 s时伴以“呜呜”报警声，若倒计时到0时则实施制动控制。具备常用制动功能时，发出解除牵引力和常用制动指令（减压量80 kPa）；不具备常用制动功能时，发出解除牵引力和紧急制动指令。警惕控制过程启动时，监控装置检测到下列信息之一时，立即终止“警惕控制过程”，否则，实施制动控制。

①按压“警惕按钮”开关 1 次；

②列车管减压 50 kPa 及以上；

③制动缸压力大于等于 50 kPa；

④机车工况(零位/非零位)状态变化。

注：当警惕控制过程启动时，监控装置已检测到上述信息之一时，终止本次控制过程，不弹出“警惕”提示窗口。

3. 实施制动控制后的操作

发生紧急制动停车后自动解除，发生常用制动只有停车后方可按压【缓解】键解除。

注：监控装置显示屏【定标】键可替代“警惕按钮”。

4. 支线号、侧线号的输入

支线号输入窗口字体为红色，侧线号输入窗口字体为绿色，输入支线号或侧线号时，提示输入相应数字的语音，如图 8-8 所示。

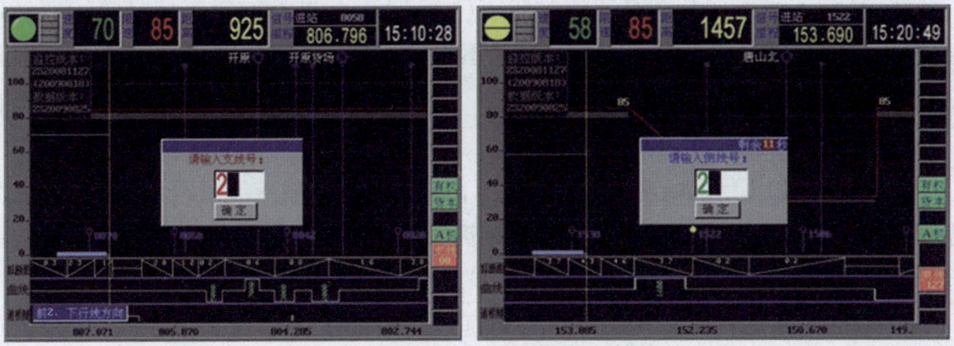

图 8-8　支线号、侧线号的输入

支线输入窗口需手动按压【进路号】键弹出；侧线输入窗口自动弹出；支线、侧线同时存在时，手动按压【进路号】键显示屏将同时弹出侧线号和支线号输入窗口，如图 8-9 所示。

(1) 允许输入支线号、侧线号时屏幕显示，允许输入支线号、侧线号时，状态栏的“支线号、侧线号指示灯”点亮，显示目前默认的支线号或侧线号。

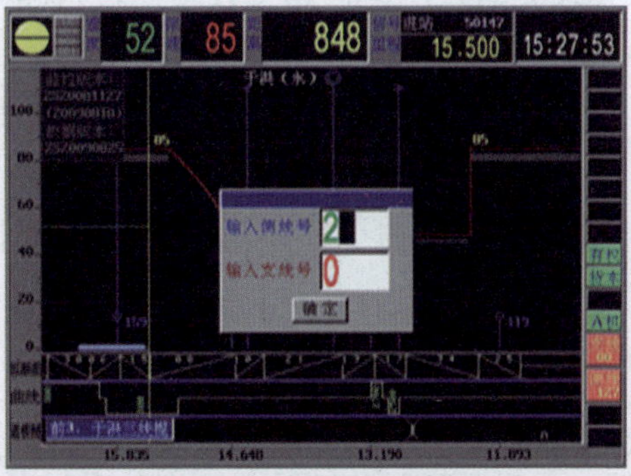

图 8-9　侧线号和支线号输入窗口

(2)侧线号的输入

显示屏语音提示“输入侧线股道号”，同时自动弹出侧线号输入窗口后，司机输入相应的侧线号，按压【确认】键，状态栏的侧线号指示灯显示已输入的侧线号；不自动弹出输入窗口时，司机手动按压【进路号】键输入或修改。弹出侧线输入窗口未进行输入，窗口自动消失后，距前方信号机 500 m 时，再次弹出输入窗口。

(3)支线号和支线、侧线同时存在的输入

显示屏语音提示“输入支线号”，同时屏幕下方显示下分区支线、本分区支线提示信息框，需输入支线号时，司机手动按压【进路号】键，显示屏将弹出“支线号”输入窗口，输入相应的支线号，按压【确认】键，状态栏的支线号指示灯显示已输入的支线号。输入支线后如需回主线运行，需在本分区输入支线号“0”。支线、侧线同时存在时，手动按压【进路号】键显示屏将弹出“输入侧线号”和“输入支线号”输入窗口，司机按要求输入相应的侧线号或支线号，按压【↓】或【确认】键，光标移动到“确定”处，按压【确认】键退出。

注：某站支线方向存在高速道岔股道(126 股道)，进站前机车信号显示双黄闪灯，输入支线号时须在进站前输入，同时不得输入股道号，否则不按高速道岔股道控制。

5. 连续车场侧线输入

连续两个及以上车场均进侧线，进入下一车场需要输入股道号时，必须输入相应股道号。在前一车场，距前方信号机距离小于 200 m 时，输入下一车场的侧线股道号；距前方信号机距离大于 200 m 时，只能修改本车场侧线股道号。

6. 电话闭塞法行车或使用绿色许可证发车时的支线输入

一个车站可向多方向发车且改用电话闭塞法行车或使用绿色许可证发车时，必须先输入所经径路支线号后进行路票或绿色许可证操作。

7. 解锁键的使用

(1)路票、绿色许可证、站内无码解锁使用【解锁】+【确认】键(凡两个及以上键的组合操作均须在 5 s 内完成，下同)。

(2)引导解锁使用【解锁】键。

(3)有计划特定引导解锁使用【开车】+【解锁】键。

(4)“一离去发码特殊信号机”或“场间无码特殊信号机”解锁使用【解锁】+【确认】键。

(5)“靠标停车困难特殊车站”解锁使用【解锁】键。

第四节 非正常行车监控器操作

一、引导解锁

1. 引导接车

列车运行至进站分区（含接车进路），机车信号显示白灯、红黄灯、红黄灯后的单红灯，监控装置按停车模式控制。机车乘务员全员确认引导信号正确后，运行速度 20 km/h 以下，司机按压【解锁】键，解锁至进站信号机处限速 21 km/h，解锁后本分区机车信号变化时，开口限速不变，监控列车以不超过 20 km/h 速度进站后，按次一信号机显示要求控制列车运行。引导解锁后显示屏显示“侧线 00”，如进侧线须输入相应的侧线股道号，如越过进站信号机再输入侧线股道号则不允许再修改为正线股道。进入进站分区（含接车进路），机车信号显示红黄闪灯，监控装置自动解锁至进站信号机处限速 21 km/h，监控列车以不超过 20 km/h 速度进站后，按次一信号机显示要求控制列车运行。自动解锁后本分区机车信号变化时，按其显示进行控制；但距信号机 50 m 内机车信号变为停车信号时，不按其显示进行控制，机车乘务员须全员确认引导信号正确后，方可以不超过 20 km/h 速度进站。引导解锁后显示屏显示“侧线 00”，如进侧线须输入相应的侧线股道号，如越过进站信号机再输入侧线股道号则不允许再修改为正线股道，如图 8-10 所示。

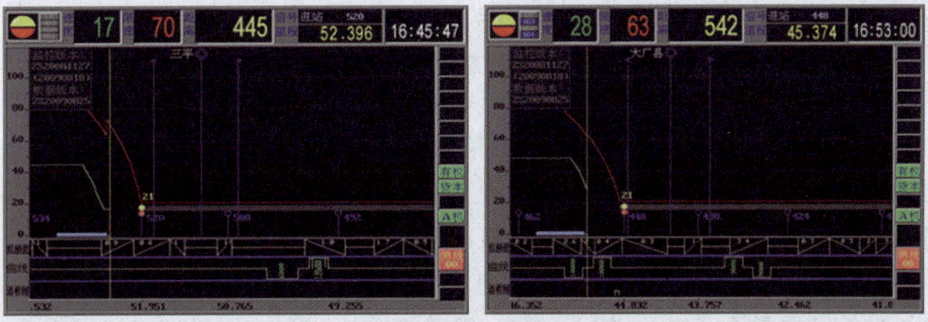

图 8-10 引导接车

2. 有计划的特定引导

列车运行至有计划的特定引导进站分区（含接车进路），在计划时间内，监控装置按停车模式控制。机车乘务员全员确认特定引导手信号正确后，运行速度低于 60 km/h 时，司机按压【开车】+【解锁】键解除对该信号机的停车控制功能，解锁至进站信号机处限速 61 km/h，解锁后本分区机车信号变化时，开口限速不变，监控列车以不超过 60 km/h 的速度进站后，按次一信号机的显示要求控制列车运行。

注：对于存在特定引导的车站，若同方向同一个出站存在连续进站（接车进路）信号机时，连续进站均按特定引导控制，如图 8-11 所示。

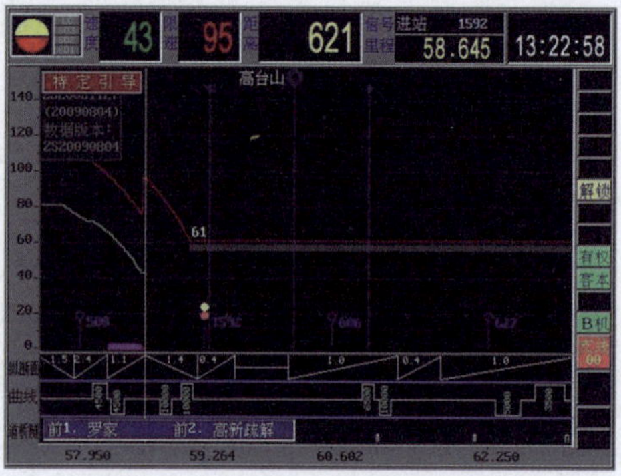

图 8-11　特定引导控制

3. 电码化停用

某站有计划的施工电码化停用时，机车乘务员确认进站（接车进路）、出站（发车进路）地面信号为进行信号条件下，按如下方式通过车站：进站（接车进路）信号机前，监控装置按停车模式控制时，按引导解锁方式办理；出站（发车进路）信号机前，机车信号显示白灯（含单红灯）按停车模式控制时，停车后司机按压【解锁】+【确认】键解锁越过出站（发车进路）信号机；出站（发车进路）信号机前，机车信号显示红黄灯，停车后按临时绿色许可证方式输入统一绿色许可证号“1”，解锁后起动列车越过出站（发车进路）信号机。

二、自动闭塞区段“地面信号确认”

1. 列车运行至站内，地面信号显示绿灯或绿黄灯，机车信号显示双黄灯，当列车运行至距出站（发车进路）信号机 400 m 内，监控装置语音提示“请确认信号”，如确认地面信号为绿灯或绿黄灯，且下一架信号机不为进站类别时，司机持续按压【↑】键 2 s，显示屏显示“非正常行车确认”窗口，将光标移动到“地面信号确认”选项处，按压【确认】键后，调出“当前地面信号确认”窗口，将光标移动到“确定”处按压【确认】键确认，显示屏左上方显示“已确认地面为绿/绿黄灯”提示栏，监控装置解除在列车接近的信号机和次一信号机前转白灯的停车控制功能；机车信号接收到次一信号机的显示时，按其显示要求监控列车运行。如次一架信号机为进站类别时，监控装置无语音提示，禁止“绿灯/绿黄灯确认”操作，司机按上述操作后，显示屏提示“禁止操作”提示窗口。

2. 降级状态下开车前（“开车”灯点亮），地面信号显示绿灯或绿黄灯，机车信号显示双黄灯，监控装置语音提示“请确认信号”，如确认地面信号为绿灯或绿黄灯，且次一架信号机不为进站类别时，司机按监控状态下“地面信号确认”的操作方法操作后，监控装置解除开车对标后列车在次一信号机前转白灯的停车控制功能；机车信号接收到次一信号机的显示时，按其显示要求监控列车运行。

3. 地面信号显示单黄灯或双黄灯，机车信号显示双黄灯时不允许确认。

4. 使用“地面信号确认”功能确认后，修改“参数设定”项目或机车信号变灯，造成“已确认地面为绿/绿黄灯”窗口消失，需重新进行“地面信号确认”操作，如图 8-12、图 8-13 所示。

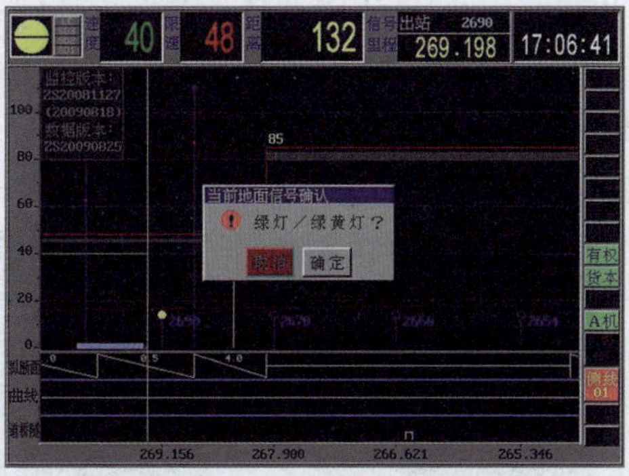

图 8-12　地面信号确认

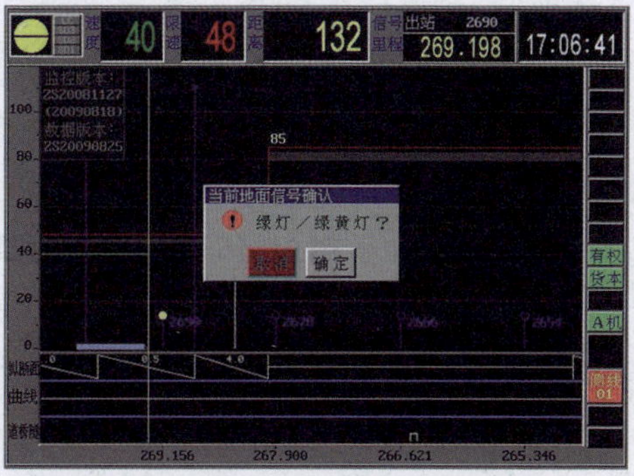

图 8-13　重新进行“地面信号确认”

三、绿色许可证发车

1. 有计划地使用绿色许可证。在列车运行至使用绿色许可证发车站的进站信号机、出站信号机或接发车进路信号机前，运行速度低于 45 km/h 时，显示屏自动弹出“绿色许可证输入”窗口，提示司机输入“绿色许可证号”；若司机未输入，提示窗口消失后，持续按压【↑】键 2 s，显示屏显示“非正常行车确认”窗口，司机将光标移动到“绿色许可证”选项处，按压【确认】键，全员确认行车凭证正确后，输入“绿色许可证号”（输入范围 1～255，半自动闭塞区段，有计划使用《半自动闭塞发车进路通知书》时，按有计划绿色许可证办理，输入统一规定编号“1”）并确认，再次按压【确认】键，“绿色许可证输入”窗口消失。在出站信号机或发车进路信号机前，司机按压【解锁】+【确认】键，监控装置解除列车在该信号机前的停车控制，监控列车以不超过出站道岔的限速（最高不超过 45 km/h）越过出站信号机。有计划绿证输入监控装置降级状态下，有计划使用绿色许可证，“开车”灯点亮时，以与普通揭示相似方式在揭示窗口进行显示。速度低于 45 km/h 时，显示屏弹出“绿色许可证输入”窗口，司机按上述有计划绿色许可证的操作方法操作，解锁成功后，在规定的对标点处对标，监控列车以不超过出站道岔限速（最高不超过 45 km/h）越过出站信号机。

2. 临时使用绿色许可证。机车运行至站内，地面出站信号机不能开放，机车信号显示红黄灯（红黄灯后的单红灯、红黄灯后的白灯）时，在出站信号机或发车进路信号机前停车，机车乘务员接取行车凭证（绿色许可证、半自动闭塞区段接到《半自动闭塞发车进路通知书》），全员确认凭证无误后，速度为 0 时，司机持续按压【↑】键 2 s，显示屏显示“非正常行车确认”窗口，司机将光标移动到“绿色许可证”选项处，按压【确认】键后输入“绿色许可证号”（半自动闭塞区段接到《半自动闭塞发车进路通知书》时，按临时绿色许可证办理，输入规定的统一编号“1”）并确认，机车乘务员确认发车信号正确或得到电台发车通知后，司机按压【解锁】+【确认】键解锁，监控装置解除列车在该信号机前的停车控制，监控列车以不超过出站道岔的限速最高不超过 45 km/h，监控装置降级状态下，临时使用绿色许可证，“开车”灯点亮时，停车后按上述临时使用绿色许可证操作方法办理，解锁成功后，在规定的对标点处对标，监控列车以不超过出站道岔限速（最高不超过 45 km/h）越过出站信号机，如图 8-14 所示。

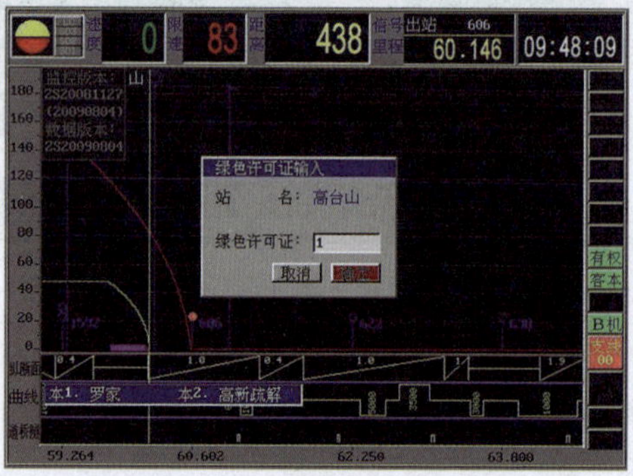

图 8-14　绿色许可证发车

四、路票行车

1. 列车运行至有计划改用电话闭塞法行车的起始车站的进站信号机、出站信号机或接发车进路信号机前，运行速度低于 60 km/h 时，显示屏自动弹出“路票输入”窗口，提示司机输入“电话记录号”；若司机未输入，提示窗口消失后，持续按压【↑】键 2 s，显示屏显示“非正常行车确认”窗口，司机将光标移动到“路票”选项处，按压【确认】键，机车乘务员全员确认凭证无误后输入“电话记录号”并按压【确认】键确认，在出站信号机或发车进路信号机前，按压【解锁】+【确认】键，监控装置解除列车所在线路的出站信号机或发车进路信号机以及至下一站间所有分区通过信号机的停车控制。列车运行至下一车站进站信号机前，监控装置按其对应的机车信号显示要求监控列车运行。监控装置降级状态下，有计划改用电话闭塞法行车，“开车灯”点亮时，以与普通揭示相似方式在揭示窗口进行显示。运行速度低于 60 km/h 时，显示屏弹出“路票输入”窗口；司机按上述有计划改用电话闭塞法行车的操作方法操作，解锁成功后，在规定的对标点处对标，监控装置解除列车所在线路出站信号机或发车进路信号机以及至下一站间所有分区通过信号机的停车控制，如图 8-15 所示。

2. 列车运行中临时接到改用电话闭塞法行车的调度命令。在改用电话闭塞法行车起始车站的出站信号机或发车进路信号机前停车，车站应向机车乘务员递交行车凭证（路票），机车乘务员接到行车凭证（路票）并确认无误后，速度为 0 时，司机持续按压【↑】键 2 s，显示屏显示“非正常行车确认”窗口，将光标移动到“路票”选项处，按压【确认】键，输入“调度命令号”及路票的“电话记录号”并确认，机车乘务员确认发车信号正确或得到电台发车通知后，司机按压【解锁】+【确认】键解锁，监控装置解除列车所在线路出站信号机或发车进路信号机以及至下一站间所有分区通过信号机的停车控制列车运行至下一站进站信号机前，监控装置按其对应的机车信号显示要求监控列车运行，如图 8-16 所示。

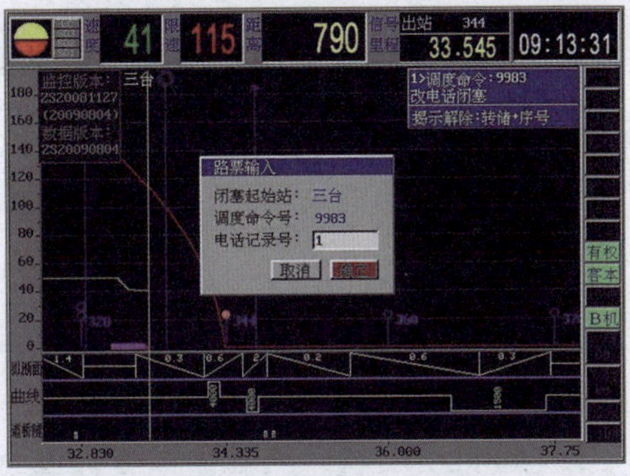

图 8-15　路票行车

3. 监控装置降级状态下，临时改用电话闭塞法行车，“开车灯”点亮时，停车后按上述临时改用电话闭塞法操作方式办理，解锁成功后，在规定的对标点处对标，开车对标后监控装置按侧线道岔最低限速值控制，监控装置解除列车所在线路出站信号机或发车进路信号机以及至下一站间所有分区通过信号机的停车控制，如图 8-17 所示。

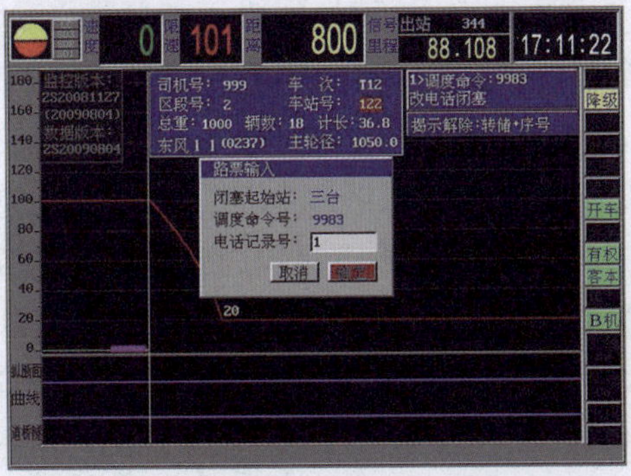

图 8-16　改用电话闭塞法行车的调度命令

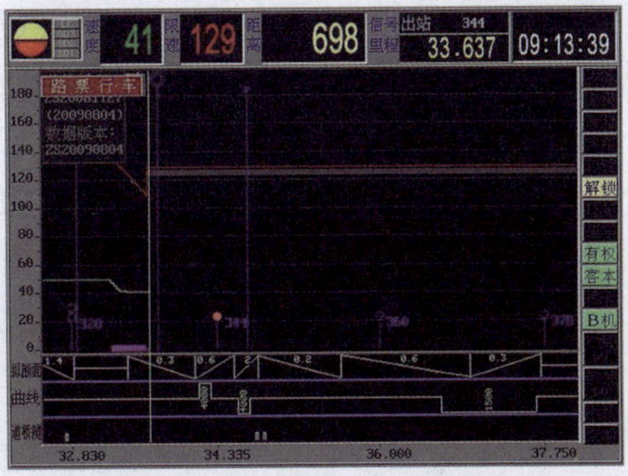

图 8-17　监控装置降级状态

4. 注意事项：一个车站可向多方向发车且改用电话闭塞法行车或使用绿色许可证发车时，必须先输入所经径路支线号后进行路票或绿色许可证操作。

五、机车信号故障时监控装置的操作方法

1. 判断机车信号故障条件

(1)地面信号为进行信号,机车信号灭灯、多灯、乱变。

(2)站内地面信号为进行信号,机车信号为红黄灯。

(3)自动闭塞区段,地面信号为进行信号,机车信号连续两架不上码(固定不发码的信号机除外)。

(4)自动闭塞区间地面信号为进行信号,机车信号连续两架显示红黄灯。

(5)半自动闭塞区段,地面信号为进行信号,进站、出站信号机前机车信号连续两架不上码(机车信号固定不上码的车站或无码区段除外)。

2. 机车信号故障处理方法

(1)列车运行途中,确认机车信号故障,机车乘务员应立即停车,并使用列车无线通信设备报告车站值班员或列车调度员,严格按地面信号机的显示要求,操纵列车以规定的速度运行至前方站停车处理或请求更换机车。在自动闭塞区间列车运行速度不超过 20 km/h,仅机车信号故障而 LKJ 作用良好时,应将 LKJ 转为随时停车工作状态。

(2)列车运行途中发现 LKJ 基础数据与开通运行的铁路运输基础设备、设施的数据不一致时,机车司机应立即停车,并报告车站值班员或列车调度员;列车调度员应发布允许在数据不对应的区域将 LKJ 由通常工作状态人工转为随时停车工作状态或降级工作状态(无法进入随时停车工作状态时转为降级工作状态)运行的调度命令,以特别行车措施保障运输安全。

3. LKJ 转为随时停车工作状态操作方法

(1)确认地面信号为进行信号时,监控装置在监控或降级状态下速度为 0,司机按压显示屏向【↑】键 2 s,显屏幕弹出“非正常行车确认”窗口,将光标移到“转入 20 km/h 限速模式”选项处,按压【确认】键,进入“转入 20 km/h 限速模式确认”子菜单,将光标移动到“确定”选项处,再次按压【确认】键,屏幕出现“20 km/h 限速模式”标志,模式曲线显示为限速 0。2 min 后,监控装置开口限速 21 km/h。注意自动闭塞区间通过信号机前,有速度操作监控装置时不能转入“20 km/h 限速模式”,同时,屏幕提示“停车有效”。监控状态下,在发车进路或出站信号机前,无论机车有无速度时,操作监控装置都不能转入“20 km/h 限速模式”,如有需要可降级后再转入,如图 8-18 所示。

(2)监控装置转入“20 km/h 限速模式”状态后,监控装置不按机车信号显示监

控列车运行。机车乘务员(双班单司机值乘区段,必须执行双司机值乘)严格执行呼唤应答制度,及时车机联控。

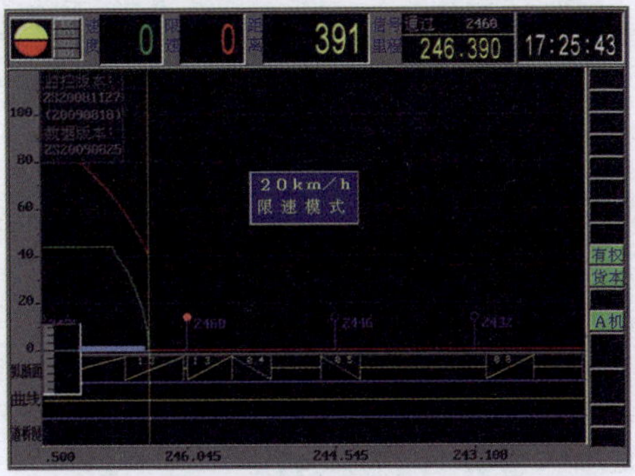

图 8-18　LKJ 转为随时停车工作状态操作方法

4. 监控装置转入“20 km/h 限速模式”后的注意事项

(1)运行中监控装置不能自动校正距离,要求司机注意人工校正距离。发车进路和出站信号机前(不含线路所)只能向后车位调整;可在区间、进站或接车进路信号机前人工操作【自动校正】键,进行车位对中校正距离。

(2)不能输入侧线股道号。

(3)不能进入调车和降级控制状态。

(4)无监控装置引导解锁、靠标解锁、白灯无码解锁功能。

(5)无监控装置的路票、绿色许可证、特定引导、绿灯/绿黄灯确认功能;无揭示限速、区段限速控制和显示。

(6)在区间至进站分区间运行,按固定模式限速控制;在发车进路或出站信号机前按停车模式控制。

(7)机车信号变化,无语音提示。

5. 监控装置转出“20 km/h 限速模式”的操作和要求

(1)转入“20 km/h 限速模式”后,机车乘务员确认机车信号恢复正常或已越过数据不对应区域,通知车站值班员或列车调度员。由通常模式转入“20 km/h 限速模式”的,列车必须运行至站内并处于停车状态,进行转出“20 km/h 限速模式”的操作;由降级状态转入“20 km/h 限速模式”的,列车必须处于停车状态,可进行转出“20 km/h 限速模式”的操作。

(2)司机按压监控装置显示屏【↑】键 2 s,显示屏弹出“非正常行车确认”窗口,将光标移到“转出 20 km/h 限速模式”选项处,按压【确认】键,进入“转出 20 km/h 限速模式确认”窗口,将光标移动到“确定”选项处,再次按压【确认】键,监控装置转入上电启机的原始工作状态(降级控制状态),司机输入参数后,待运行到规定对标点处,按压【开车】键恢复监控状态运行。

注意:有速度操作监控装置时不能转出“20 km/h 限速模式”,同时,显示屏提示“停车有效”。

6. 列车运行在站内如确认机车信号故障,机车乘务员应立即停车,并报告车站值班员或列车调度员请求更换机车(动车组请求救援),如图 8-19 所示。

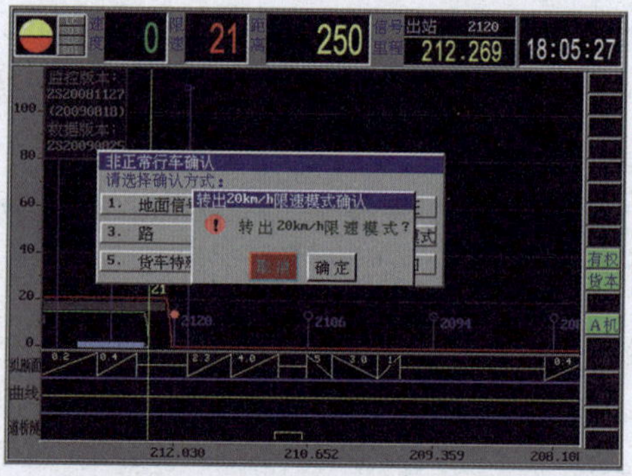

图 8-19　监控装置转出“20 km/h 限速模式”

六、降　　级

1. 产生自动降级的原因

(1)监控装置关机 30 s 以上,再开机;

(2)监控数据终止后;

(3)连续 12 架区间信号机过机不校;

(4)速度信号故障降级;

(5)转出“20 km/h 限速模式”后。

2. 人为输入降级操作方法

监控状态下修改车次编号、区段号、车站号、车次种类、列车种类参数进入降级状态。监控运行中严禁擅自降级运行。

注意事项:

(1)当机车信号为进行信号时,自进入降级工作状态列车运行 2 000 m 后,固定模式限速值降为 55 km/h;当机车信号为停车信号(或按停车信号控制的信号显示)或降级后由进行的信号变为停车信号时,自进入降级工作状态或信号变化后列车运行 800 m 后,固定模式限速值降为 15 km/h。

(2)降级运行时实际速度低于限速值 3 km/h 语音报警,低于限速值 2 km/h 卸载,等于常用限速值实施常用制动,等于紧急制动限速值实施紧急制动。

(3)机车信号为停车信号(或按停车信号控制的信号显示)时,如果速度高于 5 km/h,监控装置周期报警,提示司机注意确认地面信号,司机在 7 s 内周期按压【警惕】键应答,否则监控装置实施紧急制动。

(4)机车信号显示停车信号时,牵引总重 8 000 t 及以上的列车速度在 20 km/h 以下,当速度高于 5 km/h,监控装置周期报警,无卸载和紧急制动控制,但防溜控制除外。

七、反方向运行

反方向运行时,机车乘务员应将机车信号载频(上下行转换)开关置于所运行线路规定的位置,恢复正方向运行时,及时将机车信号载频(上下行转换)开关置于所运行线路规定的位置。

输入反方向车站号、“区段号”(按“监控交路明细表”中“监控交路类别”栏内容对应的监控交路号输入),显示屏左上方显示“反向运行”。遇没有反方向监控数据时,列车停车后依据调度命令在监控装置降级状态下转入20 km/h限速工作状态运行。

列车反方向运行区段,对旅客列车若不使用电话闭塞反方向行车时,监控装置按最高允许速度不超过120 km/h确定固定模式限速值监控列车运行,该区间限速值低于上述取值的按低值控制;若使用电话闭塞反方向行车时,按照该次列车最高限速和车载数据中对应反方向区间信号机设置的限速值的低值80%作为固定模式限速值监控列车运行,该区间限速值低于上述取值的按低值控制;对货物列车进入反方向运行时,按最高速度不超过80 km/h监控列车运行。

1. 有计划使用路票反方向运行

列车运行至有计划使用路票反方向行车起始车站的出站信号机或发车进路信号机前,在停车状态下输入监控装置反方向运行区段号、车站号、原车速等级,进入降级状态,显示屏自动弹出“路票输入”窗口,提示司机确认调度命令编号,机车乘务员全员确认行车凭证无误后,在路票输入窗口处输入路票的电话记录号并确认,按压【解锁】+【确认】键解锁,起动列车运行,运行至规定对标点处按压【开车】键进入监控状态。

2. 临时使用路票反方向运行

列车运行至临时使用路票反方向行车起始车站的出站信号机或发车进路信号机前停车后,车站应向机车乘务员递交行车凭证(路票),机车乘务员接到行车凭证(路票)并全员确认无误后,输入监控装置反方向运行区段号、车站号、原车速等级,进入降级状态,司机持续按压【↑】键2 s,显示屏显示“非正常行车确认”窗口,将光标移动到“路票”选项处,按压【确认】键后输入调度命令号,在路票输入窗口处输入路票的电话记录号并确认,机车乘务员确认发车信号正确或得到电台发车通知后,司机按压【解锁】+【确认】键解锁,起动列车运行,运行至规定对标点处按压【开车】键进入监控状态。

3. 反方向不使用路票运行

列车运行至反方向运行起始站出站信号机或发车进路信号机前,机车乘务员确认地面信号为进行信号。当机车信号为进行信号速度低于60 km/h(机车信号为双黄灯速度低于45 km/h)时,司机输入反方向运行区段号、车站号、原车速等级降级,在规定对标点处按压【开车】键对标进入监控状态,在有速度情况下如未选择原车速等级语音提示“输入无效”，开车灯不点亮；当机车信号为停车信号（含白灯、单红灯）时，停车后输入反方向运行区段号、车站号、原车速等级降级，起车后在规定对标点处按压【开车】键对标进入监控状态。

如地面信号为停车信号，必须在出站信号机或发车进路信号机前停车，待出站信号机或发车进路信号机显示进行信号后输入反方向运行区段号、车站号、原车速等级降级，起车后在规定对标点处按压【开车】键对标进入监控状态。

4. 三站两区间（或以上）反方向运行

列车运行至有计划使用路票反方向运行的中间的车站进站信号机、出站信号机或接发车进路信号机前，运行速度低于 60 km/h 时，显示屏自动弹出“路票输入”窗口，提示司机确认调度命令编号，机车乘务员全员确认行车凭证无误后，在路票输入窗口处输入路票的电话记录号并确认，按压【解锁】+【确认】键解锁，按反方向路票模式控制列车运行。

列车运行至临时使用路票反方向中间的车站的出站信号机或接发车进路信号机前停车后，车站应向机车乘务员递交行车凭证（路票），机车乘务员接到行车凭证（路票）并全员确认无误后，司机持续按压【↑】键 2 s，显示屏显示“非正常行车确认”窗口，将光标移动到“路票”选项处，按压【确认】键后输入调度命令号，在路票输入窗口处输入路票的电话记录号并确认，机车乘务员确认发车信号正确或得到电台发车通知后，司机按压【解锁】+【确认】键解锁，起动列车运行。

5. 恢复正方向运行

运行在反方向区间的列车，恢复正方向运行时，在出站信号机前，地面信号为进行信号。当机车信号为进行信号速度低于 60 km/h（机车信号为双黄灯速度低于 45 km/h）时，司机输入监控装置正方向区段号、车站号、原车速等级，进入降级状态，运行至正向规定的对标点处按压【开车】键进入监控状态；机车信号为白灯或单红灯监控装置按停车模式控制时，需停车后输入正方向区段号、车站号、原车速等级，进入降级状态，运行至正向规定的对标点处按压【开车】键进入监控状态。

6. 客车反方向运行要求

旅客列车如需改变原径路反方向运行时，在取得相应行车凭证前提下，必须在停车状态下方可对监控装置进行操作，输入反方向区段号、车站号、并需选择原车速等级后开车灯点亮。当恢复正方向运行时，停车状态下方可对监控装置进行操作，输入对应正方向区段号、车站号、选择原车速等级，重新对标开车。

第五节　监控器其他控制功能

一、防溜报警

1. 手柄防溜

机车手柄在零位,由停车状态移动,速度≥3 km/h 或走行距离>10 m 时,产生"注意手柄防溜"报警,司机 10 s 内按压【警惕】键或加载时,一次性解除报警,否则监控装置实施紧急制动,同时产生"手柄防溜动作"语音提示。

机车手柄非零位停车,若手柄没有变化,非零位再起车,仍然执行手柄防溜报警模式。

2. 相位防溜

机车由停车状态移动,机车的方向手柄位置与轮对转动的方向不一致,速度≥3 km/h 或走行距离>10 m 时,产生循环"注意相位防溜"报警,司机 10 s 内周期按压【警惕】键解除报警,否则监控装置实施紧急制动,同时产生"相位防溜动作"语音提示。当机车速度>10 km/h 时,再次按压【警惕】键解除监控装置循环报警。

3. 管压防溜(动车组除外)

列车停车时如列车管减压量不足 80 kPa,5 s 后产生连续"注意管压防溜"报警,司机 10 s 内追加减压达 80 kPa 及以上或按压【警惕】键时,一次性解除报警,否则监控装置实施紧急制动,同时产生"管压防溜动作"语音提示。单机(车次 50001~52998)以及调车工作状态下停车时制动缸压力不足 80 kPa 或列车管减压量不足 80 kPa,5 s 后产生连续"注意管压防溜"报警,司机 10 s 内追加制动缸压力达 80 kPa 或追加列车管减压达 80 kPa 及以上,或按压【警惕】键时,一次性解除报警,否则监控装置实施紧急制动,同时产生"管压防溜动作"语音提示。

4. 防溜排风后的缓解

监控装置发生防溜动作紧急制动停车后,需缓解时,司机按压【警惕】键缓解。

注意:调整列车管定压后,必须立即在机车缓解状态下进行一次"开车对标"操作,并退出进入相应的工作状态。

二、车位调整

1. 人工自动校正

误差在 300 m 内,以前方信号机为基准(半自动闭塞区段预告分区调整基准在绝缘节处），当机车头部与信号机平齐时按压【自动校正】键，无论超前或滞后均可自动调整。

注：分区距离较短（小于600 m），与前后信号机间距离同时满足“人工自动校正”条件时，使用“人工自动校正”，监控装置往最近的信号机进行车位调整。

2. 滞后误差调整

当机车运行到信号机处，监控装置距离显示仍为剩余距离时，先按压【车位】键，至机车头部与信号机平齐时按压【向前】键。

3. 超前误差调整

当机车未运行到信号机处，监控装置距离已提前走完（误差距离在300 m内），并调出下一信号机距离时，先按压【车位】键，当机车头部与信号机平齐时按压【向后】键。

注：监控装置按停车模式控制时，车位调整无效。

三、巡检操作

机车乘务员在操纵端按压【巡检】键→到非操纵端按压【巡检】键→回操纵端按压【巡检】键，每次有效按键，屏幕右边显示的状态窗口中“巡检灯”点亮4 s，结束时监控装置语音提示“巡检完成”。

四、【警惕】键操作

降级状态下监控装置周期报警，司机7 s内周期按压【警惕】键解除报警；防溜报警时司机10 s内按压【警惕】键解除报警；监控装置发生防溜动作紧急制动停车后，需缓解时，司机按压【警惕】键缓解；半自动闭塞“信号突变”7 s内按压【警惕】键解除报警。

五、调车操作

当机车速度为0时，在有权端按压【调车】键进入调车状态，进入调车状态后两端均有操作权。调车状态下限速窗口显示41 km/h，38 km/h报警，39 km/h卸载，41 km/h常用（未开通常用制动的为紧急制动限速值），44 km/h紧急，调车状态中走行距离自动计算。调车结束后，在操纵端按压【调车】键退出调车状态。

换端操作：机车速度为0时，在有操作权的一端按压【调车】键进入调车状态（已经在调车状态下不需要）。

六、人工速度通道切换功能

1. 操作方法：按压【设定】键进入参数设定界面，再按压【4】键，进入“切换速度传感器”界面，使用【←】、【→】光标键选择相应的备用通道 0、1、2，选定后按压【确认】键。

2. 机车运行中司机确认显示屏速度窗口无速度或速度波动时，使用【查询】+【2】键进入工况显示界面，速度通道从左至右为 0、1、2 通道，其中速度显示为绿色的为当前使用的速度通道，如果当前某一通道速度显示正常，须进行速度通道切换操作。进行人工速度通道切换操作后乘务员要进行引记，如图 8-20 所示。

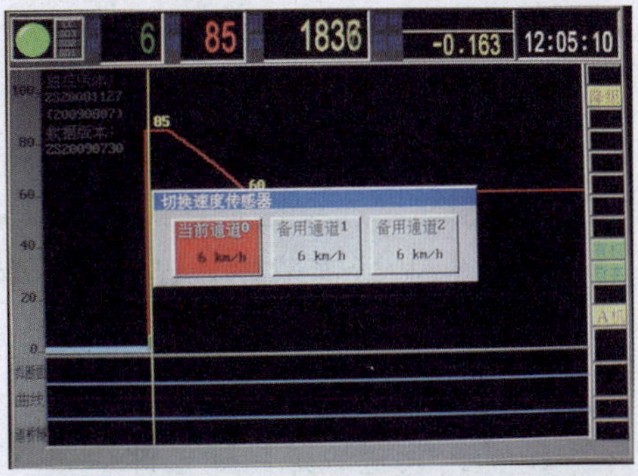

图 8-20　人工速度通道切换功能

注意：人工切换速度通道后，无速度通道自动切换功能。关机 30 s 以上再开机可恢复速度通道自动切换功能。

七、发生卸载、常用制动后的处理

1. 监控装置卸载后恢复：

当监控装置发生卸载动作（主手柄在零位、非零位均有卸载功能）后，实际速度低于常用制动限速值 3 km/h 时，监控装置自动退出卸载功能。防溜控制及警惕控制产生的卸载除外。

2. 常用制动后缓解：

恒速模式下发生常用制动时，实际速度低于固定模式限速值 5 km/h，监控装置语音提示“允许缓解”，司机手动按压【缓解】键缓解常用制动，监控装置语音提示“缓解成功”。

减速模式下发生常用制动时，实际速度低于目标限速值，监控装置语音提示“允许缓解”，司机可以手动按压【缓解】键缓解常用制动，监控装置语音提示“缓解成功”，缓解后本分区不停车不恢复常用制动功能。

停车模式下发生常用制动，必须停车后，司机方可手动按压【缓解】键缓解常用制动。

注：发生常用制动后缓解操作时，列车处于恒速模式区，实际速度低于固定模式限速值 5 km/h；列车处于减速模式区，实际速度低于目标限速值；列车处于停车

模式区,必须停车后,司机方可手动按压【缓解】键缓解常用制动。

3. 监控装置发生紧急制动停车后自动缓解紧急制动;如同时发生常用制动和紧急制动,停车后,自动缓解常用制动和紧急制动;如监控装置只发生常用制动(未同时发生紧急制动),停车后,需要司机手动按压【缓解】键缓解常用制动。

4. 防溜控制产生的卸载和紧急制动,停车后需缓解时,司机按压【警惕】键缓解;警惕控制产生的卸载和常用制动的解除,只有停车后方可按压【缓解】键解除。

5. 通常工作状态下,普速列车及动车组在自动闭塞和提速半自动闭塞区段LKJ均采用速度连续控制方式。牵引总重8 000 t及以上的货物列车,运行速度低于20 km/h时,取消监控装置紧急制动控制,但站内停车和防溜控制除外。

八、监控装置故障处理方法

1. 监控装置故障判断条件

(1)运行中监控装置自动转为降级状态时,机车乘务员确认监控装置显示的速度上下波动频繁或无实际速度显示并经人工切换速度通道无效时;

(2)运行中监控装置发生故障无法正常使用时,如定屏、黑屏等;

(3)运行中监控装置发生系统故障、声光报警时。

2. 监控装置故障处理

列车运行途中,监控装置发生故障(动车组ATP控车时除外)时,机车司机应立即停车,使用列车无线调度通信设备报告车站值班员或列车调度员,停车后处理方法如下:

(1)监控装置故障在区间停车后,机车乘务员应关机30 s内再开机,如恢复正常后可继续运行。若未恢复正常时,关闭监控装置,严格按地面信号机的显示要求(机车乘务员双班单司机值乘区段,必须执行双司机值乘,严格执行呼唤应答制度,及时车机联控),操纵列车以规定的速度运行至前方站停车处理。在自动闭塞区间列车运行速度不超过20 km/h(动车组不超过40 km/h);半自动闭塞区间列车运行速度最高不得超过60 km/h,在越过前方站预告信号机后以不超过20 km/h速度进站。

(2)运行至前方站停车后监控装置开机(如恢复正常,输入所在车站的车站号、选择原“车速等级”后,检查“开车”灯是否点亮,如点亮,运行至规定对标点处对标恢复监控),如仍未恢复正常,请求更换机车(动车组请求救援)。

(3)如监控装置发生故障直接停在站内,处理方法为关机30 s以上再开机,然后按第(2)条办理。

九、揭示解除

1. 解除临时限速、有计划的停用基本闭塞法改用电话闭塞法行车、有计划的使用绿色许可证、有计划的特定引导控制揭示的操作必须接到解除前发（有计划）临时限速、改用电话闭塞法、绿色许可证、特定引导的调度命令条件下方可进行下列操作。

运行中解除限速揭示的操作方法：机车乘务员接到取消前发（有计划）限速揭示调度命令时，距揭示地点 4 000 m 时，显示屏右上方自动弹出“前方控制揭示信息栏”，标明了前方各条控制揭示的信息，监控装置根据距离远近自动对各条揭示进行排序并编号；距揭示地点旅客列车 3 000 m、货物列车 2 000 m 时，语音提示。在速度不为 0 时，司机按压【转储】+相应【数字】键（揭示信息栏显示的对应揭示编号），弹出“取消调度命令”输入窗口，输入取消前发（有计划）命令的调度命令号，解除指定的某一条揭示，解除成功后显示屏左上方显示“取消揭示成功”提示栏。因监控装置屏幕显示器最多只能显示 8 条正在控制的揭示信息，如需解除未显示的揭示，须按压屏幕显示器【查询】+【3】，进入全部揭示查询界面解除需要解除的揭示，如图 8-21 所示。

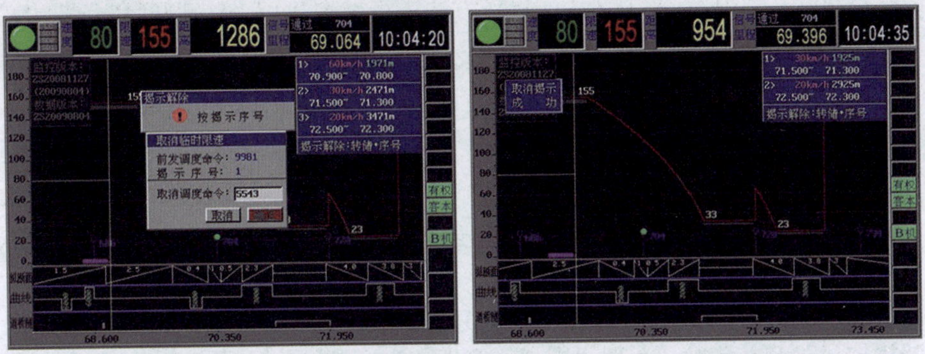

图 8-21　揭示解除

2. 运行中解除前发（有计划）改用电话闭塞法、绿色许可证、有计划的特定引导的操作方法：机车乘务员接到解除前发（有计划）改用电话闭塞法、绿色许可证、有计划的特定引导的调度命令时，当列车运行至进站信号机前，显示屏右上方自动弹出“前方控制揭示信息栏”，标明前方各条控制揭示的信息，司机按压【转储】+相应【数字】键（揭示信息栏显示的对应揭示编号），弹出“取消调度命令”输入窗口，输入调度命令号，解除监控装置对前发（有计划）改用电话闭塞法、绿色许可证、有计划的特定引导的控制。

某站存在有计划改用电话闭塞法行车、有计划使用绿色许可证发车，而列车不经由改用电话闭塞法行车、使用绿色许可证发车的信号机时，输入统一调度命令号“99”，解除监控装置对前发（有计划）改用电话闭塞法、绿色许可证的控制。

3. 通过查询当前揭示或全部揭示解除揭示控制的操作方法：机车乘务员接到解除前发（有计划）改用电话闭塞法、绿色许可证、有计划的特定引导、限速揭示的调度命令时，司机按压【查询】键后进入“查询选择”界面，将光标移动到“当前揭示”或“全部揭示”选项处，按压【确认】键，进入到“当前揭示信息查询”或“全部揭示信息查询”界面，将光标移动到“选择”项处，按压【确认】键，使用【↑】、【↓】方向键将光标移动到要取消的揭示条目上，按压【确认】键，光标自动转到“解锁”项处，同时选中的揭示变为蓝色（若要选择多条揭示时，重复上述选择过程；如要取消选择，将光标移动到“不选”项处按压【确认】键），按压【确认】键后显示屏弹出“取消调度命令”输入窗口，输入调度命令号后，按压【确认】键，光标移至“确定”项处，再次按压【确认】键，显示屏弹出“取消揭示成功”窗口，按压【确认】键，解除已选中的揭示，已解除的揭示变为红色，将光标移动到“返回”项处，按压【确认】键，退出“全部揭示信息查询”界面。

4. 乘降所揭示解除：列车距控制点 300 m 内停车后，监控装置自动解除；如列车距控制点 300 m 外停车，按上述 3 的操作方法进行操作，输入统一调度命令号“99”。

5. 相邻两站间一条经路内存在重复公里标（如长链）时或车载数据中某站内、场内不同经路存在重复公里标时，一条揭示会存在多个控制点，无揭示区段需人工解除揭示限速控制，输入统一调度命令号“99”。

6. 对于同方向同一个出站具有连续进站特定引导，需要解除（根据调度命令解除特定引导）时，监控装置一次性解除连续进站（接车进路）特定引导的揭示控制。操作如图 8-22 所示。

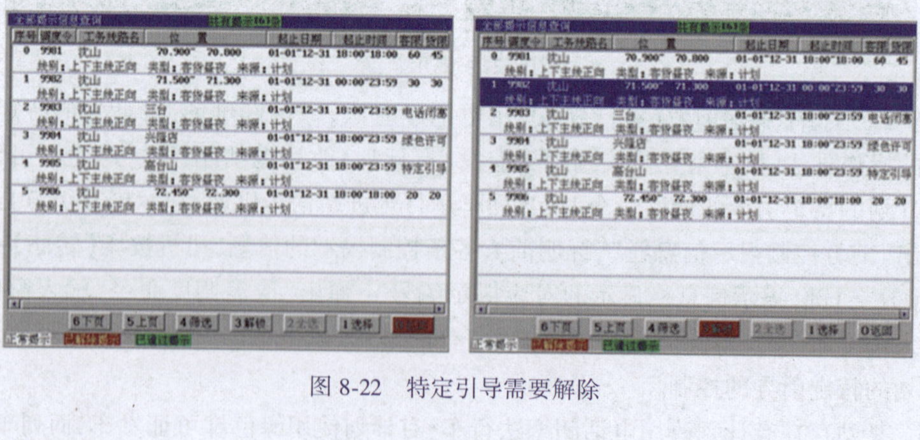

图 8-22　特定引导需要解除

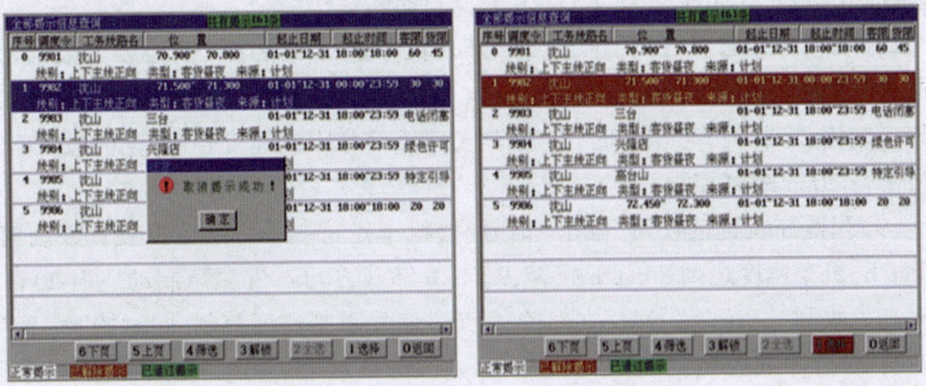

图 8-22 特定引导需要解除(续)

十、平面调车

1. 调车机车监控装置与平调设备连接配合使用时,司机须将“平调接口盒”上的开关置于 1 位,此时机车信号不能使用;当监控装置不与平调设备配合使用时,司机应将“平调接口盒”上的开关置于零位,机车信号正常使用。

2. 监控装置与平调设备配合使用时的平调控制模式及参数

(1)调车机车只有监控装置调车状态下,接收到平调信号方可进入平调模式。平调模式最高限制速度 41 km/h,速度达到 38 km/h 报警,39 km/h 卸载,41 km/h 紧急制动。

(2)当监控装置接收到“紧急停车”信号时,如机车有速度,监控装置限制速度立即降为 0 km/h,机车处于停车状态时,限制速度直接变为 3 km/h。此时动车速度达到 1 km/h 卸载,3 km/h 紧急制动,直至接收到其他平调信号后才能显示相应的限速值,司机方可动车。

(3)当监控装置接收不到平调信号或接收到非正常平调信号时,语音提示“信号故障”同时退出平调模式。

(4)当监控装置接收到“起动”信号时,监控装置限制速度 41 km/h,机车速度达到 38 km/h 报警,39 km/h 卸载,41 km/h 紧急制动。

(5)当监控装置接收到“推进”信号时,监控装置限制速度 31 km/h,机车速度达到 28 km/h 报警,29 km/h 卸载,31 km/h 紧急制动。

(6)当监控装置接收到“溜放”信号时,监控装置限制速度 31 km/h,机车速度达到 28 km/h 报警,29 km/h 卸载,31 km/h 紧急制动。

(7)当监控装置接收到“连结”信号时,监控装置限制速度 6 km/h,机车速度达到 3 km/h 报警，4 km/h 卸载，6 km/h 紧急制动。

（8）当监控装置接收到“十车”信号时，机车走行 50 m 后，监控装置限制速度 15 km/h，机车速度达到 13 km/h 报警，14 km/h 卸载，15 km/h 紧急制动。当 50 m 距离未走完收到“五车”信号时，立刻按“十车”信号限制速度控制，同时按“五车”信号走行 20 m 距离控制。

（9）当监控装置接收到“五车”信号时，机车走行 20 m 后，监控装置限制速度 10 km/h，机车速度达到 8 km/h 报警，9 km/h 卸载，10 km/h 紧急制动。当 20 m 距离未走完收到“三车”信号时，立刻按“五车”信号限制速度控制，同时按“三车”信号走行 20 m 距离控制。

（10）当监控装置接收到“三车”信号时，机车走行 20 m 后，监控装置限制速度 6 km/h，机车速度达到 4 km/h 报警，5 km/h 卸载，6 km/h 紧急制动。

（11）调车机车接收到平调信号进入平调控制模式后，未收到其他平调信号而直接收到“停车”（含“故障停车”信号，下同）信号时，如机车有速度，则信号延时 10 s（或走行距离延迟 100 m）后监控装置限制速度降为 0，机车处于停车状态时，限制速度直接变为 3 km/h，此时动车速度达到 1 km/h 卸载，3 km/h 紧急制动，直至接收到其他平调信号后才能显示相应的限速值，司机方可动车。以下各项机车停车后的控制模式与此项相同。

①“起动”信号后的“停车”信号，如机车有速度，则信号延时 10 s 后监控装置限制速度降为 0。

②“溜放”信号后的“停车”信号，如机车有速度，则信号延时 30 s 后监控装置限制速度降为 0。

③“溜放推进”后的“停车”信号，如机车有速度，则信号延时 30 s 后（或走行距离延迟 300 m）监控装置限制速度降为 0。

④“推进”信号后的“停车”信号，如机车有速度，则信号延时 10 s 后监控装置限制速度降为 0。

⑤“连结”信号后的“停车”信号，如机车有速度，则信号延时 5 s 后监控装置限制速度降为 0。

⑥当监控装置接收到“减速”信号时，维持前一平调信号限速不变；“减速”信号后的“停车”信号，如机车有速度，则信号延时 20 s 后监控装置限制速度降为 0。

⑦“十、五、三车”信号后的“停车”信号，如机车有速度，则机车走行 10 m 后监控装置限制速度降为 0。

⑧“收放权”信号后的“停车”信号，如机车有速度，则信号延时 10 s 后监控装

置限制速度降为0。

(12)当监控装置接收到与紧急停车信号相对应的紧急解锁信号时,如机车有速度,则输出紧急制动。

十一、防撞土挡装置控制模式

1. 防撞土挡功能仅在调车(含平调、出入库)状态有效,且不使用常用制动功能。

2. 预告点限速15 km/h,越过预告点150m后限速6 km/h,接收到绝对停车信号立即实施紧急制动。

3. 过预告点控制模式。调车机向土挡方向运行,收到预告点信号时,限速突降至15 km/h,程序记下该点位置及与机车运行方向的关系。此时机车速度如达到或高于15 km/h立即实施紧急制动,如机车速度低于15 km/h,越过预告点后,机车速度达到12 km/h语音报警,速度达到13 km/h卸载。

4. 降速点控制模式。机车维持运行方向不变越过预告点走行150 m后限制速度突降至6 km/h,此时机车速度达到或高于6 km/h速度实施紧急制动,速度达到3 km/h语音报警,速度达到4 km/h卸载。

5. 绝对停车点。速度低于6 km/h,机车维持运行方向不变运行至绝对停车点,机车实施紧急制动。停车后,下一次动车前必须按压【解锁】键解除停车控制,将限速抬升到6 km/h,否则动车即实施紧急制动。

6. 机车换向时控制模式。当机车经过预告点,监控装置调用相应限制速度后,如机车换向,监控限制速度上抬到进入防撞土挡控制模式前的调车最高限速41 km/h;如果机车换向后走行没有越过预告点又再一次换向,监控装置将根据机车位置恢复相应防撞土挡限速控制(15 km/h或6 km/h);如果机车换向后走行越过了预告点,监控装置将取消本次防撞土挡控制模式。

7. 退出调车状态防撞土挡功能随即取消,调车状态如果发现有误接收预告点或绝对停车点信号,可以通过退出并在速度为0条件下重新进入调车状态来清除程序记忆的点信号。

8. 如确实需要越过紧急点调车,可人为按压切除按钮,切断地面信号接收电路,但速度不允许超过3 km/h。

9. 在调车(含平调、出入库)状态下,经过自动过分相地感器轨枕时,可人为按压切除按钮,切断地面信号接收电路。

十二、信号突变

1. 在自动闭塞区段，当监控装置计算列车距前方信号机距离≤50 m时，机车信号由黄灯突变为红黄灯或白灯以及由双黄灯突变为红黄灯或白灯、由双黄闪灯突变为红黄灯，监控装置自动解除对当前信号机的停车控制，不报“信号突变”，并将计算的剩余里程消除，按距次一信号机的距离监控列车运行。消除剩余里程时语音提示“注意距离”。在自动闭塞区段，监控装置计算列车距前方信号机距离>50 m时按停车模式控制，如满足制动条件将实施制动控制。

2. 在半自动闭塞区段，当监控装置计算列车距前方信号机距离≤100 m时，机车信号由黄灯突变为红黄灯或白灯，以及由双黄灯突变为红黄灯或白灯、由双黄闪灯突变为红黄灯，监控装置持续发出“信号突变”语音报警，司机7 s内按压【警惕】键后停止报警，并解除对当前信号机的停车控制，按次一信号机的显示要求监控列车运行；如果7 s内未按压【警惕】键，监控装置将实施紧急制动。如在报警期间，实际速度未超过限速值改按停车模式控制。在报警期间过机，自动解除停车控制，下一分区按其信号显示要求控制。

在半自动闭塞区段，当监控装置计算列车距前方信号机距离>100 m时，按停车模式控制，如满足制动条件将实施制动控制。

十三、到着退勤

1. 站交机班到着后，司机要将本次乘务中所形成的文件，全部转储到“IC卡”中，方法如下：

在速度为0时插入“IC卡”，按压【转储】键后屏幕进入“文件转储”界面选择文件，开始转储。屏幕下边是功能选择按钮，将光标移到相应按钮上按压【确认】键，就可以执行相应的功能。屏幕上边为文件目录栏，绿色的文件是已经转储过的文件，蓝色是选中的文件。目录栏下方有一个滚动条，指示目前显示的位置。功能按钮如图8-23所示，分别为

(1)“1选择文件”：

进行手工文件选择，此时文件目录栏内出现一个光标条，可以用四个方向键移动光标条到欲转储文件，按压【确认】键选中这个文件。选中后光标条移到下一个文件，同时选中文件变成蓝色。如果想取消已经选中的文件，只需将光标条移到所选文件，再次按压【确认】键即可取消这个文件的选择。

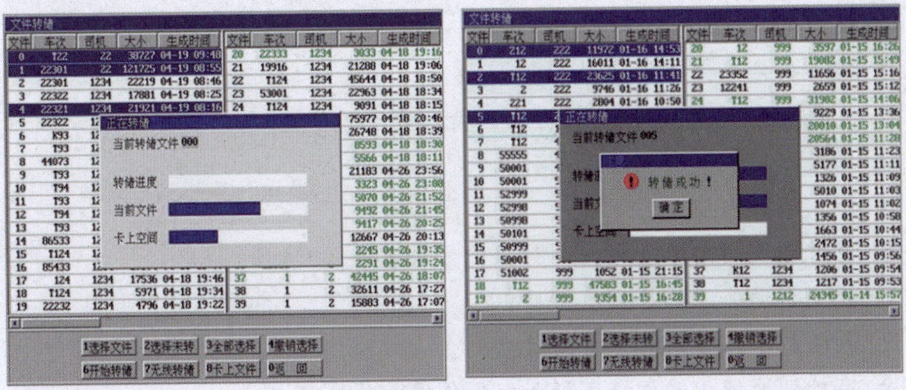

图 8-23　到着退勤

(2)“2 选择未转”:选中全部尚未转储过的文件。

(3)“3 全部选择”:选中全部文件。

(4)“4 撤销选择”:撤销全部选择。

(5)“6 开始转储”:开始转储选择的文件。

(6)“7 无线转储”:(暂未使用)。

(7)“8 卡上文件”:显示当前已经转储到“IC 卡”中的文件列表。

(8)“0 返回”:退出转储窗口。

在转储过程中,会弹出一个指示转储情况的窗口,上面是当前正在转储的文件名,下面的三个进度条分别指示整个转储的进度、当前文件进度和“IC 卡”空间使用情况。转储完毕会出现转储成功或失败的提示,按压【确认】键返回文件选择窗口,此时可以选择退出或继续进行下次转储。

转储成功后,按压【确认】键返回“8 卡上文件”选项处,再次按压【确认】键,检查卡上文件,确认无误后按压【确认】键退出转储界面。

2. 终着机班列车终着后按压【调车】键进入调车状态,走行至入段闸楼处,按压【出入库】键进入入段状态。

3. 全员到退勤调度员处插卡退勤,待监控记录文件检索分析无异议,办理完退勤手续后将“IC 卡”交机车乘务员。

复习思考题

1. 哪些条件下终止警惕功能？
2. 支线号和支线、侧线同时存在的输入方法是什么？
3. 连续车场侧线输入方法是什么？
4. 解锁键如何使用？
5. 有计划使用路票反方向运行操作方法是什么？
6. 产生自动降级的原因有哪些？
7. 判断机车信号故障条件是什么？
8. 有计划地使用绿色许可证如何操作监控装置？
9. 速度通道切换方法及注意事项是什么？
10. 发生常用制动后如何解锁？
11. 什么是相位防溜？

第九章

CIR、LBJ 与 G 网操作

知识目标

通过学习,掌握 CIR、LBJ 与 G 网的各项基本操作。

能力目标

能够在实训设备上进行熟练操作。

素质目标

正确判断使用时机,保障铁路运输安全。

第一节　CIR 操作

一、CIR 设备组成与介绍

机车综合无线通信设备(CIR)由主机、操作显示终端(简称"MMI")、送受话器、扬声器、打印终端、天线及连接电缆等组成,如图 9-1 所示。

二、CIR 按键布置

MMI 的按键分为可配置式按键、数字字母输入按键、功能按键和列尾按键,如图 9-2 所示。

三、模式选择与线路选择线路

1. 自动选择线路

(1)在 MMI 主界面下按【设置】键,进入设置界面。

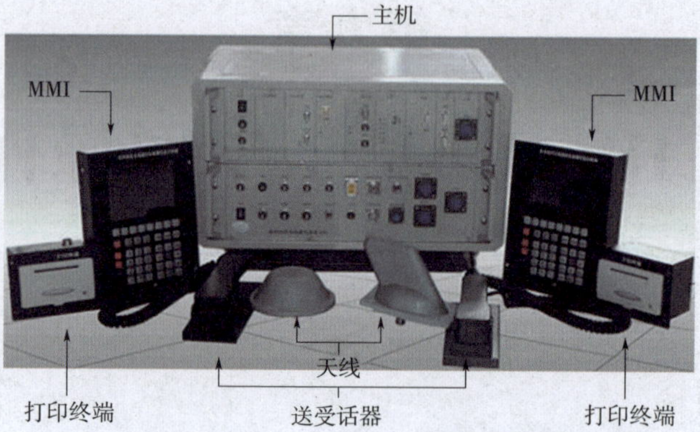

图 9-1　CIR 设备

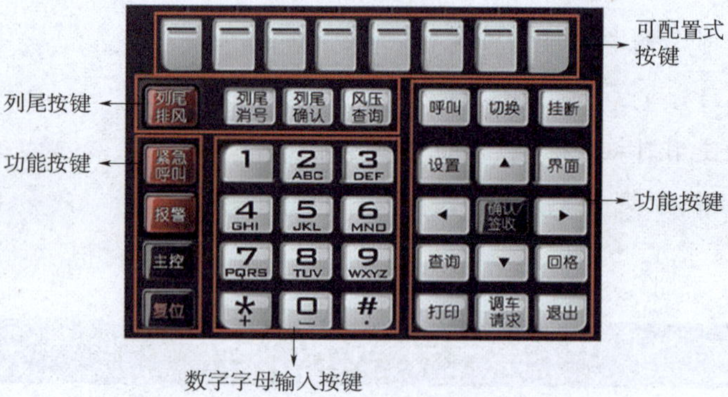

图 9-2　CIR 按键布置

（2）根据屏幕提示按方向键将光标移动到“2、运行区段”，也可以按数字键【2】快速定位至选项，按【确认/签收】键进入“线路选择”界面。

（3）移动光标到“1、自动”，再次按【确认/签收】键，此时 CIR 设置为线路自动切换模式，如图 9-3 所示。

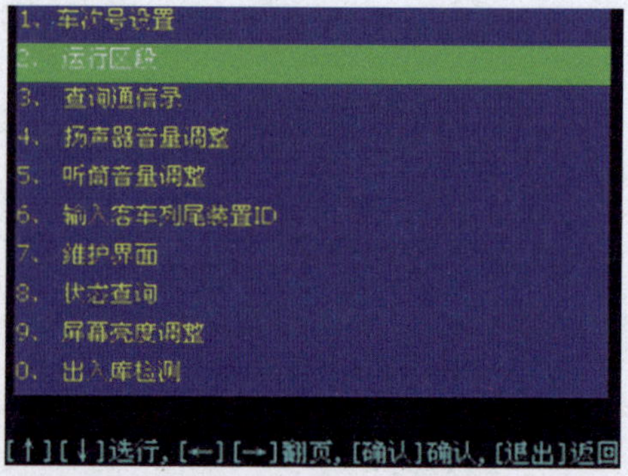

图 9-3　自动选择线路

2. 手动选择线路

（1）在 MMI 主界面下按【设置】键，进入设置界面，选择“2、运行区段”。

（2）按【确认/签收】键进入“线路选择”界面，此时屏幕上会列出所有的路局。选择路局后按【确认/签收】键，此时屏幕上列出该路局全部运行线路。

(3)选中线路后，再次按下【确认/签收】键，此时CIR设置为线路手动切换模式。

3. 运行线路人工选择

除以上所述自动、手动选择线路的方式外，CIR在自动工作方式下还具有人工选择运行线路及通信模式的功能，当MMI发出语音提示"通信转换，请选择线路"时，司机可按【切换】键调出线路选择界面，选择运行线路。

四、车次号注册与车次输入规范

CIR在GSM-R模式下必须进行车次号注册，在450 MHz模式下必须进行车次号设置。

在主界面下按MMI【设置】键，进入设置界面。将光标移动至"1、车次功能号注册"并按【确认/签收】键。

1. 车站给机车乘务员提供的《列车编组通知单》上的车次号必须与阶段计划开行的车次号完全一致；

2. 车次号中不得含有汉字，只准许车次号前两位含有字母或数字，其他位置均须为数字，其格式为××+数字；

3. 机车乘务员在LKJ输入车次时，如无法输入字母时只输入数字部分(或按规定输入)，在CIR电台中输入G网注册的车次号要按《列车编组通知单》上的车次号完整输入；

4. 机车乘务员在车站接车后或出库挂头后必须按第3条要求分别在LKJ和CIR中输入正确车次；

5. 遇有LKJ输入车次号与CIR输入车次号无法一致时，操作LKJ开车对标后乘务员必须重新修改CIR的车次号(按车站给定的车次号修改)；

6. 在变更车次地点机车乘务员必须重新修改CIR的车次号，变化后的车次号由车站值班员(或胜任人员)通知机车乘务员(该车次号须与阶段计划的车次号一致)，如图9-4所示。

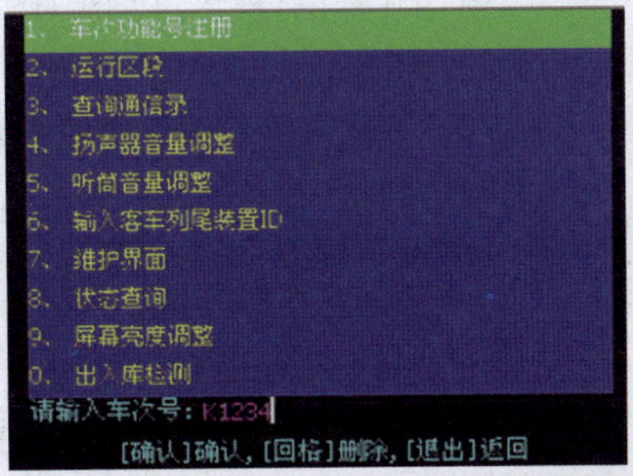

图9-4　车次号注册与车次输入规范

五、使用 G 网车机联控

按键可以显示“调度、连续四个车站、车长、邻站组呼、站内组呼”，四个连续车站在已选择正确的线路后利用北斗/GPS 定位延续显示，如图 9-5 所示。

六、调度命令与进路预告签收

司机阅读完调度命令信息后按【确认/签收】键签收。较长的调度命令会分页显示，司机应阅读完后再签收。如果未阅读至最后一页按【确认/签收】键，MMI 会提示“请阅读完再签收”，如图 9-6 所示。

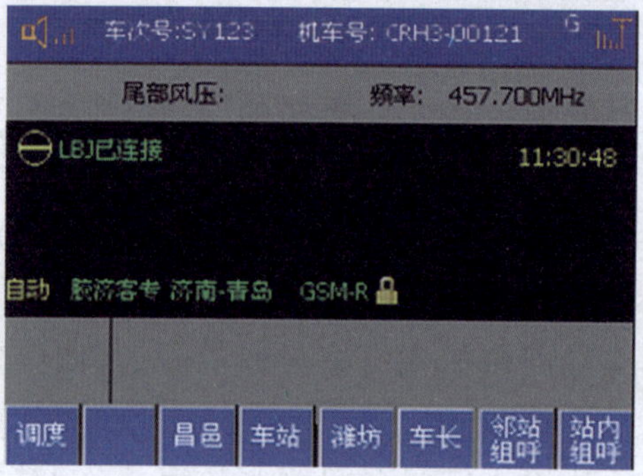

图 9-5　使用 G 网车机联控

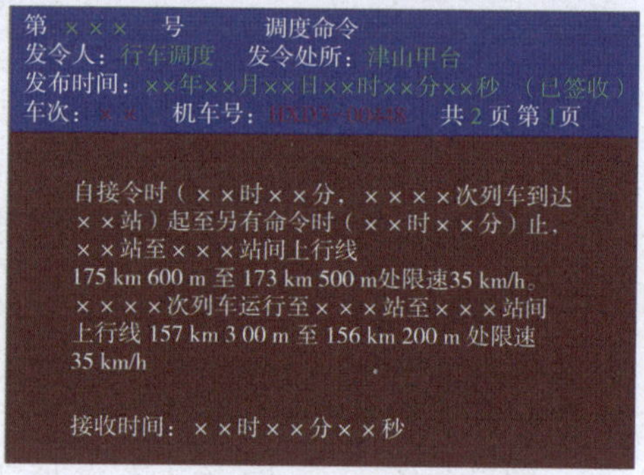

图 9-6　调度命令与进路预告签收

七、CIR 电台的应急故障处置

1. CIR 车载设备故障而 450 手持电台或 G 网手持台正常，运行中按操作端显示屏（MMI）的【复位】键 3 s 以上，对 CIR 整机进行重启复位。如重启后 CIR 设备仍故障时，司机应使用 GSM-R 持手台 或无线对讲设备与列车调度员（车站值班员）等行车人员联系 办理行车通信业务。在前方停车站停车后关闭电源 3 min 后再进行重启处理。

2. 如 450 手持电台或 G 网手持台也不能进行通话，司机应在前方站停车报告。

3. CIR 关机后再开机，如果不超过 1 h，开机后按关机前的状态进入 450 MHz 模式或 GSM-R 模式主界面；如果超过 1 h，开机后按 450 MHz 模式显示主界面。司机开机后应注意当前显示主界面的模式是否符合担当区段的使用模式。

第二节 LBJ报警系统的应用

一、LBJ操作使用

1. CIR开机加电后,MMI主界面安全预警显示区显示LBJ工作状态指示图标和“LBJ已连接”字符提示。

2. 使用LBJ发出报警条件:

(1)首先要正确选择线路,将沈阳局管内除高铁、客专线路外其他既有线路定义为“沈局线路”。

(2)使用报警条件:

①列车遇到线路塌方、道床冲空等危及行车安全的突发情况时。

②列车被迫停车可能妨碍邻线时。

③列车在区间被迫停车不能继续运行需要防护时(机车故障常用制动停车时除外)。

④单机区停必须使用LBJ报警;单机区停是指自动闭塞区间单机运行紧急排风或使用紧急制动停车,或者停车时停在调谐区内。

3. 使用LBJ发出报警操作:

列车当前速度为0时(列车处于停车状态),列车司机应持续按下MMI【报警】键3 s以上,MMI发出“按确认键发送报警信息”的语音提示,同时MMI显示屏显示“按【确认】键发送报警信息,按【退出】键返回”和8 s倒计时提示信息。在随后的8 s时间内,继续按下【确认/签收】键,LBJ开始发送列车防护报警信息;如不按下【确认/签收】键,8 s计时到,提示信息清除,退出列车防护报警发送启动状态;按【退出】键直接退出发送列车防护报警启动状态。

4. 发出及接收LBJ报警的MMI图标表示方法:

(1)两个黄色的半空心圆表示LBJ未发送过列车防护报警信息,也未接收过报警信息;

(2)一个黄色的上半实心圆和一个黄色的下空心圆表示LBJ已发送过列车防护报警信息,未接收过报警信息;

(3)一个黄色的上半空心圆和一个黄色的下实心圆表示LBJ未发送过列车防护报警信息,但已接收过报警信息;

(4)一个黄色的上半实心圆和一个黄色的下实心圆表示LBJ已发送过列车防

护报警信息,也接收过报警信息。

5. 接到 LBJ 报警处置:

(1)运行中列车收到无线防护报警信息时司机须立即停车(万吨及百辆以上列车司机须使用常用制动停车),同时司机应认真查看 CIR 操作显示终端上显示的报警信息,向列车调度员(车站值班员)报告,按【确认】键确认收到信息,关断(自动)报警语音提示。并按下述情况办理:

(2)停车后报警线路和地点与本列车运行线路相关、可能影响本列车运行安全时,不得擅自起动列车继续运行,按列车调度员(车站值班员)指示办理。

(3)停车后报警线路和地点与本列车运行线路无关时,列车可按正常速度继续运行。遇报警信息内容不完整或有疑问时,应及时联系本线列车调度员(车站值班员)确认后,方可继续运行。

第三节　GSM-R 工作模式操作方法

一、输入车次号并进行功能号注册

按【设置】键进入设置页面,选择“1、车次号功能号设置、注册”,输入车次号后,按【确认/签收】键进入牵引任务选择页面,选择本/补后注册,如图 9-7 所示。

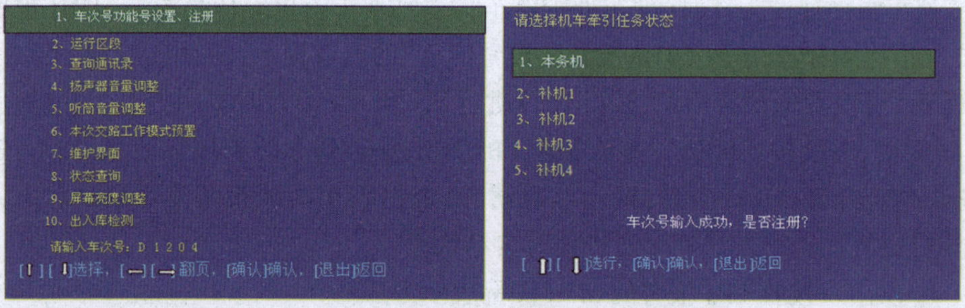

图 9-7　输入车次号并进行功能号注册

二、GSM-R 呼叫使用方法

1. 功能按键呼叫

在主界面的最下端有八个按钮对应屏幕下方的八个按键,按下相应的按键分别可以呼叫“前方调度”“调度”“前站”“本站”“后站”“车长”“邻站组呼”“站内组呼”。

注：只有在车次号注册成功后，【车长】键才为可用按键，前站、本站、后站在实际运行中根据 GPS 信息显示实际对应的站名。

例如：按【调度】键，屏幕下方状态栏提示“正在呼叫调度员……”，如果呼叫建立了，状态栏提示“↗调度员”，摘机可直接通话。如果发起的是组呼则需按 PTT 抢占成功才可以通话。直接挂机或按面板上的【挂断】键离开。GSM-R 呼叫使用方法如图 9-8 所示。

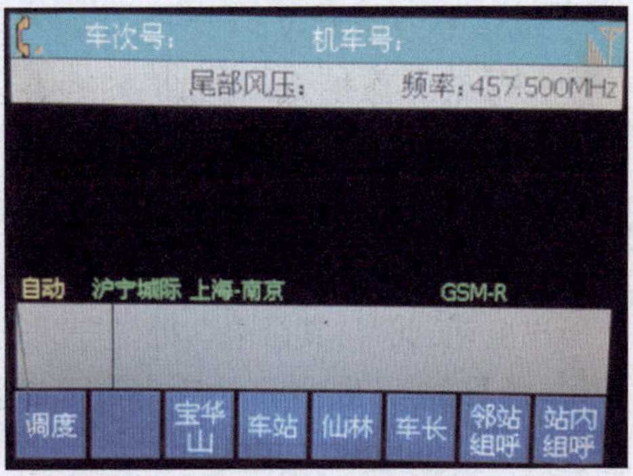

图 9-8　GSM-R 呼叫使用方法

2. 功能号呼叫

(1)在 GSM-R 工作模式下，当 SIM 卡正确开户，本系统可以利用机车号功能号或车次号功能号进行呼叫，可以呼叫在网络覆盖范围内的所有已注册列车。

(2)在 GSM-R 工作模式主界面下按数字键输入要呼叫的车次号功能号，按【回格】键可删除输错的数字或字母，按【退出】键，退出输入回到初始状态。正确输入要呼叫的车次号功能号，按【呼叫】键，发起呼叫，状态栏提示“正在呼叫×××……”，如果呼叫建立，则状态栏提示“↗×××”，摘机可直接通话。

(3)拨号规则：车次号功能号 2+车次号+功能代码；机车号功能号 3+机车号(代码)+功能代码；如：呼叫车次号××××，司机输入××××；呼叫车次号××××，运转车长输入××××；呼叫机车号××××，司机输入××××。

3. ISDN 拨号呼叫

在 GSM-R 工作模式下，将 SIM 卡正确开户，本系统支持 GSM-R 拨号呼叫，可以呼叫 GSM-R 手机，固定电话及有相应功能的机车 CIR。在 GSM-R 工作模式主界面下直接按数字键可输入要呼叫的电话号码，按【回格】键可删除输错的数字或字母，按【退出】键，退出输入回到初始状态。正确输入要呼叫的电话号码，按【呼叫】键，发起呼叫，状态栏提示“正在呼叫×××××……”，如果呼叫建立，则状态栏提示“↗×××××”。

4. 个呼呼入

收到 GSM-R 个呼呼叫，如扬声器会发出“嘟……嘟……”重复振铃声，状态栏提示“××××××××(电话号码)呼入……”或“××××次列车××××(功能号)呼入……”，摘机后，状态栏显示“↘××××××××(电话号码)”“↘××××次列车××××(功能号)”，摘机后，按 PPT 可以通话。收到 GSM-R 组呼呼叫，如扬声器会发出“嘟……”声后自动接通，此时在扬声器里可听到通话声，状态栏提示“↘×××组呼”，摘机后，按 PTT 可以通话。

5. 多个电话呼入

GSM-R 工作模式下，如果同时有多个呼叫呼入时，自动接入优先级高的电话，其余电话处于守候状态，屏幕右下角会显示守候电话的数目，可利用【↑↓】键选择。再按【切换】键切换到所选电话，此时，其余电话处于守候状态，如果按【挂断】键则挂断当前电话，系统自动接入下一个优先级高的电话，如图 9-9 所示。

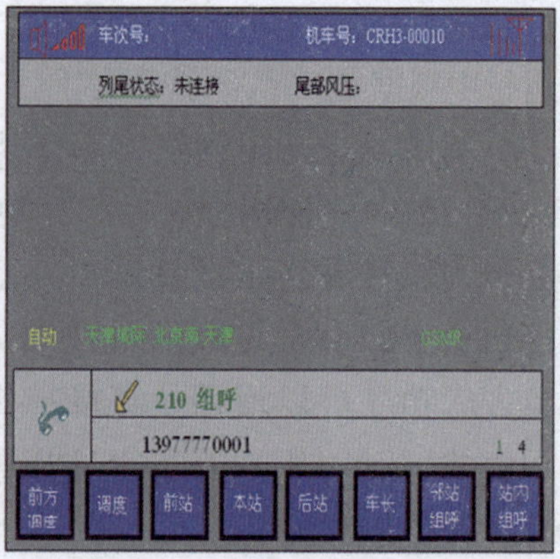

图 9-9　多个电话呼入

三、450 MHz 模式使用方法

1. 呼　　出

在 GSM-R 工作模式主界面，可进入功能设置界面，手动切换进入 450 MHz 工作模式主界面，再发起 450 MHz 呼叫。

2. 呼　　入

如果收到 450 MHz 呼叫，“接收”灯变为绿灯，扬声器会发出“对方呼叫”声，状态栏提示“××××（调度、隧道司机、隧道车站、平原司机、平原车站）呼入……”，如果呼叫建立则自动接通到扬声器，状态栏显示“↙××××”，如果摘机，则接通到听筒里，按 PTT 可以说话。

四、接收调度命令

主机收到 CTC/TDCS 发来的调度命令，MMI 进入调度命令工作界面，屏幕显示调度命令内容及相关信息，如图 9-10 所示。

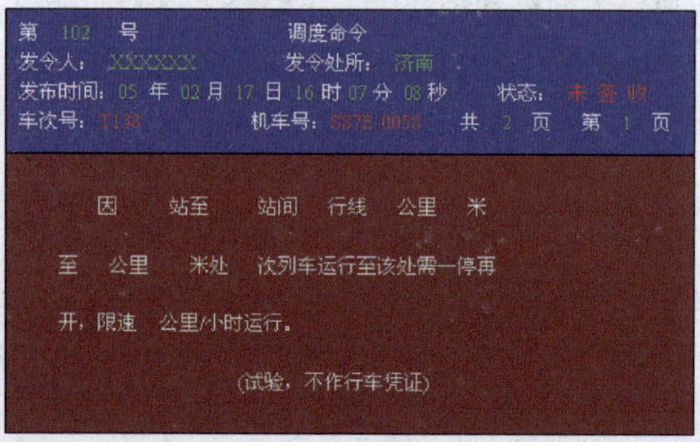

图 9-10　接收调度命令

五、查询调度命令

按控制面板上的【查询】键进入调度命令查询界面,按【↑↓】键移动绿色光带进行选择,按【确认/签收】键选中。当选中"1、调度命令"或"2、行车凭证""3、调车作业单""4、进路预告"则显示最新十条命令,如图9-11所示。

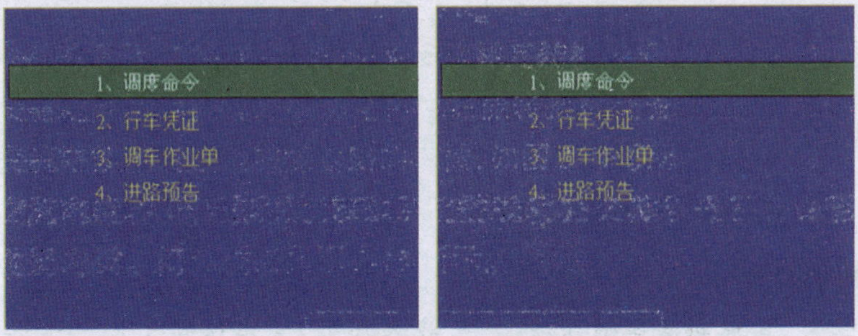

图9-11　查询调度命令

注:红色字体表示未签收的命令,白色字体表示此条命令已签收。

复习思考题

1. CIR车次号注册与车次输入规范是什么?
2. CIR电台的应急故障处置有何规定?
3. 使用LBJ发出报警条件有何规定?
4. GSM-R呼叫使用方法是什么?
5. 450 MHz模式使用方法是什么?

第十章

列尾操作、运统1操作与轴温报警装置

知识目标

通过学习,掌握列尾按键功能,列尾基本操作;掌握运统1操作方法及注意事项;掌握轴温报警装置操作方法及注意事项。

能力目标

能够在列尾装置上熟练操作,以及提高异常情况处置能力;确保货运数据准确无误,安全正点,提高运输效率;提高运行中处置故障能力,保障运输通畅。

素质目标

树立安全意识,提高非正常情况下处置判断能力,防止放飏事故,保障行车安全;树立遵守规章制度的责任意识,保证行车安全;树立严格按标准操作,提高故障判断能力。

第一节 列尾操作

一、800兆列尾使用方法

1. 开机:将行车设备柜主机开关及列尾控制盒侧面开关均至开位,确认列尾控制盒上电。

2. “一对一”关系建立方法:

(1)司机得到车站列尾主机安装完毕的通知,按其【风压】键,听到回示语音“×

机车(8 位机车号码),风压×××(kPa)”,以及看到列尾控制盒列尾主机 ID 号码和“已连接”显示正确后,即完成“一对一”关系建立。

(2)司机听到列尾主机发送“×号”(6 位列尾主机号码,下同)等待确认的提示语音时,核对列尾控制盒“列尾 ID”栏闪烁显示的列尾主机号码无误,并确认列尾控制盒“工作状态”栏在“未连接”的状态下,按其【确认】键,即完成“一对一”关系建立。

3. 列尾各键使用功能,如图 10-1 所示。

(1)风压键:

设检充点车站建立一对一关系时,按压【风压】键查询列尾风压,首次查询核对显示屏显示的列尾 ID 号与通知的 ID 号是否一致。执行列尾“八必查”,使用【风压】键查询列尾风压。

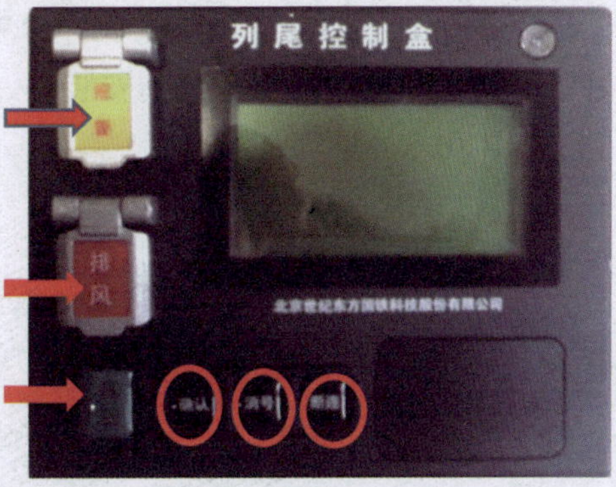

图 10-1　列尾各键

(2)确认键:

未设检充点车站建立一对一关系时,即:听到列尾主机发送“×号(6 位列尾主机号码)等待确认(请输号)”的提示语音时,核对列尾控制盒“列尾 ID”栏闪烁显示的列尾主机号码无误,并确认列尾控制盒“工作状态”栏在“未连接”的状态下时。

(3)断连键:列车终到后,确认已实施最大减压后,按压【断连】键,断开列尾连接。

(4)消号:在无检充点车站由车站人员配合重新建立“一对一”关系时,以及区间请求救援需断开列尾连接时。

(5)排风键:列车运行中,司机发现列车制动不正常或判断列车折角塞门关闭时,如图 10-2 所示。

图 10-2　列尾各键使用功能

二、WTSJ-Ⅰ型列尾机车控制盒使用

1. 机车主机部分

(1)主机保险。

(2)主机电源开关(司机列尾控制盒无电源开关),开→ON,关→OFF。

(3)HXD3B 型电力机车安装一台主机,两端司机室分别设有一个列尾控制盒;HXD2 型电力机车两节车分别安装有一台主机,两端司机室分别设有一个列尾控制盒,如图 10-3 所示。

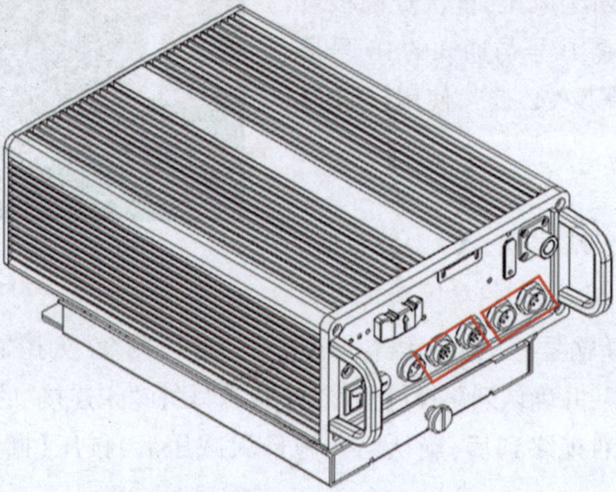

图 10-3　WTSJ-Ⅰ型列尾机车控制盒

2. 列尾控制盒部分

(1)开　　机

打开列尾机车台主机电源开关,主机和列尾控制盒上电开机,列尾控制盒显示开机界面。列尾机车台配置双列尾控制盒。在“未连接”状态下,开机后两个列尾控制盒均进入副控状态,按下【Fn】键 3 s 后向列尾机车台主机申请主控权,申请成功后进入主控状态。一端进入主控状态,另一端自动进入副控状态。

(2)复　　位

按压【复位】键 3 s 以上,列尾机车台整机复位重启(包括列尾机车台主机和列尾控制盒)。复位滞后显示屏显示“未连接”,重新按压【查询】键即可。

(3)建立连接

①在有列尾检充点的车站,按压【查询】键进行连接,连接成功后列尾控制盒液晶屏上显示状态为“已连接”,并显示当前风压。

②按下列尾控制盒【确认】键进入手动输入列尾 ID 界面。通过数字键输入 6 位列尾 ID 后按下【确认】键确认。连接成功后列尾控制盒液晶屏上显示状态为“已连接”，并显示当前风压。

③中间站临时使用列尾时，收到列尾主机的输号请求后列尾控制盒语音提示“××××××列尾装置等待确认”，按压【确认】键，确认当前 ID 号正确后，再次按压【确认】键，连接成功后列尾控制盒液晶屏上显示状态为“已连接”，并显示当前风压。

3. 各功能键使用

(1)断　　连

需断连操作时，首先按压【断连】键，5 s 内再按压【确认】键(此组合操作需在 5 s 内完成)。断连成功后，列尾控制盒语音提示“断连成功”，列尾指令区显示“断连成功”，列尾状态显示“未连接”。

(2)消　　号

需消号操作时，同时按压【确认】键+【查询】键，消号成功后，列尾控制盒语音提示“××××机车，消号成功”，列尾状态显示“未连接”。

(3)排　　风

按下列尾控制盒【排风】键 3 s 以上，列尾控制盒语音提示“××××机车，排风”，如图 10-4 所示。

注意：排风期间所有按键无效且按键无法打断语音提示！

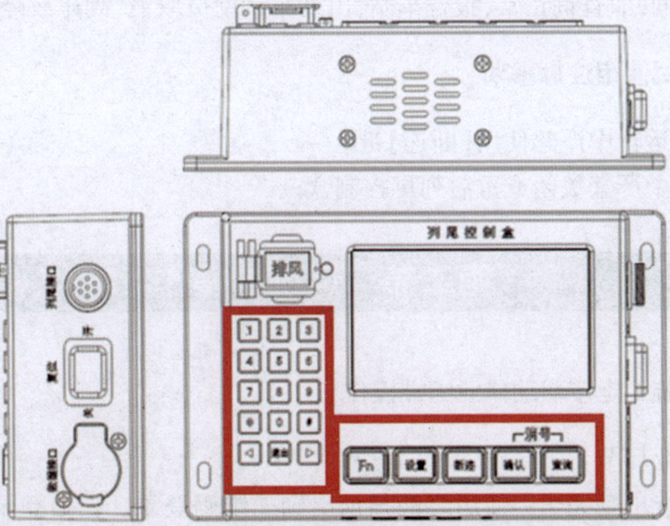

图 10-4　列尾控制盒部分

三、列尾装置故障处理

1. 始发站列尾无法建立“一对一关系”或列尾建立“一对一关系”后查询不到风压的处理办法：

(1)确认列尾控制盒机车号、列尾主机 ID 号是否正确(HXD₂ 型机车关闭非操纵节控制盒及主机)。

(2)如列尾主机 ID 号与实际不符时,按压列尾控制盒上【断连】键后,重新按压【查询】键连接。

(3)立即通知车站进行处理。

2. 发现列尾风压与机车风压不一致时的处理办法：

(1)始发站发现列尾风压与机车风压不一致立即通知车站。

(2)运行中发现列尾风压与机车风压不一致应立即解除机车牵引力,使闸停车。

3. 运行中列尾查询不到风压的处理办法：

报告车站,持续查询,按调度员指挥办理。

4. 列尾故障情况下需要发车时的处理办法：

(1)通知车站,由车站人员组织进行简略试验。

(2)有检充点的车：简略试验后开车,开车后继续查询,仍查询不到风压时报告车站,由调度员发布“列尾故障调度命令”。

(3)无检充点的车站：必须有“列尾故障调度命令”并进行简略试验后开车,开车后继续查询,如查询正常,报告车站,由列车调度员取消“列尾故障调度命令”。

四、列尾使用注意事项

1. 列车运行中严禁使用【断连】键。

2. 运行中严禁关闭或重启列尾控制盒。

第二节　运统 1 操作

一、运统 1 电子移动作业终端操作

出勤作业环节：

运安系统出勤完毕→使用终端扫描出勤二维码登录。扫描登录失败,采取输入司机代码+人脸识别等方式登录。如人脸识别登录失败,则手动输入密码进行登

录。(密码为司机代号的最后四位数字)登录后,核对、确认出勤信息,若出勤信息获取不成功或不完整,需手工补全相关信息。点击信息确认后进入“司机作业”页面,如图 10-5 所示。

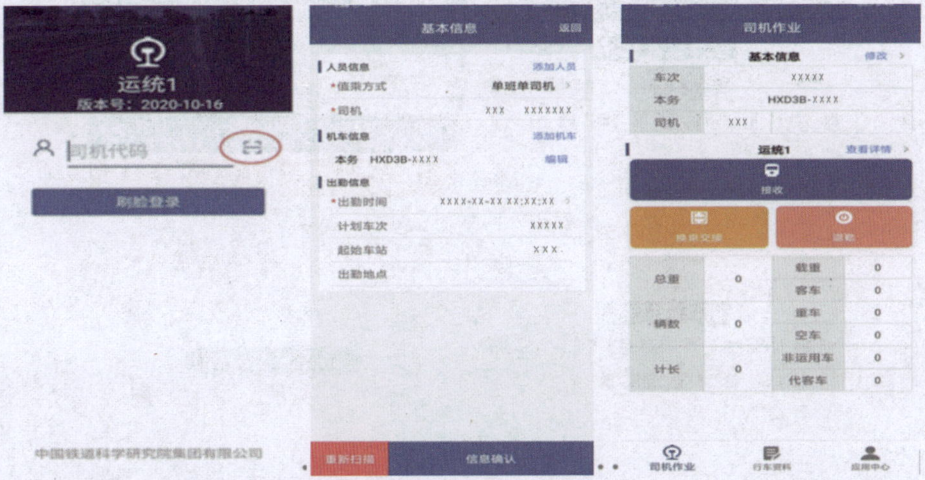

图 10-5　运统 1 电子移动作业终端操作

二、始发作业环节

1. 得到车站通知挂车股道及开行车次后,进入作业页面,点击“接收”按钮,确认车站、车次、股道准确无误后点击“接收”按钮,如图 10-6 所示。

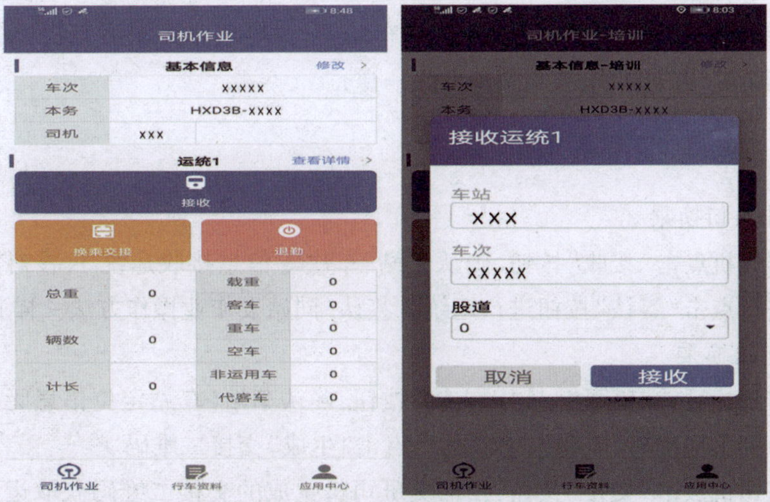

图 10-6　始发作业环节

2. 生成货运列车编组通知单(运统1乙)，点击【签认】键，进入司机作业主界面，如图10-7所示。

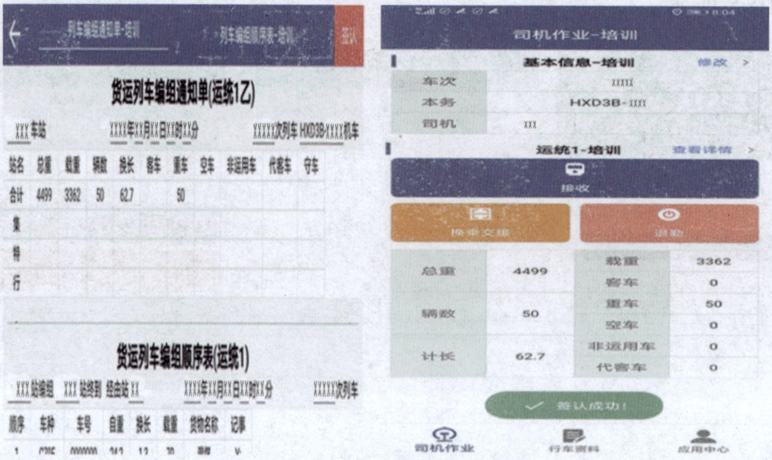

图10-7　始发作业环节

三、终到作业环节

机车乘务员无需进行运统1交付作业。

四、换挂作业环节

1. 机车乘务员无需进行运统1交付作业。

2. 接班司机点击“接收”按钮，确认车站、车次等信息无误后点击“签认”按钮进行运统1签认(同始发作业操作方法一样)。

五、换乘作业环节

1. 非对口换乘

接班司机点击“接收”按钮，确认车站、车次等信息接收运统1，核对相关信息无误后进行点击“签认”按钮进行运统1签认(同始发作业操作方法一样)。

2. 对口换乘

列车到达后，交班司机点击“交接”按钮，确认车站(车站定位信息无法自动识别或者识别不准确时，需要手工输入)，点击“生成”交接二维码。

接班司机点击“交接”按钮，扫描交班司机生成的交接二维码获取运统1相关信息，核对无误点击“签认”按钮进行签认，如图10-8所示。

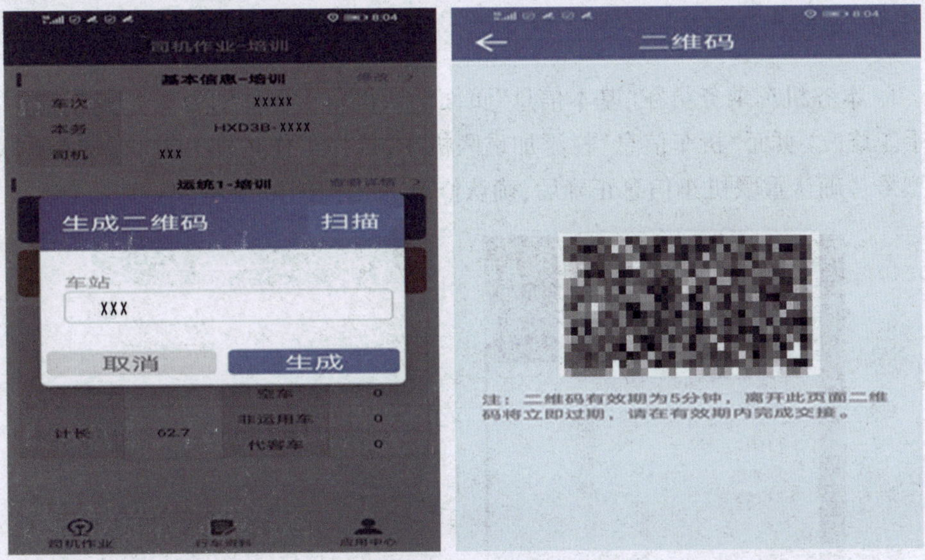

图 10-8　换乘作业环节

六、摘挂作业环节

1. 机车乘务员无需进行运统1交付作业。

2. 接班司机点击“接收”按钮，确认车站、车次等信息无误后点击“签认”按钮进行运统1签认（同始发作业操作方法一样）。

七、退勤作业环节

司机点击“退勤”按钮，扫描退勤二维码。核对相关信息，确认无误后点击右下角退勤按钮退出运统1App，如图10-9所示。

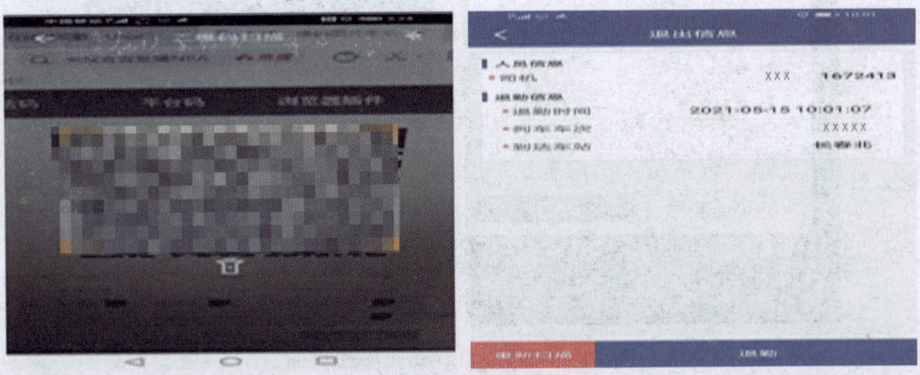

图 10-9　退勤作业环节

八、重联作业环节

1. 本务机车乘务员在“基本信息”页面确认机车工作种别为本务。在“基本信息手工修改”页面“机车信息”栏添加重联机车，选择工作种别为重联、录入重联机车型号。确认重联机车信息正确后，确认修改，如图 10-10 所示。

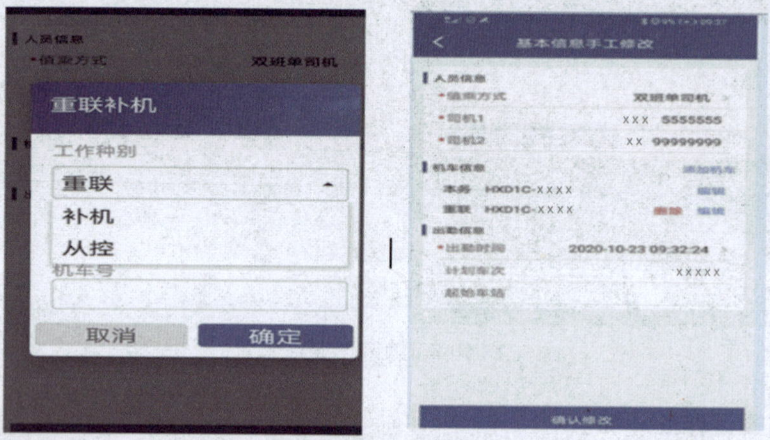

图 10-10　重联作业环节

2. 重联机车乘务员在“基本信息”页面修改担当机车工作种别为“重联”。重联司机确认修改后，生成重联司机操作界面，如图 10-11 所示。

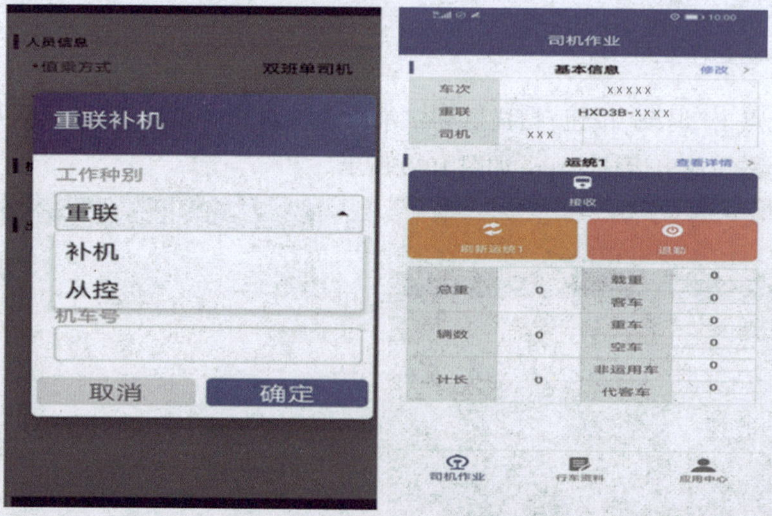

图 10-11　生成重联司机操作界面

3. 本务司机接收、签认运统 1，重联机车点“刷新运统 1”共享本务机车的运统 1 信息。

4. 结束重联工作时：重联机车乘务员可以通过点击“刷新运统 1”按钮，接收新的重联任务，自动结束当前的重联工作；或者通过点击“接收”按钮，输入下一趟任务的起始车站及车次，自动结束重联工作；或者通过点击“退勤”按钮，扫描退勤二维码或者在退出信息页面输入到达车站完成退勤，自动结束重联工作。

九、补机作业环节

1. 本务机车乘务员在“基本信息”页面确认担当机车工作种别为本务。在“基本信息手工修改”页面“机车信息”栏添加机车，选择工作种别为“补机”，录入补机机车型号。

2. 补机机车乘务员在“基本信息”页面修改担当机车工作种别为“补机”。

3. 本务机车乘务员接收签认运统 1。补机机车共享本务机车的运统 1 信息。

4. 结束补机工作时：补机机车乘务员可以通过点击“刷新运统 1”按钮，接收新的补机任务，自动结束当前的补机工作；或者通过点击“接收”按钮，输入下一趟任务的起始车站及车次，自动结束补机工作；或者通过点击“退勤”按钮，扫描退勤二维码或者在退出信息页面输入到达车站完成退勤，自动结束补机工作。

十、变更运统 1 作业

1. 机车乘务员已接收签认电子运统 1 后，车站需变更运统 1 内容时应重新发送电子运统 1，并通知机车乘务员重新接收签认运统 1。电子运统 1 信息平台自动发送变更通知至移动作业终端，在“应用中心”选项内显示消息通知，如图 10-12 所示。

2. 机车乘务员查看运统 1 变更通知，核对信息无误后确认变更。如果移动作业终端未收到运统 1 变更通知等时，机车乘务员可利用移动作业终端确认车站、车次重新接收运统 1，核对相关信息无误后进行签认。

十一、变更车次(因运行方向变化)作业

系统自动按 TDCS 运行线修正车次信息并向移动作业终端发送车次变更通知，司机可以查看变更通知(操作与第十项变更运统 1 作业相同)。

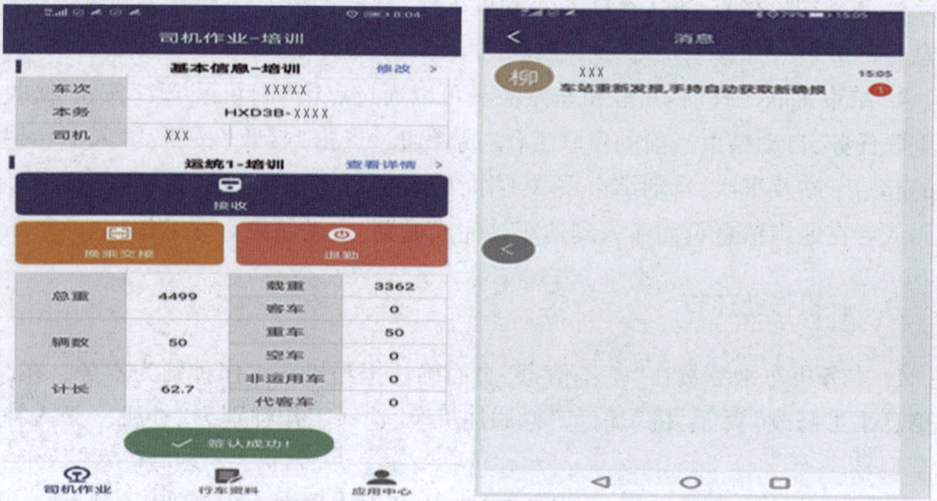

图 10-12　变更运统 1 作业

十二、注意事项

1. 严禁开启操作终端(手机)的 WLAN(Wi-Fi)功能；

2. 接收运用 1 数据时，必须确认车站、车次、股道正确后，方可进行接收；

3. 对口交接时，交班乘务员操作系统生成的二维码有效时间只有 5 min；

4. “军用列车”采用纸质运统 1 交递方式办理；

5. 退勤作业场景中“到达车站”为终到车站。

第三节　轴温报警装置

一、轴温报警装置

轴温报警装置出库前(本段或折返段)须保证作用良好，主机储存信息(日期、时间、车号)须正确，装置不良严禁出库牵引列车。机车运行中严禁关闭轴温报警装置。机车运用中出现轴温报警装置报警时，乘务员应记录报警点位置、温度、地点和机车速度，并依据温度变化和实际观测情况，判断是否为误报警。

1. 轴温超温或轴温温升报警时，应立即停车检查，依实际情况决定是否继续运行。

(1)1 或 6 位轴箱轴承，下列情况不可以继续运行：检查机车报警位置轴箱轴承时用手触摸烫手或上不去手，异味、冒烟。

下列情况可以继续运行：如果手触摸温度不是很高，对比其他轮轴箱轴承温度差别不大时，说明是传感器故障，可以继续运用。

(2)3或4位是抱轴承，抱轴承存在下列情况可以继续运行：抱轴外观良好，油封没有漏油，手触摸和别的轮对抱轴承温度差不多时候，可判断定传感器误报警。

抱轴承存在下列情况不可以继续运行：温度明显高于其他轮对抱轴承，有异味、冒烟的，或是油封漏油，不能继续运行。

(3)2位是牵引电机齿轮侧轴承报警；5位是牵引电机非齿侧轴承，以下情况不可以继续运用：齿轮箱冒烟、裂损变形，电机小齿轮异常、松动、脱落。

以下情况可以继续运用：齿轮箱外形良好、无冒烟，大小齿轮正常无磨损、油位正常。点击6A显示屏下部【监控数据】—【走行】，查看6轴6个位置的温度值，如果报警点温度上下窜动，且波动较大，说明该点位传感器可能损坏，机车可继续运行，到前方停车站检查，若可以判断传感器故障运用回段后处理。若该报警点温度先显著(或突然)上升，一段时间内又回落，证明可能误报警或传感器损坏，可继续运行，到前方站检查，若可以判断传感器故障运用回段后处理。

2. 轴承Ⅱ级、齿轮Ⅱ级报警时，立即进行后部瞭望，确认有无异音、异状，在前方站停车进行相应的检查确认，回段后及时提票处理。

(1)前方站停车后检查项点：查看轴报主机，确认报警位置及温度(相应的齿轮箱、轴承)，以下情况的可以继续运行：齿轮箱外观良好，油位正常，大小齿轮正常、无磨损，齿轮箱温度无异常。检查抱轴承外观有无变色及异样，抱轴承温度无异常，抱轴承油封有无甩油。

(2)以下情况不能继续运行：齿轮箱有异音、齿轮箱冒烟、齿轮箱变形、检查小齿轮脱落；抱轴承存在下列情况不可以继续运行：温度明显高于其他轮对抱轴承，有异味、冒烟的，或是油封漏油，不能继续运行。

3. 踏面Ⅱ级报警时，立即进行后部瞭望，确认有无异音、异状，在前方停车站停车时进行相应的检查确认，回段后及时提票处理。

前方停车站停车后检查项点：查看轴报主机，确认报警位置，检查相应机车轮对踏面情况，有无擦伤、剥离现象，如无异常继续运用，待回段后提票处理。

4. 轴承、齿轮、踏面Ⅰ级报警时，注意报警类型和频度。持续的轴承报警，则在可能的情况下，应在前方停车站停车时进行相应的检查确认，并关注报警级别的发展趋势，在回段后及时提票由有关部门进行处理(无需立即反馈，入库提票即可)。

5. 在运行中报×轴×位传感器测温故障，点击 6A 显示屏下部【监控数据】—【走行 1】，查看该位置的温度值，如该位置温度正常，可正常继续运用。如温度异常，若后续该位置报警可视为传感器故障，正常运用，随时观察温度变化，待入库后提票处理（无需立即反馈，入库提票即可）。

6. 在运行中报前置处理器故障，点击 6A 显示屏下部【监控数据】—【走行】，查看 6 轴 6 个位置的温度值，如各轴位温度正常，可正常继续运用（无需立即反馈，入库提票即可），轴温报警装置如图 10-13 所示。

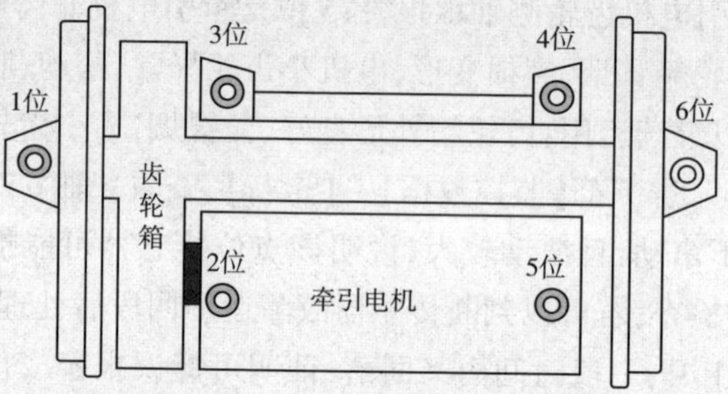

1位—齿端轴箱轴承、轮对踏面；2位—电机输出端轴承；3位、4位—抱轴轴承；
5位—电机自由端轴承；6位—非齿端轴箱轴承、踏面。

图 10-13　轴温报警装置

复习思考题

1. 列尾控制盒复位键如何使用？
2. 列尾控制盒风压键如何使用？
3. 双模列尾开机方法是什么？
4. 列尾故障情况下需要发车时怎么办？
5. 非对口换乘时如何操作运统 1？
6. 对口换乘时如何操作运统 1？
7. 操作运统 1 注意事项有哪些？
8. 轴温超温或轴温温升报警时 1 或 6 位轴承有哪些情况不可继续运行？
9. 轴温超温或轴温温升报警时 1 或 6 位轴承有哪些情况可以继续运行？

第十一章

副司机实作鉴定

知识目标

通过学习，掌握副司机岗位实作技能及安全注意事项。

能力目标

能熟练掌握各项实作技能，确保行车安全。

素质目标

树立安全提效思想，锻炼动手能力，认真执行作业标准。

第一节　防护（消防）用品使用方法

一、响墩使用规定与方法

1. 放置响墩的规定

(1)已请求救援时，从救援列车开来方面（不明时，从列车前后两方面），距离列车不小于 300 m 处防护；

(2)一切电话中断后发出的列车[持有《机务行车规章基础知识（“2+1”学员）》附件 3 通知书 1 的列车除外]，应于停车后，立即从列车后方按线路最大速度等级规定的列车紧急制动距离位置处防护；

(3)对于邻线上妨碍行车地点，应从两方面按线路最大速度等级规定的列车紧急制动距离位置处防护，如确知列车开来方向时，仅对来车方面防护；

(4)列车分部运行，机车进入区间挂取遗留车辆时，应从车列前方距离不小于 300 m 处防护。

2. 放置响墩的方法

(1)每组为三枚，其中两枚扣在来车方向的左侧钢轨上，一枚扣在右侧钢轨上，彼此间隔 20 m。当机车压上响墩后，司机一侧可先听到响墩爆炸声，便于司机采取停车措施。每个响墩放置间隔 20 m，是为了使其爆炸声分清三响，不致与其他爆炸声相混。

(2)放置响墩应有先后顺序，如确知来车方向，在人员不足的情况下，为争取时间，应先向来车方向规定地点放置响墩，再向另一端放置响墩，然后返回故障地点，手持停车信号进行防护。

(3)使用响墩时，应牢固地扣在轨面上，但不得安放在钢轨接头、道岔、道口处，如图 11-1 所示。

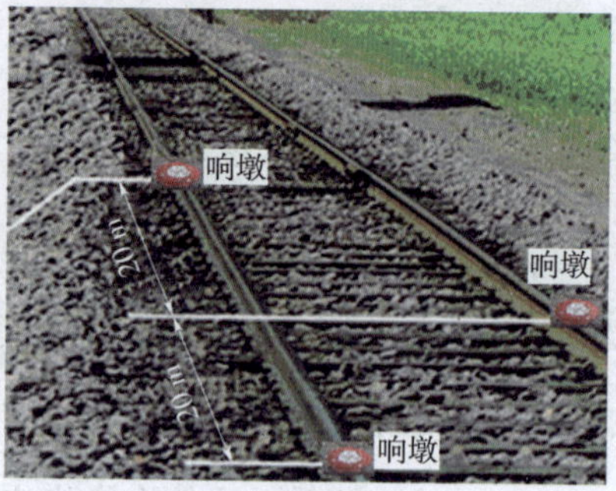

图 11-1　放置响墩

二、火炬使用规定与注意事项

1. 放置火炬的规定

(1)火炬的燃烧时间一般为 8 min 左右，在这一段时间内，已进入区间的列车运行到被迫停车的列车附近时，即可看到火炬的火光，从而采取停车措施，也给司机等人下车查看是否妨碍邻线的工作留出时间。

(2)擦燃火炬时，不准对向面部。

2. 火炬使用时机

列车被迫停车可能妨碍邻线时，司机与车辆乘务员（随车机械师）分别在列车的头部和尾部附近邻线上点燃火炬，如图 11-2 所示。

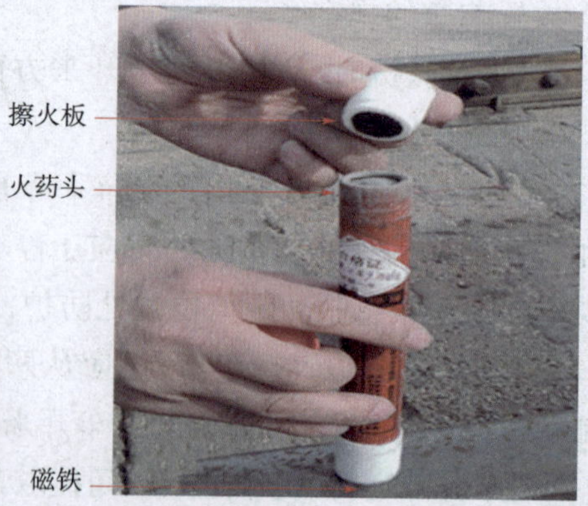

图 11-2　火炬使用

三、短路铜线的使用注意事项及操作方法

1. 短路铜线的作用

自动闭塞区段用导线造成轨道电路短路，使信号机显示停车信号，比下响墩的防护办法更快捷、可靠和安全。因此，在自动闭塞区段需要停车时，应利用短路导线使信号变为停车信号。

2. 短路铜线使用时机

(1)自动闭塞区间，单机(包括双机、专列回送的机车)紧急制动停车后，立即在轨道电路调谐区外使用短路铜线可靠短接机车前方轨道电路。

(2)自动闭塞区间，单机(包括双机、专列回送的机车)停在调谐区内时，立即在调谐区外使用短路铜线短接轨道电路。

(3)自动闭塞区间，列车被迫停车可能妨碍邻线时，对邻线来车方向短路轨道电路。

3. 短路铜线使用方法

将短路铜线两端的夹钳可靠夹在两根钢轨内侧下沿上；如钢轨上有锈迹，需将锈迹去除，确保导通良好。短路铜线使用如图 11-3 所示。

注：严禁在调谐区内短接轨道电路。

图 11-3 短路铜线使用

四、灭火器使用方法

1. 灭火器期限

(1)干粉灭火器出厂三年后进行维修，维修后每两年进行维修一次，十年后报废。机车水系灭火器出厂后每三年检测维修一次，六年后报废。

(2)干粉灭火器出厂后每年检测维修一次，八年后报废。

2. 灭火器压力表检查

(1)表针指向红区表示泄压,应及时更换;

(2)表针指向绿区表示有效状态;

(3)表针指向黄区表示超压,主要是受高温、高压作用影响(常出现在内燃机车配备的灭火器上);

(4)确认灭火器铅封是否完好、安全穿销是否弯曲,如果交接班检查时,发现破封、穿销弯曲等必须更换。

3. 灭火器的使用方法

除掉铅封、拔掉安全保险销,一手握住灭火器喷管(无喷管的可以简略),另一只手压紧手柄,对准火源根部扫射。使用时禁止倒放、平放。

五、防毒面具使用方法

先将面具盖住口鼻,然后将头带拉至头顶,用双手将下面的头带拉向颈后,再次调整头戴位置是否精密,调到最佳位置即可,保证面具紧贴脸鼻密封完好。

六、灭火毯使用方法

首先要把灭火毯用双手完全展开,迅速覆盖在火焰上面;然后观察火源情况,直到火焰完全熄灭为止。在发生火焰需要逃生的情况下,可以把灭火毯盖在身上。灭火毯在扑灭火焰过程中无破损现象,可重复多次使用。

第二节　行车凭证使用

一、向施工封锁区间开行路用列车的凭证

向施工封锁区间开行路用列车时,列车进入封锁区间的行车凭证为调度命令。该命令中应包括列车车次、停车地点、到达车站的时刻等有关事项,需限速运行时在命令中一并注明。

二、线路所通过信号机不能使用时的行车凭证

1. 在半自动、自动站间闭塞区段,停止基本闭塞法改用电话闭塞法行车,行车凭证为路票。

2. 在自动闭塞区段,列车进入闭塞分区(区间无通过信号机时为区间)的行车凭证为绿色许可证,以瞭望距离内能随时停车的速度,最高不超过 20 km/h,运行到次一架通过信号机(区间无通过信号机时为进站信号机),按该信号机的显示方式运行;停止基本闭塞法改用电话闭塞法行车时行车凭证为路票。

三、半自动闭塞区段，遇超长列车头部越过出站信号机而未压上出站方面的轨道电路发车的凭证

半自动闭塞区段,遇超长列车头部越过出站信号机而未压上出站方面的轨道电路发车时,行车凭证为出站信号机显示的允许运行的信号,并发给司机调度命令。

四、半自动闭塞区段，遇发车进路信号机故障或超长列车头部越过发车进路信号机发车的凭证

半自动闭塞区段,遇发车进路信号机故障或超长列车头部越过发车进路信号机发车时,列车越过发车进路信号机的行车凭证为半自动闭塞发车进路通知书。

五、越出站界调车的凭证

1. 双线区间正方向,必须区间(自动闭塞区间为第一个闭塞分区)空闲;单线自动闭塞区间,闭塞系统必须在发车位置,第一个闭塞分区空闲,经车站值班员口头准许并通知司机后,方可出站调车。

2. 单线半自动闭塞区间和双线反方向出站调车时,须有停止使用基本闭塞法的调度命令,与邻站办理闭塞手续,并发给司机出站调车通知书。

六、跟踪出站调车的凭证

需发给司机跟踪调车通知书。在先发列车尾部越过预告、接近信号机(或靠近车站的第一个预告标)或《车站行车工作细则编制规则》规定的间隔时间后,方可跟踪出站调车,但最远不得越出站界 500 m。

七、遇下列情况，应停止使用基本闭塞法，改用电话闭塞法行车

1. 基本闭塞设备发生故障导致基本闭塞法不能使用、自动闭塞区间内两架及以上通过信号机故障或灯光熄灭时;

2. 无双向闭塞设备的双线区间反方向发车或改按单线行车时；

3 发出由区间返回的列车，或发出挂有由区间返回后部补机的列车时；

4. 自动站间闭塞、半自动闭塞区间，由未设出站信号机的线路上发车，或超长列车头部越过出站信号机并压上出站方面轨道电路发车时；

5. 在夜间或遇降雾、暴风雨雪，为消除线路故障或执行特殊任务，开行轻型车辆时。自动站间闭塞设备故障，半自动闭塞设备良好时，可根据调度命令改按半自动闭塞法使用电话闭塞法行车时，列车占用区间的行车凭证为路票。当挂有由区间返回的后部补机时，另发给补机司机路票副页。

八、车站行车室内一切电话中断的行车凭证

车站行车室内一切电话中断，单线行车按书面联络法，双线行车按时间间隔法，列车进入区间的行车凭证均为红色许可证。

九、在站内无空闲线路的特殊情况下的接车方法

在站内无空闲线路的特殊情况下，只准许接入为排除故障、事故救援、疏解车辆等所需要的救援列车、不挂车的单机及重型轨道车。上述列车均应在进站信号机外停车，由接车人员向司机通知事由后，以调车手信号旗（灯）将列车领入站内。

十、进站、接车进路信号机不能使用的行车凭证

进站、接车进路信号机不能使用时，应开放引导信号。引导信号不能开放或无进站信号机时，应派引导人员接车。

十一、使用绿色许可证的时机

1. 自动闭塞区段出站信号机故障时发出列车时；

2. 自动闭塞区段由未设出站信号机的线路上发出列车时；

3. 自动闭塞区段超长列车头部越过出站信号机发出列车时；

4. 自动闭塞区段发车进路信号机发生故障时发出列车时；

5. 自动闭塞区段超长列车头部越过发车进路信号机发出列车时。

第三节　更换钩舌、风管与复轨器使用

一、更换钩舌的方法

1. 使用工具

手锤、小撬棍、钢板尺、开口销。

2. 工作程序

(1)机车制动,挂禁动牌。

(2)提钩后,用手锤和小撬棍将钩舌销的开口销取下。

(3)取出钩舌销,卸下钩舌,检查销有无裂纹,钩舌有无磨损。

(4)取出钩舌锁铁及钩舌推铁,检查有无磨损及裂纹。

(5)清扫钩头内部,检查防跳装置是否良好。

(6)对符合要求的部件,按顺序组装好后,进行试验开关应灵活。

3. 主要技术要求

(1)车钩开度:在闭锁位时,其开度为 110~130 mm;开启位时 220~250 mm。

(2)车钩距轨面高度:815~890 mm。

(3)两个车钩连挂后,其两个车钩中心线相差不得超过 75 mm。

(4)车钩在闭锁位时,钩舌锁铁往上的活动量为 5~15 mm。

(5)钩舌销与销孔径向间隙为 1~4 mm。

二、更换风管的方法

1. 使用工具及材料

18 英寸(45.72 cm)管钳子、制动软管、胶带。

2. 工作程序

(1)确认折角塞门在关闭状态。

(2)用管钳子卸下制动软管。

(3)在新软管螺栓上缠上胶带后安装软管。

(4)软管斜度为 45°,接口向内垂直,安装时不得紧过头再回扣,按好防尘堵。

三、S-1 型铝合金双向复轨器使用方法

1. 该型复轨器由两只完全相同的主体组成,起复作业时须同时使用。

2. 在拉复方向的前方钢轨内、外侧相同位置安放复轨器，适当清除石碴，使之与钢轨密贴。复轨器安放平稳后，将 3 根钩螺栓由钢轨底部穿进复轨器主体安装孔后并紧固。

3. 脱轨车轮至复轨器间用石碴或铁垫板等垫好，以减少艇复阻力，防止轧坏轨枕。

4. 在 60 kg/m 及以上重型钢轨上使用时，应在轨座上和复轨器小端下面安放专用铝垫板，以免复轨器主体折损。

5. 起复前应在复轨器引导棱及主体顶部涂润滑油，以利于复轨并减少引导棱的磨损。

6. 当脱轨车轮距基本轨超过 240 mm 时，应先采用“抬高逼近”的方法，使脱轨车轮靠近基本轨后再进行拉复，如图 11-4 所示。

图 11-4　S-1 型铝合金双向复轨器

四、海参型复轨器使用方法

1. 外侧复轨器安装于钢轨外方，与基本轨密贴；内侧复轨器安装于钢轨方，与基本轨保持 35~40 mm 的间隙，以便轮缘通过。

2. 内、外侧复轨器必须左右对称安装，要躲开鱼尾板及腐朽枕木。

3. 用紧固螺栓或安装楔铁将复轨器固定，不得窜动移位。

4. 在复轨器顶部斜面上涂适量润滑油，利于车轮滑落复轨。

5. 在脱轨车轮至复轨器间的车轮经路上铺垫石碴，防止轧坏枕木，减少拉复阻力。

注意事项：海参型复轨器的有效复轨距离为 150 mm，脱轨距离较远时，须设法将车轮拉靠基本轨后，再安装复轨器进行拉复，如图 11-5 所示。

图 11-5　海参型复轨器

五、人字形复轨器使用方法

1. 该型复轨器与旧式人字形复轨器安装方式基本相同，仍沿用“左人、右入”的原则。安装前，先将复轨器尾部钩铁处轨枕下部的石碴清除一些，以保证复轨器尾部能钩住轨枕并便于安装穿销。

2. 安装时，复轨器承轨槽搭在钢轨上，尾部钩铁的上端平落在轨枕上，下端钩挂在轨枕侧面。复轨器安放平稳后，将两块 L 形楔铁分别穿入左右楔铁座与轨腰的间隙内，凸台朝外，安放平整，不得歪斜。然后用大锤左右交替地将两块楔铁打紧（严禁将一侧楔铁打紧后再打另一侧，以免受力不均造成楔铁座裂损）。

3. 将尾部穿销经穿销孔沿轨底穿过。至此复轨器安装完毕。

4. 用大锤轻击复轨器主体表面各部，检查复轨器安装是否牢固，各紧固件有无松动现象，在复轨器引导棱上涂润滑油。

5. 在脱轨车轮至复轨器尾部间应适当铺垫石碴，利于调整台车方向，防止轧坏轨枕，并减少拉复阻力。

注意事项：脱轨车轮超过基本轨 240 mm 以上时，应采用钢丝绳或逼轨器拉正台车，使车轮靠近基本轨后再安放复轨器起复，如图 11-6 所示。

图 11-6　人字形复轨器

第四节　有动力重联与无动力回送办理

一、HXD3B 型电力机车

1. 有动力重联办理方法

(1) 自动制动手柄放重联位，插上定位销，单独制动手柄放运转位，如图 11-7 所示。

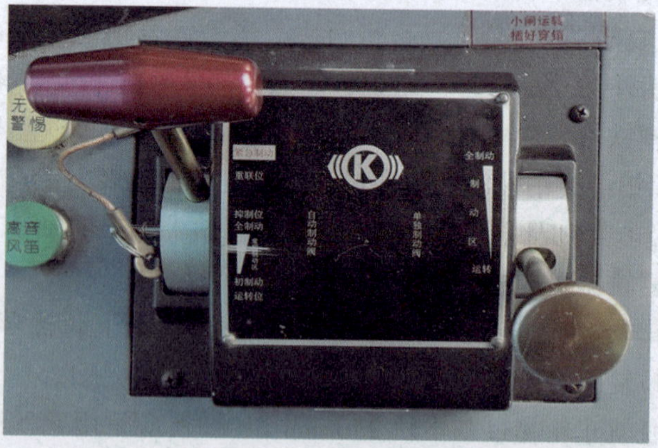

图 11-7　有动力重联制动手柄放置位置

(2) 在微机显示屏上将重联机车列车管进行切除。在操纵端，电钥匙闭合状态下，在微机显示屏上依次点击“空气制动系统”—“制动设置”，进入“制动设置”

界面。点击【切除】软开关后,【切除】软开关变成黄色,表明切除状态已选定,再点击【储存】软开关进行保存,保存完毕后,【储存】软开关消失。

注:设置完成后,必须点击【储存】软开关,否则新设置不执行,如图 11-8 所示。

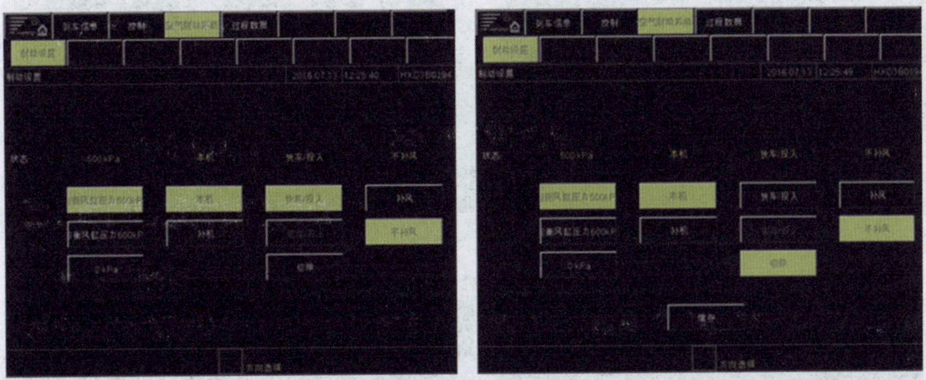

图 11-8　切除重联机车列车管进行

(3) 确认新设置显示:500 kPa,本机,切除,不补风,点击微机显示屏左上角机车样式图标退出制动设置界面,回到操作主界面,防止因误碰改变制动设置,如图 11-9 所示。

(4) 连接列车管,缓慢开放折角塞门。本务机车进行制动与缓解操作,确认重联机车与本务机车制动、缓解状态一致。

注:本务机车缓解状态下,必须确认 12 个单元制动器均在缓解状态,尤其需确认 1、3 轮右侧和 4、6 轮左侧 4 个单元制动器(带停放装置)。

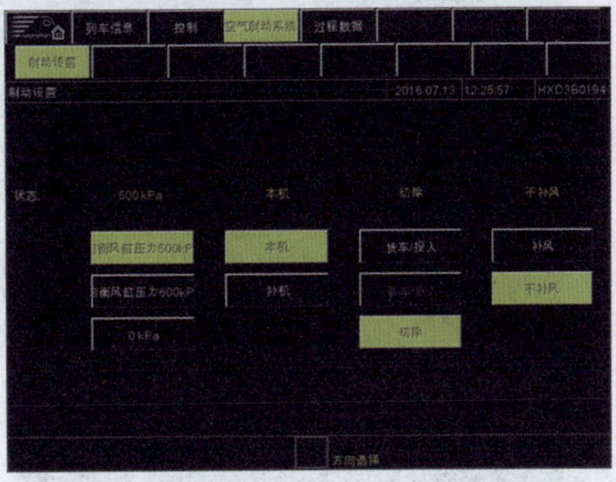

图 11-9　退出制动设置界面

2. 无动力回送重联办理方法

(1) 自动制动手柄放重联位,插上定位销,单独制动手柄放运转位,如图 11-10 所示。

(2) 先关闭机车电钥匙,再断开蓄电池脱扣,如图 11-11 所示。

(3) 先关闭两总风缸间遮断塞门 A10,然后打开靠近制动柜侧的总风缸(左侧)排水阀,排放总风压力至 250~300 kPa,如图 11-12 所示。

(4) 在制动柜上,一是将停放制动塞门 B40. 06 打到竖直关闭位,二是将 ERCP 模块上的将无动力回送塞门转到左侧无动力回送位,如图 11-13 所示。

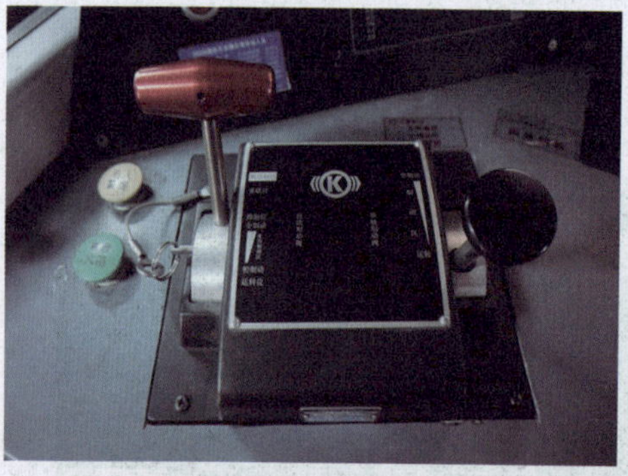

图 11-10　无动力回送制动手柄放置位置

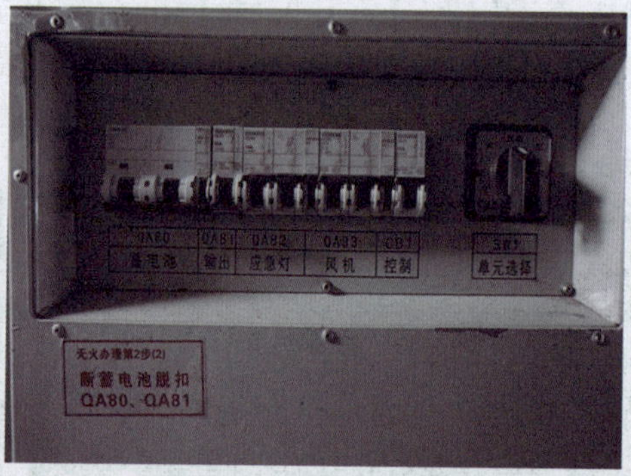

图 11-11　关闭电钥匙并断开蓄电池脱扣

图 11-12　关闭 A10 并打开排水阀

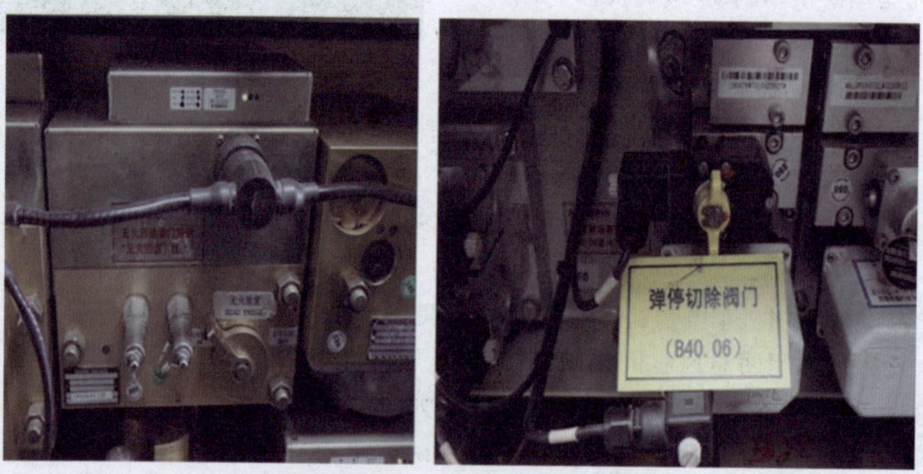

图 11-13　B40. 06 打到竖直关闭位，无动力回送塞门转到左侧无动力回送位

(5)将重联机车两端四个平均管塞门开放。连接列车管,缓慢开放折角塞门,如图 11-14 所示。

图 11-14　缓慢开放折角塞门

(6)待本务机车缓解后,列车管升至定压,确认两架制动指示器为绿色,停放制动指示器为红色,手拉四个停放制动风缸的拉环(1、3 轮右侧,4、6 轮左侧),拉完后确认夹钳处于缓解状态,如图 11-15 所示。

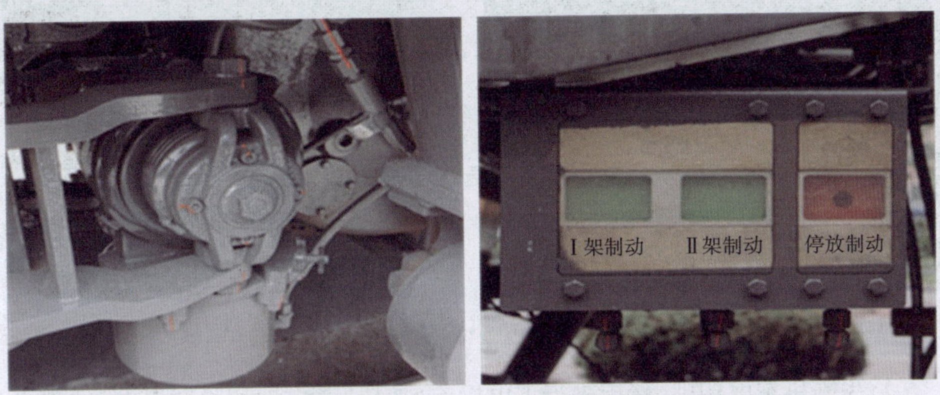

图 11-15　确认夹钳处于缓解状态

(7)本务机车进行制动与缓解操作,确认重联机车与本务机车制动、缓解状态一致。

二、HXD₂ 型电力机车

1. 有动力重联办理方法

(1)两端司机室小闸推至全制位,大闸推至运转位,如图 11-16 所示。

(2)两端制动柜上的重联塞门均打至切除位,如图 11-17 所示。

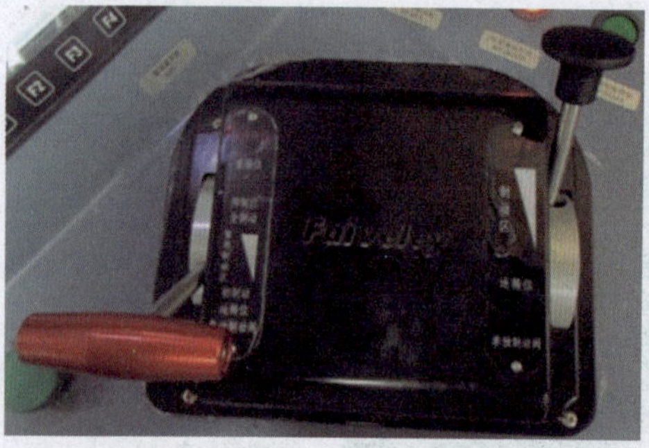

图 11-16　小闸推至全制位,大闸推至运转位

图 11-17　重联塞门均打至切除位

(3)两端制动柜平均管塞门均置主控位,如图 11-18 所示。

(4)连接列车管,缓慢开放折角塞门。本务机车进行制动与缓解操作,并确认重联机车与本务机车制动、缓解状态一致,闸瓦间隙符合要求 8~10 mm。

2. 无动力回送重联办理方法

(1)两端司机室小闸推至全制位,大闸推至运转位,如图 11-19 所示。

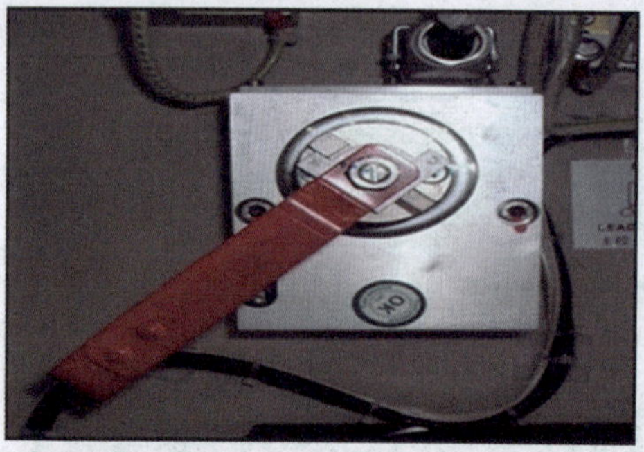

图 11-18　制动柜平均管塞门均置主控位

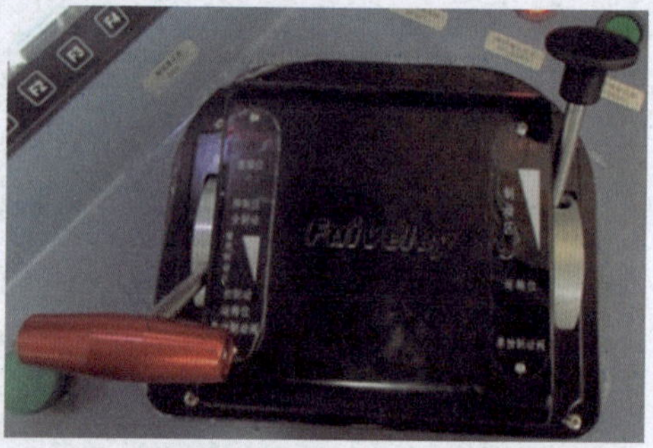

图 11-19　小闸推至全制位,大闸推至运转位

(2)先断机车电钥匙,然后进行下电操作(按压“蓄电池切除”按钮),再断两节车蓄电池断路器 DJ-BA,如图 11-20 所示。

(3)将两端制动柜无动力塞门置从控位,重联塞门置切除位,如图 11-21 所示。

(4)两端制动柜平均管塞门均置主控位,如图 11-22 所示。

(5)两端制动柜停放制动隔离塞门均置隔离位,如图 11-23 所示。

(6)连接列车管,缓慢开放折角塞门,等待列车管压力升至定压。确认停放制动指示器为红色,常用制动指示器为绿色,如图 11-24 所示。

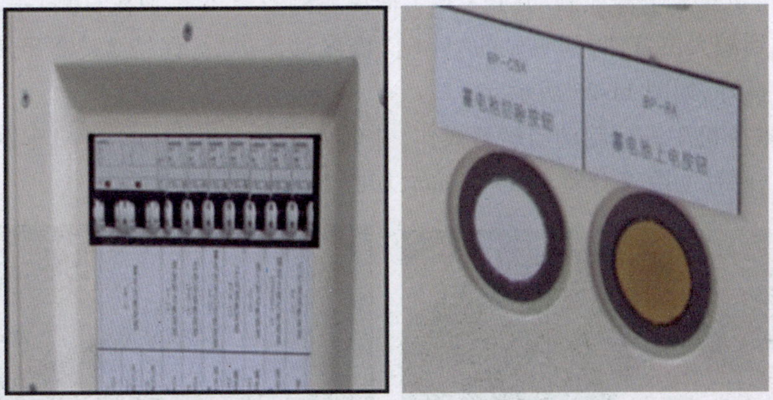

图 11-20　进行下电操作

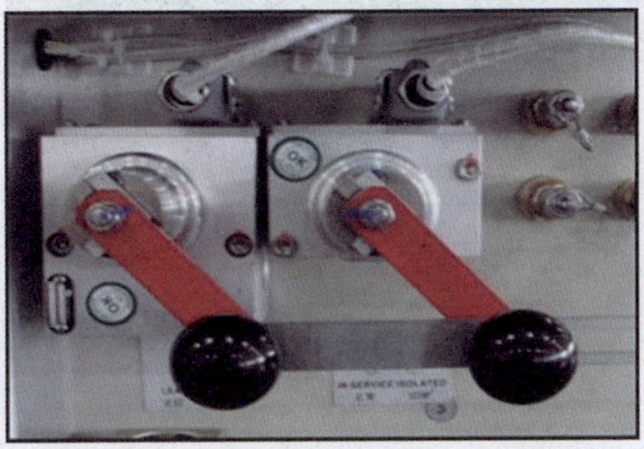

图 11-21　制动柜无动力塞门放置从控位，重联塞门置切除位

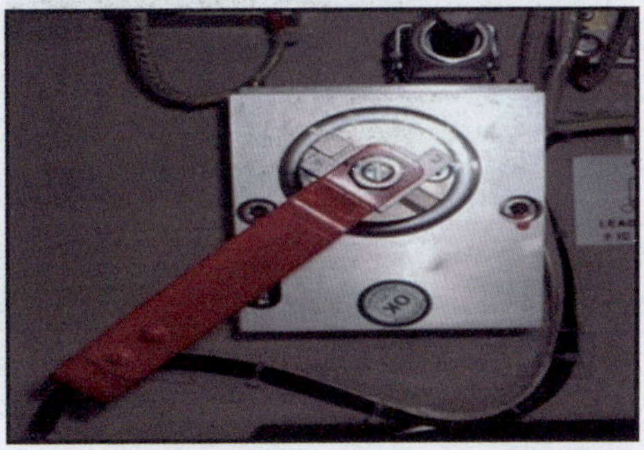

图 11-22　制动柜平均管塞门均置主控位

图 11-23　制动柜停放制动隔离塞门均置隔离位

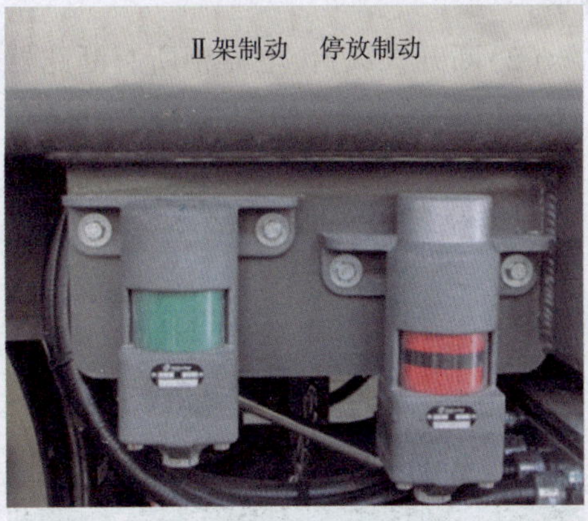

图 11-24　确认停放制动指示器为红色，常用制动指示器为绿色

（7）将机车8个停放制动（1、3、5、7轴在左侧，2、4、6、8轴在右侧）手动缓解手柄往回拉到最大位置，听到明显的“咔哒”机械动作声后，保持3 s松开，确认该轴闸瓦缓解良好，如图11-25所示。

（8）本务机车进行制动与缓解操作，并确认无动力机车与本务机车制动、缓解状态一致，闸瓦间隙符合要求8～10 mm，如图11-26所示。

图11-25　手柄往回拉到最大位置

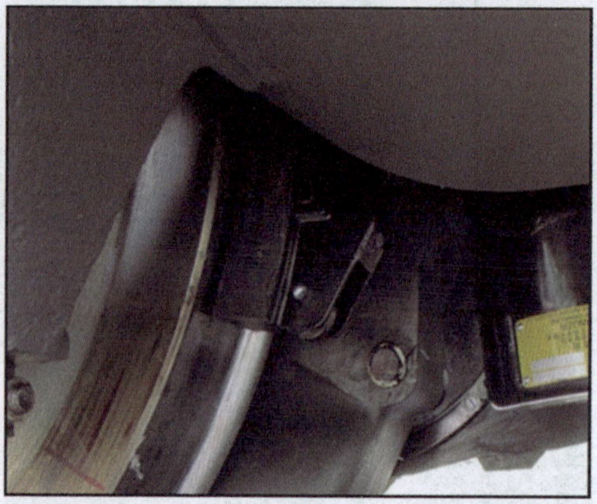

图11-26　闸瓦间隙符合要求

三、HXN3型内燃机车

1. 无动力回送重联办理方法

（1）将前、后司机室自阀手柄置于重联位插上定位销、单阀运转位，如图11-27所示。

（2）断开操纵台、电器柜所有断路器，拉下蓄电池闸刀，如图11-28所示。

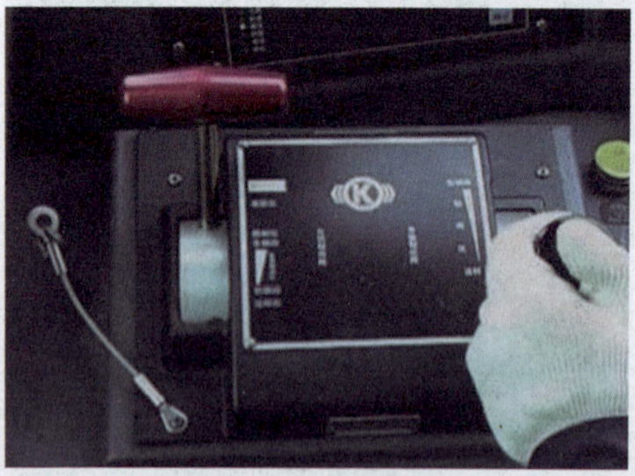

图11-27　自阀手柄置于重联位插上定位销、单阀运转位

图11-28　拉下蓄电池闸刀

(3)检查停放塞门手柄置于顺向缓解位(手柄应与地面垂直状态),如图 11-29 所示。

(4)将 EPCU 箱模块上的无动力塞门打至无动力位,如图 11-30 所示。

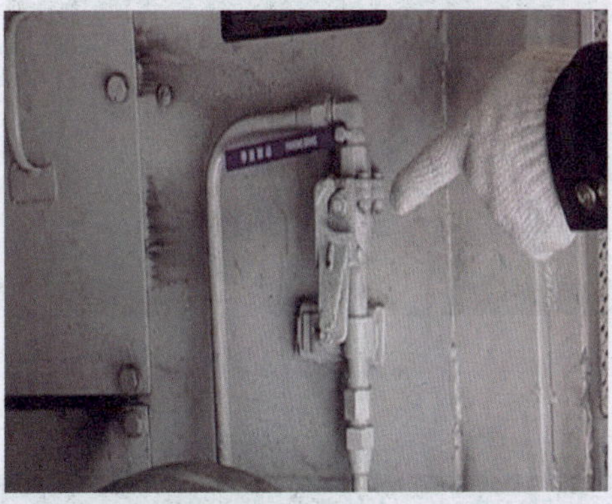

图 11-29　停放塞门手柄置于顺向缓解位

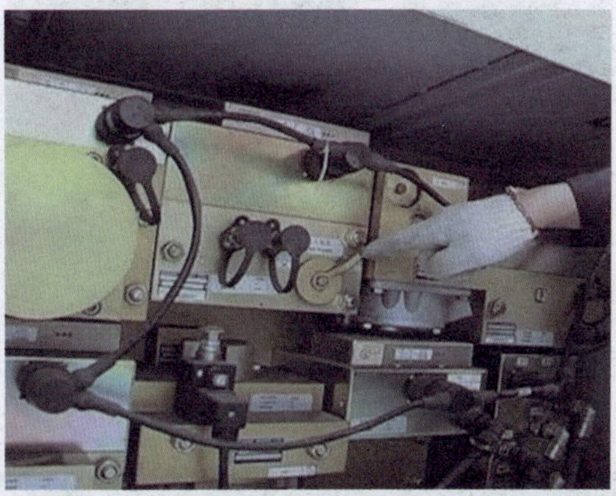

图 11-30　无动力塞门打至无动力位

(5)打开 EPCU 箱体左侧下部无动力回送塞门,如图 11-31 所示。

(6)打开第二总风缸排水阀放到 250~300 kPa 以下,如图 11-32 所示。

图 11-31　打开 EPCU 箱体左侧下部无动力回送塞门

图 11-32　打开第二总风缸排水阀放到 250~300 kPa 以下

(7)打开机车前、后端制动缸平均管塞门,如图 11-33 所示。

(8)连接列车管后缓慢开启列车管折角塞门,待列车管升至定压,确认无动力机车 2、5 轮是否缓解,如处于制动状态应手动缓解。进行制动机试验,检查无动力机车制动、缓解状态,如图 11-34 所示。

图 11-33　打开机车前、后端制动缸平均管塞门

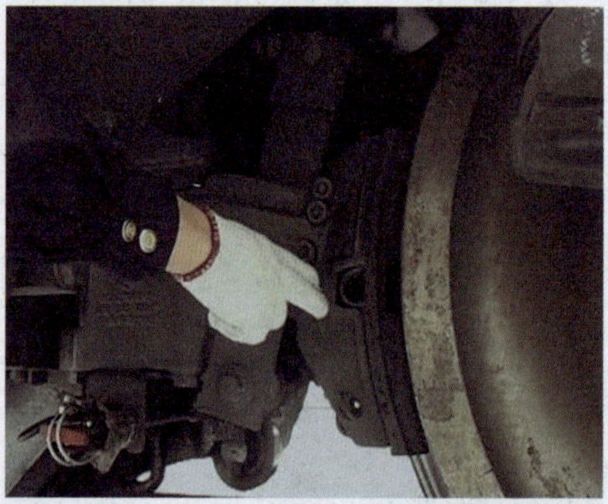

图 11-34　检查无动力机车制动、缓解状态

第五节　冬季机车放水

一、HXN3 型内燃机车放水步骤

1. 打开手动排水阀，在柴油机自由端下部。

2. 打开减压阀，在水箱上部。

3. 拆开中冷器放水软管上部接头，在柴油机自由端中冷器出水管下方。

4. 拆下中冷器连接丝堵（在 4～5 缸和 12～13 缸处，共 4 个），在柴油机侧面前后中冷器连接处。

5. 拆下中冷器放水堵（在 8 缸和 16 缸处，共 2 个），在柴油机输出端中冷器端盖下方。

6. 拆下中冷水泵放水堵，在柴油机自由端中冷水泵下方。

7. 打开燃油预热器低端进水管端盖。

二、HXN5 型内燃机车放水步骤

1. 打开手动放水阀，在柴油机自由端水泵下方。

2. 打开水表放气阀，在水箱上方。

3. 拆下上水口防尘堵，在机车下部，并将防尘堵用铁丝挂在机车风管上。

4. 安装 GD 风泵的机车，打开辅助放水阀，在风泵间左侧风泵左后方。

第六节　机车大、小复位操作与车辆关门处理

一、HXD_{3B} 型电力机车大、小复位操作

1. 小复位操作方法

停车、断电、降弓、拔电钥匙 1 min 以上(不用关闭记录器,不停车、断电、降弓、拔钥匙会惩罚制动)。

2. 大复位操作方法

停车、断电、降弓、拔电钥匙,断 QA80、QA81 3 min 以上,闭合时先闭合 QA80、QA81,再闭合电钥匙。

二、HXD_2 型电力机车大、小复位操作

1. 小复位(复位按钮)操作方法

断主断,手柄回零;当机车运行中微机控制系统出现保护性封锁及异常现象,断开主断、按压微机复位消除。

2. 大复位操作方法

停车、手柄回零、断主断,降弓,断电钥匙;按压蓄电池切除按钮(下电)、断开蓄电池断路器 3 min 以上。

三、车辆关门处理

截断塞门手柄与制动支管平行时为开通状态,与制动支管垂直时为关闭状态。车辆故障须关闭截断塞门时,操作程序:

1. 扳动截断塞门手柄,将手把由平行位置变为垂直位置,如图 11-35 所示。

2. 拉动缓解阀拉杆,排净制动缸、副风缸压力空气,如图 11-36 所示。

3. 使用铁线,一端捆绑在缓解阀拉杆三角接头处,一端捆绑在缓解阀拉杆吊座上,并拉紧,使缓解阀处于排风状态,如图 11-37 所示。

4. 确认制动缸活塞,要完全缩回。

图 11-35　将手柄由平行位置变为垂直位置

图 11-36　拉动缓解阀拉杆

图 11-37　使用铁线并拉紧使缓解阀处于排风状态

第七节　紧急放风阀使用

一、紧急放风阀使用时机

1. 列车运行中遇机车制动机发生故障(制动主管不减压),无法控制列车运行速度时。

2. 列车运行中遇到紧急情况,学习司机来不及通知司机时。

二、各机型紧急放风阀位置

1. HXD_{3B} 型电力机车

紧急放风阀在司机室左侧后墙上。

2. HXN_3 型内燃机车

紧急放风阀在司机室司机侧后墙上。

3. HXN_5 型内燃机车

紧急放风阀在副台右下角处。

复习思考题

1. 放置响墩有何规定?
2. 列车被迫停车可能妨碍邻线时应如何放置火炬?
3. 短路铜线使用时机与方法是什么?
4. 防毒面具的使用方法是什么?
5. 什么情况下使用绿色许可证发车?
6. 什么情况下停止使用基本闭塞法,改用电话闭塞法行车?
7. 向施工封锁区间开行路用列车的凭证是什么?
8. 更换钩舌需要什么工具?
9. 车钩的主要技术要求有哪些?
10. 海参型复轨器使用时有什么注意事项?
11. 人字形复轨器使用方法是什么?
12. HXD_{3B} 型电力机车有动力重联如何办理?
13. HXD_2 型电力机车无动力回送重联如何办理?
14. HXN_3 型内燃机车无动力回送重联如何办理?
15. HXD_{3B} 型电力机车小复位如何操作?
16. HXD_2 型电力机车大复位如何操作?
17. 进行车辆关门时应如何操作?

复习思考题答案

第一章

1. 铁路线路的作用是什么?

答:铁路线路是机车车辆和列车运行的基础。它直接承受机车车辆轮对传来的压力,为了保证列车能按规定的最高速度安全、平稳和不间断地运行,使铁路运输部门能够质量完好地完成客货运输任务,铁路线路必须经常保持完好状态。

2. 铁路线路由什么组成?

答:铁路线路是由路基、桥隧建筑物(桥梁、隧道、涵洞等)和轨道(钢轨、轨枕、联结零件、道床、防爬设备和道岔等)组成的一个整体工程结构。

3. 铁路线路等级是如何划分的?

答:我国铁路共划分为 4 个等级,即:Ⅰ级、Ⅱ级、Ⅲ级、Ⅳ级。

4. 什么是公里标、半公里标和坡度标?

答:公里标表示从铁路线路起点开始计算的连续里程,每公里设一个。

半公里标设于线路的每半公里处。

坡度标设于变坡点处,它的正面和背面分别表示两边的坡度和坡段长度,并用箭头表示上坡或下坡,侧面则标明它所在位置的里程。

5. 什么是道岔及道岔的常用类型?

答:道岔是一种使机车车辆能从一股道转入另一股道的线路连接设备,在车站上大量铺设。

道岔有多种类型,我国铁路常用的有单开道岔、双开道岔、三开道岔和交分道岔、渡线等。

6. 什么是限界?

答:为了确保机车车辆在铁路线路上运行的安全,防止机车车辆撞击邻近线路的建筑物和设备而对机车车辆和接近线路的建筑物、设备所规定的不允许超越的轮廓尺寸线,称为限界。

7. 铁路车辆的用途及分类有哪些?

答:铁路车辆是运送旅客和货物的工具。除动车组的动车外,它一般没有动力装置,必须把车辆连挂成列,由机车牵引才能在线路上运行。

铁路车辆按用途可分为客车、货车及特种用途车。

铁路车辆按轴数分四轴车、六轴车和多轴车。

铁路车辆按载重量分,货车有 50 t、60 t、75 t 和 90 t 等多种。

8. 铁路车辆由哪几部分组成?

答:铁路车辆种类繁多,但其结构大致相似,一般由车体、走行部、车钩缓冲装置、制动装置和车辆内部设备等 5 个基本部分组成。

9. 车辆走行部的作用是什么?

答:走行部可以引导车辆沿轨道运行,并把车辆的重量和货物载重传给钢轨,它应保证车辆以最小的阻力在轨道上运行,并顺利地通过曲线。走行部能否保持良好的状态,对于车辆的安全、平稳、高速运行有很大影响。

10. 车钩由什么组成?

答:车钩由钩头、钩身和钩尾 3 个部分组成。钩头里装有钩舌、钩舌销、钩提销、钩舌推铁和钩锁铁等零部件。

11. 车钩的作用位置有哪些?

答:为了实现挂钩或摘钩,使车辆连接或分离,车钩具有以下 3 种位置:

(1)锁闭位置:车钩的钩舌被钩锁铁挡住不能向外转开的位置,称之为锁闭位置。两个车辆连挂在一起时车钩就处在这种位置。

(2)开锁位置:钩锁铁被提起,钩舌只要受到拉力就可以向外转开的位置。

(3)全开位置:钩舌已经完全向外转开的位置。

摘钩时,只要其中一个车钩处在开锁位置,就可以把两辆车分开;当两个车需要连挂时,只要其中一个车钩处在全开位置,与另一辆车钩碰撞后就可连挂。

12. 车站的作用有哪些?

答:(1)车站是办理客货运输的基地。旅客购票、候车、乘降和货物的承运、保管、装卸、交付以及相关的作业都是在车站进行的,可以说车站是铁路与旅客、货主联系的纽带。

(2)车站是铁路运输的基本生产单位。在车站,除了办理客货运输各项作业,还进行机车的换挂、整备;车辆的检查、修理等作业。此外,车站还进行列车的接发、会让、越行，车列的解体、编组等作业。所以说，车站不仅是铁路内部各项作业的汇合点，也是提高铁路运输效率和运输安全的保证。

(3)车站是铁路运输的窗口，服务水平和效率亦在此体现。合理地布置和有效地运用车站和枢纽的各项设备，是保证列车快速、安全、正点、加速车辆周转、降低运输成本的关键。

13. 车站如何分类？

答：(1)按业务性质分为客运站、货运站、客货运站。

(2)按技术作业分为中间站、区段站、编组站。

(3)按所担负的任务量及在铁路网上的地位分为特等站和一、二、三、四、五等。

14. 什么是区间与分界点？

答：为了保证行车安全和必要的线路通过能力，铁路上每隔一定距离需要设置一个车站。两相邻车站间的线路称为区间。而车站则成为相邻区间之间的分界点。

15. 车站线路的分类有哪些？

答：车站线路按用途分为正线、站线、段管线、岔线及特别用途线。

16. 什么是正线？

答：正线是指连接车站并贯穿或直股伸入车站的线路。

17. 站线包括哪些？

答：站线包括到发线、牵出线、货物线、调车线及站内指定用途的其他线路。

18. 什么是站界，如何划定？

答：为了保证行车安全和分清工作责任，车站和它两端所衔接的区间应有明确的界限，通常称为“站界”。站界范围的划定，在单线铁路车站，站界的范围以车站两端进站信号机柱的中心线为界，外方是区间，内方则属于车站范围。在双线铁路车站，站界则按上、下行正线分别确定，即一端以进站信号机柱中心线，另一端以站界标中心线为界。

19. 警冲标的作用是什么？

答：警冲标是信号标志的一种，设在两会合线路线间距离为 4 m 的中间，用来指示机车车辆的停留位置，防止机车车辆的侧面冲撞。

20. 铁路信号的作用是什么

答：铁路信号是指示行车和调车运行条件的命令，行车和调车人员必须执行信号显示的要求,才能确保安全和提高生产效率。

21. 铁路信号的分类有哪些?

答:铁路信号分为听觉信号、视觉信号两大类。

(1)听觉信号:以不同声响设备发出音响的强度、频率、音响长短和数目等特征表示的信号,如用号角、口笛、响墩发出的音响及机车、动车组、自轮运转特种设备鸣笛等发出的信号。

(2)视觉信号:以物体或灯光的颜色、形状、位置、数目或数码显示等特征表示的信号,如用信号机、机车信号、信号旗、信号牌、信号灯、火炬等表示的信号。

22. 铁路通信设备的作用是什么?

答:铁路通信设备是指挥列车运行、组织铁路运输生产和铁路业务联络而迅速、准确地传输各种信息的通信系统的总称,应能做到迅速、准确、安全、可靠,使全国铁路的通信系统能成为一个完善与先进的铁路通信网。

23. 视觉信号的显示及含义是什么?

答:视觉信号通常用不同的颜色来显示其意义。我国规定有红、黄、绿三种基本颜色。在广义上其代表意义如下:

红色——停车;

黄色——注意或减低速度;

绿色——按规定速度运行。

24. 信号机按类型分为哪些?

答:信号机按类型分为色灯信号机、臂板信号机和机车信号机。

25. 信号机按用途分为哪些?

答:信号机按用途分为进站、出站、通过、进路、预告、接近、遮断、驼峰、驼峰辅助、复示、调车信号机。

26. 信号表示器分为哪些?

答:信号表示器分为道岔、脱轨、进路、发车、发车线路、调车及车挡表示器。

27. 机车信号的分类及作用是什么?

答:机车信号分为两种类型:连续式和接近连续式。

(1)连续式机车信号

主要用在自动闭塞区段,利用自动闭塞分区的轨道电路向机车上传送信息。因此,在整个区间正线上,机车信号能连续地反映前方地面信号机的显示。

(2)接近连续式机车信号

用于半自动闭塞区段和自动站间闭塞区段,在进站信号机外方制动距离附近的固定地点设置发送设备,并从固定地点到进站信号机之间又加装一段轨道电路。因此它从固定地点开始一直到进站信号机处为止,都连续不断地向机车上传送地面信号的信息,使机车信号机连续复示进站信号机的显示。

28. 列车运行手信号的显示及其含义是什么?

答:列车运行手信号的显示有以下几种。

(1)停车信号:要求列车停车。

昼间——展开的红色信号旗;夜间——信号灯的红色灯光。

(2)减速信号:要求列车降低到要求的速度。

昼间——展开的黄色信号旗;夜间——信号灯的黄色灯光。

(3)发车指示信号:要求运转车长显示发车信号。

昼间——高举展开的绿色信号旗靠列车方向上下缓动;

夜间——高举信号灯的绿色灯光上下缓动。

(4)发车信号:要求司机发车。

昼间——展开的绿色信号旗上弧线向列车方面作圆形转动;

夜间——信号灯的绿色灯光上弧线向列车方面作圆形转动。

其他手信号的显示可参见《铁路技术管理规程》。

第二章

1. 电路的工作状态有哪几种?

答:电路的工作状态通常包括通路、断路、短路三种。

2. 什么是电路图?

答:为了便于分析计算,突出本质,常用一些规定的电工符号代替具体的电路,这种图叫作电路图。

3. 电阻串联的特点是什么?

答:(1)电阻串联构成无分支电路,因此,通过各电阻的电流是相同的。

(2)无分支电路的端电压等于每个电阻上电压降之和。

4. 电阻并联的特点是什么?

答:(1)电阻并联是处于同一电压作用下,因此电路的端电压也等于并联电阻的端电压。

(2)电路的总电流等于每个相并联电阻中的电流之和。

5. 什么是相电压与线电压?

答:每相绕组的首端与尾端之间的电压称相电压。

各相绕组的首端与首端之间的电压称线电压。

6. 晶体管的工作区有哪几个?

答:晶体管工作时有3个工作区:放大区、截止区、饱和区。

第三章

1. 牵引电器的基本结构有哪些?

答:牵引电器的基本结构主要由3部分组成。

(1)执行机构;

(2)感测机构;

(3)保护机构。

2. 什么是电器的机械寿命和电寿命?

答:(1)机械寿命:电器在不需要修理或更换机械零件所能承受的无载操作极限次数,主要用来考核电器的机械耐磨损性能。

(2)电寿命:电器在额定负载时不需要修理或更换零件而能承受的负载操作极限次数,主要用来考核电器的绝缘性能和抗耐电弧磨损的性能。

3. 触头磨损都包括哪些类型?

答:触头的磨损包括机械磨损、化学磨损、电磨损。触头的磨损主要取决于电磨损。

4. 发电机的工作原理是什么?

答:发电机是根据导体在磁场中切割磁力线运动而产生感应电动势的原理制成的。

5. 直流电动机的工作原理是什么?

答:当外接电源向直流电动机供电时,线圈的两有效边在磁场中受力的作用而运动。

6. 电机火花等级的划分是什么?

答:电机火花等级的划分按火花的大小程度可分为5个等级。

(1)1 级:无火花。

(2)$1_{1/4}$ 级:电刷边缘仅小部分有微弱的火花点或者非放电性红色小火花。换向器上没有黑痕,电刷上没有灼痕。

(3)$1_{1/2}$ 级:电刷边缘大部分或全部有轻微的火花。换向器上有黑痕,但用汽油可除去,同时在电刷上有轻微的灼痕。

(4)2 级:电刷边缘全部或大部分有强烈的火花。换向器上有黑痕,用汽油不能擦除,同时电刷上有灼痕。电机不允许在这种情况下长期运行。

(5)3 级:在电刷的整个边缘有强烈的火花,同时有大火花飞出。换向器上严重发黑,用汽油不能擦掉,而且电刷有烧焦和损坏。

7. 什么是感应电动机?

答:感应电动机转子磁场不是由直流电源供给电流而产生的,而是由定子的交流电经感应作用而产生的。所以,这种电动机转子实际转速总低于定子旋转磁场的转速,这种电动机称感应电动机,也称异步电动机。

第四章

1. 机车作业形式有哪些?

答:按运用机车的作业形式可分为本务机车、重联机车、有动力附挂机车、单机。

2. 机车运转方式有哪些?

答:机车运转方式分为循环运转制、半循环运转制、肩回运转制和环形运转制机车交路等。

3. 铁路机车回送方式有哪几种?

答:单机、专列、附挂、托运 4 种。

4. 什么是机车的旅行时间、旅行速度及机车技术速度?

答:(1)机车旅行时间简称旅时,是指机车牵引列车从始发站发车至到达终点站的全部时间。

(2)机车旅行速度简称旅速,是指列车机车在区段内(包括中间站停留时间)平均每小时走行的公里。

(3)机车技术速度是指列车机车在区间内(不计入中间站停留时间)平均每小时走行的公里,简称技速。

第五章

1. 移动机车前的注意事项有哪些？

答：移动机车前，应加强联系，确认机车下部及两侧无作业人员，止轮器已撤除，人力制动已缓解，并鸣笛后方可动车。通过站段管内或其他特殊规定的线路时，应认真确认线路道岔开通状态，并注意邻线机车车辆以及工作人员的动向，执行要道还道制度，严守限制速度，并不得将身体探伸门窗以外，以防与建筑物碰撞。

2. 进入机械间巡视检查时的注意事项有哪些？

答：进入机械间巡视检查前必须呼唤，经司机同意后方可进入。检查时，禁止接触各运动部件及高温或带电的部件，确保人身安全。

3. 机车在运行时，电机发生哪些情况时应断电检查？

答：(1)电动机冒烟、起火；

(2)通电后，电机未启动，闻到异味或有"嗡嗡"声出现；

(3)电机联轴器损坏或负载装置发生故障；

(4)电机轴承异音或损坏；

(5)电机温升过高；

(6)电机的机身振动剧烈；

(7)转速不稳定，忽高忽低。

凡电机发生上述现象时，一定要查明原因并及时处理。

4. 更换机车闸瓦时注意事项有哪些？

答：(1)机班人员应加强联系，注意人身安全，并对机车采取防溜措施。

(2)关闭相应制动缸(转向架)的塞门，然后将单阀置于制动位(使另一转向架的制动缸充气制动)。

(3)作业中严禁移动自阀或单阀手柄并挂好禁动牌。

更换闸瓦作业完毕后，应开放相应的制动缸塞门，进行制动试验，调整闸瓦间隙，然后撤除防溜措施。

5. 电机轴承加油的要求是什么？原因是什么？

答：一般电机轴承的加油量应占整个轴承空间的2/3为宜。

对电机轴承加油太少，会使电机轴承润滑不良，造成发热烧损；加油太多，则当轴承温度升高时，造成散热不良，使轴承发热甚至烧损。同时，加油太多还容易使油窜进电机内部，降低电机绝缘，还会使换向器表面产生火花，烧坏电机。

6. 牵引电机的悬挂形式是什么？

答：机车牵引电动机的悬挂形式也就是安装方式分为半悬挂和全悬挂。

7. 全悬挂可以分为哪两种形式？

答：全悬挂分为架悬式和体悬式。

第六章

1. 什么是机车牵引力？

答：机车牵引力是与列车运行方向相同并可由司机根据需要调节的外力。

2. 影响制动力大小的因素有哪些？

答：(1)制动缸内空气压力的大小；

(2)制动缸活塞直径的大小；

(3)制动倍率的大小；

(4)闸瓦与车轮间摩擦系数的变化。

3. 空转产生原因是什么？

答：机车动力装置发生的扭矩经传动装置传递，在各动轮的轮周上形成切线力，依靠轮轨间的黏着作用产生钢轨作用于各动轮周上的反作用力，从而使列车产生平移运动。当机车动轮轮周上的切线力大于轮轨间的黏着力时，黏着被破坏，在轮轨接触点处出现车轮与钢轨间的相对滑动，车轮在驱动力矩的作用下，会围绕轮轴高速旋转产生空转。

4. 空转危害是什么？

答：(1)空转发生时，牵引力急剧下降，使列车速度降低，容易造成坡停和运缓；

(2)空转发生时，轮轨剧烈摩擦，造成车轮踏面与钢轨的非正常磨耗，甚至造成轮箍松弛；

(3)内燃、电力机车的牵引电机高速旋转，会造成电机损伤，甚至造成电机“扫膛”。

5. 防止空转和发生空转时处理方法是什么？

答：(1)正在空转时，应立即降低牵引力，禁止撒砂；

(2)挂车前适当撒砂，列车起动前适当压缩车钩；

(3)通过道岔群时提手柄不要过急过快，遇有空转预兆时立即降低牵引力；

(4)掌握空转发生的规律，进入长大下坡道前，应尽可能提高列车运行速度，充分利用动能闯坡，防止因发生空转而造成坡停。

6. 什么是滑行？

答：当制动力大于轮轨间黏着力时，闸瓦抱住车轮使其停止转动，但因机车、车辆的惯性作用，车轮在不能滚动的情况下将继续在钢轨上滑动，这种现象叫滑行。

7. 滑行的危害有哪些？

答：(1)极易造成车轮踏面擦伤；

(2)车轮擦伤后继续运行时，将对轨面产生锤击作用，速度越高，锤击作用越大，不但增加了机车、车辆振动，缩短机车部件使用寿命，而且会损伤钢轨和线路；

(3)轮轨黏着状态被破坏，使列车制动力下降，延长了制动距离。

第七章

1. 什么是车辆制动机？

答：在车辆制动装置中，由机车司机操纵控制，并产生制动原力的部分称为制动机。

2. 什么是车辆基础制动装置？

答：传递制动原力，并将其扩大以后均匀分配各个闸瓦的装置称为车辆基础制动装置。

3. 车辆制动机按基础制动装置的摩擦方式分为哪几类？

答：(1)闸瓦制动。用闸瓦压紧车轮踏面，使其发生摩擦阻力而产生制动作用。

(2)盘形制动。使用带有闸片的制动钳夹紧安装在车轮两侧或车轴上的制动盘，使其发生摩擦阻力而产生制动作用。

(3)轨道电磁制动。利用安装于转向架上的电磁铁通电后的吸力吸附在钢轨上，使安装在电磁铁上的磨耗板与钢轨之间发生摩擦而产生制动力。轨道电磁制动不受轮轨间黏着力的限制，不易造成车轮滑行，一般用于高速旅客列车上，还可与空气制动机并用。

第八章

1. 哪些条件下终止警惕功能？

答：监控装置检测到下列信息之一时，立即终止“警惕控制过程”，否则，实施制动控制。

（1）按压“警惕按钮”开关1次；

（2）列车管减压50 kPa及以上；

（3）制动缸压力大于等于50 kPa；

（4）机车工况（零位/非零位）状态变化。

注：当警惕控制过程启动时，监控装置已检测到上述信息之一时，终止本次控制过程，不弹出“警惕”提示窗口。

2. 支线号和支线、侧线同时存在的输入方法是什么？

答：显示屏语音提示“输入支线号”，同时屏幕下方显示下分区支线、本分区支线提示信息框，需输入支线号时，司机手动按压【进路号】键，显示屏将弹出“支线号”输入窗口，输入相应的支线号，按压【确认】键，状态栏的支线号指示灯显示已输入的支线号。输入支线后如需回主线运行，需在本分区输入支线号“0”。支线、侧线同时存在时，手动按压【进路号】键显示屏将弹出“输入侧线号”和“输入支线号”输入窗口，司机按要求输入相应的侧线号或支线号，按压【↓】或【确认】键，光标移动到“确定”处，按压【确认】键退出。

注：某站支线方向存在高速道岔股道（126股道），进站前机车信号显示双黄闪灯，输入支线号时须在进站前输入，同时不得输入股道号，否则不按高速道岔股道控制。

3. 连续车场侧线输入方法是什么？

答：连续两个及以上车场均进侧线，进入下一车场需要输入股道号时，必须输入相应股道号。在前一车场，距前方信号机距离小于200 m时，输入下一车场的侧线股道号；距前方信号机距离大于200 m时，只能修改本车场侧线股道号。

4. 解锁键如何使用？

答：（1）路票、绿色许可证、站内无码解锁使用【解锁】+【确认】键（凡两个及以上键的组合操作均须在5 s内完成，下同）。

（2）引导解锁使用【解锁】键。

（3）有计划特定引导解锁使用【开车】+【解锁】键。

（4）“一离去发码特殊信号机”或“场间无码特殊信号机”解锁使用【解锁】+【确认】键。

（5）“靠标停车困难特殊车站”解锁使用【解锁】键。

5. 有计划使用路票反方向运行操作方法是什么？

答：列车运行至有计划使用路票反方向行车起始车站的出站信号机或发车进

路信号机前，在停车状态下输入监控装置反方向运行区段号、车站号、原车速等级，进入降级状态，显示屏自动弹出“路票输入”窗口，提示司机确认调度命令编号，机车乘务员全员确认行车凭证无误后，在路票输入窗口处输入路票的电话记录号并确认，按压【解锁】+【确认】键解锁，起动列车运行，运行至规定对标点处按压【开车】键进入监控状态。

6. 产生自动降级的原因有哪些？

答：(1)监控装置关机 30 s 以上，再开机；

(2)监控数据终止后；

(3)连续 12 架区间信号机过机不校；

(4)速度信号故障降级；

(5)转出“20 km/h 限速模式”后。

7. 判断机车信号故障条件是什么？

答：判断机车信号故障条件

(1)地面信号为进行信号，机车信号灭灯、多灯、乱变。

(2)站内地面信号为进行信号，机车信号为红黄灯。

(3)自动闭塞区段，地面信号为进行信号，机车信号连续两架不上码(固定不发码的信号机除外)。

(4)自动闭塞区间地面信号为进行信号，机车信号连续两架显示红黄灯。

(5)半自动闭塞区段，地面信号为进行信号，进站、出站信号机前机车信号连续两架不上码(机车信号固定不上码的车站或无码区段除外)。

8. 有计划地使用绿色许可证如何操作监控装置？

答：有计划地使用绿色许可证。在列车运行至使用绿色许可证发车站的进站信号机、出站信号机或接发车进路信号机前，运行速度低于 45 km/h 时，显示屏自动弹出“绿色许可证输入”窗口，提示司机输入“绿色许可证号”；若司机未输入，提示窗口消失后，持续按压【↑】键 2 s，显示屏显示“非正常行车确认”窗口，司机将光标移动到“绿色许可证”选项处，按压【确认】键，全员确认行车凭证正确后，输入“绿色许可证号”(输入范围 1~255，半自动闭塞区段，有计划使用《半自动闭塞发车进路通知书》时，按有计划绿色许可证办理，输入统一规定编号“1”)并确认，再次按压【确认】键，“绿色许可证输入”窗口消失。在出站信号机或发车进路信号机前，司机按压【解锁】+【确认】键，监控装置解除列车在该信号机前的停车控制，监控列车以不超过出站道岔的限速(最高不超过 45 km/h)越过出站信号机。有计划绿证输入监控装置降级状态下，有计划使用绿色许可证，“开车”灯点亮时，以与普通揭示相似方式在揭示窗口进行显示。速度低于 45 km/h 时，显示屏弹出“绿色许可证输入”窗口，司机按上述有计划绿色许可证的操作方法操作，解锁成功后，在规定的对标点处对标，监控列车以不超过出站道岔限速（最高不超过 45 km/h）越过出站信号机。

9. 速度通道切换方法及注意事项是什么？

答：(1)操作方法。按压【设定】键进入参数设定界面，再按压【4】键，进入“切换速度传感器”界面，使用【←】、【→】光标键选择相应的备用通道 0、1、2，选定后按压【确认】键。

(2)机车运行中司机确认显示屏速度窗口无速度或速度波动时，使用【查询】+【2】键进入工况显示界面，速度通道从左至右为 0、1、2 通道，其中速度显示为绿色的为当前使用的速度通道，如果当前某一通道速度显示正常，须进行速度通道切换操作。进行人工速度通道切换操作后乘务员要进行引记。

注意：人工切换速度通道后，无速度通道自动切换功能。关机 30 s 以上再开机可恢复速度通道自动切换功能。

10. 发生常用制动后如何解锁？

答：恒速模式下发生常用制动时，实际速度低于固定模式限速值 5 km/h，监控装置语音提示“允许缓解”，司机手动按压【缓解】键缓解常用制动，监控装置语音提示“缓解成功”。

减速模式下发生常用制动时，实际速度低于目标限速值，监控装置语音提示“允许缓解”，司机可以手动按压【缓解】键缓解常用制动，监控装置语音提示“缓解成功”，缓解后本分区不停车不恢复常用制动功能。

停车模式下发生常用制动，必须停车后，司机方可手动按压【缓解】键缓解常用制动。

注：发生常用制动后缓解操作时，列车处于恒速模式区，实际速度低于固定模式限速值 5 km/h；列车处于减速模式区，实际速度低于目标限速值；列车处于停车模式区，必须停车后，司机方可手动按压【缓解】键缓解常用制动。

11. 什么是相位防溜？

答：机车由停车状态移动，机车的方向手柄位置与轮对转动的方向不一致，速度≥3 km/h 或走行距离>10 m 时，产生循环“注意相位防溜”报警，司机 10 s 内周期按压【警惕】键解除报警，否则监控装置实施紧急制动，同时产生“相位防溜动作"语音提示。当机车速度>10 km/h 时，再次按压【警惕】键解除监控装置循环报警。

第九章

1. CIR 车次号注册与车次输入规范是什么？

答：CIR 在 GSM-R 模式下必须进行车次号注册，在 450 MHz 模式下必须进行车次号设置。

在主界面下按 MMI【设置】键，进入设置界面。将光标移动至"1、车次功能号注册"并按【确认/签收】键。

(1)车站给机车乘务员提供的《列车编组通知单》上的车次号必须与阶段计划开行的车次号完全一致；

(2)车次号中不得含有汉字，只准许车次号前两位含有字母或数字，其他位置均须为数字，其格式为××+数字；

(3)机车乘务员在 LKJ 输入车次时，如无法输入字母时只输入数字部分(或按规定输入)，在 CIR 电台中输入 G 网注册的车次号要按《列车编组通知单》上的车次号完整输入。

(4)机车乘务员在车站接车后或出库挂头后必须按第 3 条要求分别在 LKJ 和 CIR 中输入正确车次。

(5)遇有 LKJ 输入车次号与 CIR 输入车次号无法一致时，操作 LKJ 开车对标后乘务员必须重新修改 CIR 的车次号(按车站给定的车次号修改)；

(6)在变更车次地点机车乘务员必须重新修改 CIR 的车次号，变化后的车次号由车站值班员(或胜任人员)通知机车乘务员(该车次号须与阶段计划的车次号一致)。

2. CIR 电台的应急故障处置有何规定？

答：(1)CIR 车载设备故障而 450 手持电台或 G 网手持台正常，运行中按操作端显示屏(MMI)的"复位"键 3 s 以上，对 CIR 整机进行重启复位。如重启后 CIR 设备仍故障时，司机应使用 GSM-R 持手台或无线对讲设备与列车调度员(车站值班员)等行车人员联系办理行车通信业务。在前方停车站停车后关闭电源 3 min 后再进行重启处理。

(2)如 450 手持电台或 G 网手持台也不能进行通话，司机应在前方站停车报告。

(3) CIR 关机后再开机，如果不超过 1 h，开机后按关机前的状态进入 450 MHz 模式或 GSM-R 模式主界面；如果超过 1 h，开机后按 450 MHz 模式显示主界面。司机开机后应注意当前显示主界面的模式是否符合担当区段的使用模式。

3. 使用 LBJ 发出报警条件有何规定？

答：(1) 首先要正确选择线路，将沈阳局管内除高铁、客专线路外其他既有线路定义为“沈局线路”。

(2) 使用报警条件：

①列车遇到线路塌方、道床冲空等危及行车安全的突发情况时。

②列车被迫停车可能妨碍邻线时。

③列车在区间被迫停车不能继续运行需要防护时（机车故障常用制动停车时除外）。

④单机区停必须使用 LBJ 报警；单机区停是指自动闭塞区间单机运行紧急排风或使用紧急制动停车，或者停车时停在调谐区内。

4. GSM-R 呼叫使用方法是什么？

答：(1) 功能按键呼叫

在主界面的最下端有八个按钮对应屏幕下方的八个按键，按下相应的按键分别可以呼叫“前方调度”“调度”“前站”“本站”“后站”“车长”“邻站组呼”“站内组呼”。

(2) 功能号呼叫

①在 GSM-R 工作模式下，当 SIM 卡正确开户，本系统可以利用机车号功能号或车次号功能号进行呼叫，可以呼叫在网络覆盖范围内的所有已注册列车。

②在 GSM-R 工作模式主界面下按数字键输入要呼叫的车次号功能号，按【回格】键可删除输错的数字或字母，按【退出】键，退出输入回到初始状态。正确输入要呼叫的车次号功能号，按【呼叫】键，发起呼叫，状态栏提示“正在呼叫×××……”，如果呼叫建立，则状态栏提示“↗×××”，摘机可直接通话。

③拨号规则：车次号功能号 2+车次号+功能代码；机车号功能号 3+机车号（代码）+功能代码；如：呼叫车次号××××，司机输入××××；呼叫车次号××××，运转车长输入××××；呼叫机车号××××，司机输入××××。

(3) ISDN 拨号呼叫

在 GSM-R 工作模式下，将 SIM 卡正确开户，本系统支持 GSM-R 拨号呼叫，可以呼叫 GSM-R 手机，固定电话及有相应功能的机车 CIR。在 GSM-R 工作模式主界面下直接按数字键可输入要呼叫的电话号码，按【回格】键可删除输错的数字或字母，按【退出】键，退出输入回到初始状态。正确输入要呼叫的电话号码，按【呼叫】键，发起呼叫，状态栏提示“正在呼叫×××××……”，如果呼叫建立，则状态栏提示“↗×××××”。

(4)个呼呼入

收到 GSM-R 个呼呼叫，如扬声器会发出“嘟……嘟……”重复振铃声，状态栏提示“××××××××(电话号码)呼入……”或“××××次列车××××(功能号)呼入……”，摘机后，状态栏显示“↘××××××××(电话号码)”，“↘××××次列车××××(功能号)”，摘机后，按 PPT 可以通话。收到 GSM-R 组呼呼叫，如扬声器会发出“嘟……”声后自动接通，此时在扬声器里可听到通话声，状态栏提示“↘×××组呼”，摘机后，按 PTT 可以通话。

(5)多个电话呼入

GSM-R 工作模式下，如果同时有多个呼叫呼入时，自动接入优先级高的电话，其余电话处于守候状态，屏幕右下角会显示守候电话的数目，可利用【↑↓】键选择。再按【切换】键切换到所选电话，此时，其余电话处于守候状态，如果按【挂断】键则挂断当前电话，系统自动接入下一个优先级高的电话。

5. 450 MHz 模式使用方法是什么？

答：(1)呼出

在 GSM-R 工作模式主界面，可进入功能设置界面，手动切换进入 450 MHz 工作模式主界面，再发起 450 MHz 呼叫。

(2)呼入

如果收到 450 MHz 呼叫，“接收”灯变为绿灯，扬声器会发出“对方呼叫”声，状态栏提示“××××(调度、隧道司机、隧道车站、平原司机、平原车站)呼入……”，如果呼叫建立则自动接通到扬声器，状态栏显示“↙××××”，如果摘机，则接通到听筒里，按 PTT 可以说话。

第十章

1. 列尾控制盒复位键如何使用？

答：按压【复位】键 3 s 以上，列尾机车台整机复位重启(包括列尾机车台主机和列尾控制盒)。复位滞后显示屏显示“未连接”，重新按压【查询】键即可。

2. 列尾控制盒风压键如何使用？

答：设检充点车站建立一对一关系时，按压【风压】键查询列尾风压，首次查询核对显示屏显示的列尾 ID 号与通知的 ID 号是否一致。执行列尾“八必查”，使用【风压】键查询列尾风压。

3. 双模列尾开机方法是什么？

答：打开列尾机车台主机电源开关，主机和列尾控制盒上电开机，列尾控制盒显示开机界面。列尾机车台配置双列尾控制盒。在“未连接”状态下，开机后两个列尾控制盒均进入副控状态，按下【Fn】键 3 s 后向列尾机车台主机申请主控权，申请成功后进入主控状态。一端进入主控状态，另一端自动进入副控状态。

4. 列尾故障情况下需要发车时怎么办？

答：(1)通知车站，由车站人员组织进行简略试验。

(2)有检充点的车：简略试验后开车，开车后继续查询，仍查询不到风压时报告车站，由调度员发布“列尾故障调度命令”。

(3)无检充点的车站：必须有“列尾故障调度命令”并进行简略试验后开车，开车后继续查询，如查询正常，报告车站，由列车调度员取消“列尾故障调度命令”。

5. 非对口换乘时如何操作运统 1？

答：接班司机点击“接收”按钮，确认车站、车次等信息接收运统 1，核对相关信息无误后进行点击“签认”按钮进行运统 1 签认（同始发作业操作方法一样）。

6. 对口换乘时如何操作运统 1？

答：列车到达后，交班司机点击“交接”按钮，确认车站（车站定位信息无法自动识别或者识别不准确时，需要手工输入），点击“生成”交接二维码。

接班司机点击“交接”按钮，扫描交班司机生成的交接二维码获取运统 1 相关信息，核对无误点击“签认”按钮进行签认。

7. 操作运统 1 注意事项有哪些？

答：(1)严禁开启操作终端（手机）的 WLAN（Wi-Fi）功能；

(2)接收运用 1 数据时，必须确认车站、车次、股道正确后，方可进行接收；

(3)对口交接时，交班乘务员操作系统生成的二维码有效时间只有 5 min；

(4)“军用列车”采用纸质运统 1 交递方式办理；

(5)退勤作业场景中“到达车站”为终到车站。

8. 轴温超温或轴温温升报警时 1 或 6 位轴承有哪些情况不可继续运行？

答：检查机车报警位置轴箱轴承时用手触摸烫手或上不去手，异味、冒烟。

9. 轴温超温或轴温温升报警时1或6位轴承有哪些情况可以继续运行?

答:如果手触摸温度不是很高,对比其他轮轴箱轴承温度差别不大时,说明是传感器故障,可以继续运用。

第十一章

1. 放置响墩有何规定?

答:(1)已请求救援时,从救援列车开来方面(不明时,从列车前后两方面),距离列车不小于300 m处防护;

(2)一切电话中断后发出的列车[持有《机务行车规章基础知识(“2+1”学员)》附件3通知书1的列车除外],应于停车后,立即从列车后方按线路最大速度等级规定的列车紧急制动距离位置处防护;

(3)对于邻线上妨碍行车地点,应从两方面按线路最大速度等级规定的列车紧急制动距离位置处防护,如确知列车开来方向时,仅对来车方面防护;

(4)列车分部运行,机车进入区间挂取遗留车辆时,应从车列前方距离不小于300 m处防护。

2. 列车被迫停车可能妨碍邻线时应如何放置火炬?

答:列车被迫停车可能妨碍邻线时,司机与车辆乘务员(随车机械师)分别在列车的头部和尾部附近邻线上点燃火炬。

3. 短路铜线使用时机与方法是什么?

答:(1)短路铜线使用时机

①自动闭塞区间,单机(包括双机、专列回送的机车)紧急制动停车后,立即在轨道电路调谐区外使用短路铜线可靠短接机车前方轨道电路。

②自动闭塞区间,单机(包括双机、专列回送的机车)停在调谐区内时,立即在调谐区外使用短路铜线短接轨道电路。

③自动闭塞区间,列车被迫停车可能妨碍邻线时,对邻线来车方向短路轨道电路。

(2)短路铜线使用方法

将短路铜线两端的夹钳可靠夹在两根钢轨内侧下沿上;如钢轨上有锈迹,需将锈迹去除,确保导通良好。

4. 防毒面具的使用方法是什么?

答:先将面具盖住口鼻,然后将头带拉至头顶,用双手将下面的头带拉向颈后,再次调整头戴位置是否精密，调到最佳位置即可，保证面具紧贴脸鼻密封完好。

5. 什么情况下使用绿色许可证发车是什么？

答：(1) 自动闭塞区段出站信号机故障时发出列车时；

(2) 自动闭塞区段由未设出站信号机的线路上发出列车时；

(3) 自动闭塞区段超长列车头部越过出站信号机发出列车时；

(4) 自动闭塞区段发车进路信号机发生故障时发出列车时；

(5) 自动闭塞区段超长列车头部越过发车进路信号机发出列车时。

6. 什么情况下停止使用基本闭塞法，改用电话闭塞法行车？

答：(1) 基本闭塞设备发生故障导致基本闭塞法不能使用、自动闭塞区间内两架及以上通过信号机故障或灯光熄灭时；

(2) 无双向闭塞设备的双线区间反方向发车或改按单线行车时；

(3) 发出由区间返回的列车，或发出挂有由区间返回后部补机的列车时；

(4) 自动站间闭塞、半自动闭塞区间，由未设出站信号机的线路上发车，或超长列车头部越过出站信号机并压上出站方面轨道电路发车时；

(5) 在夜间或遇降雾、暴风雨雪，为消除线路故障或执行特殊任务，开行轻型车辆时。

自动站间闭塞设备故障，半自动闭塞设备良好时，可根据调度命令改按半自动闭塞法使用电话闭塞法行车时，列车占用区间的行车凭证为路票。当挂有由区间返回的后部补机时，另发给补机司机路票副页。

7. 向施工封锁区间开行路用列车的凭证是什么？

答：向施工封锁区间开行路用列车时，列车进入封锁区间的行车凭证为调度命令。该命令中应包括列车车次、停车地点、到达车站的时刻等有关事项，需限速运行时在命令中一并注明。

8. 更换钩舌需要什么工具？

答：手锤、小撬棍、钢板尺、开口销。

9. 车钩的主要技术要求有哪些？

答：(1) 车钩开度为在闭锁位时，其开度是 110 ~ 130 mm；开启位时 220 ~ 250 mm。

(2) 车钩距轨面高度为 815 ~ 890 mm。

(3) 两个车钩连挂后，其两个车钩中心线相差不得超过 75 mm。

(4)车钩在闭锁位时,钩舌锁铁往上的活动量为5~15 mm。

(5)钩舌销与销孔径向间隙为1~4 mm。

10. 海参型复轨器使用时有什么注意事项?

答:海参型复轨器的有效复轨距离为150 mm,脱轨距离较远时,须设法将车轮拉靠基本轨后,再安装复轨器进行拉复。

11. 人字形复轨器使用方法是什么?

答:(1)该型复轨器与旧式人字形复轨器安装方式基本相同,仍沿用"左人、右入"的原则。安装前,先将复轨器尾部钩铁处轨枕下部的石碴清除一些,以保证复轨器尾部能钩住轨枕并便于安装穿销。

(2)安装时,复轨器承轨槽搭在钢轨上,尾部钩铁的上端平落在轨枕上,下端钩挂在轨枕侧面。复轨器安放平稳后,将两块L形楔铁分别穿入左右楔铁座与轨腰的间隙内,凸台朝外,安放平整,不得歪斜。然后用大锤左右交替地将两块楔铁打紧(严禁将一侧楔铁打紧后再打另一侧,以免受力不均造成楔铁座裂损)。

(3)将尾部穿销经穿销孔沿轨底穿过。至此复轨器安装完毕。

(4)用大锤轻击复轨器主体表面各部,检查复轨器安装是否牢固,各紧固件有无松动现象,在复轨器引导棱上涂润滑油。

(5)在脱轨车轮至复轨器尾部间应适当铺垫石碴,利于调整台车方向,防止轧坏轨枕,并减少拉复阻力。

注意事项:脱轨车轮超过基本轨240 mm以上时,应采用钢丝绳或逼轨器拉正台车,使车轮靠近基本轨后再安放复轨器起复。

12. HXD_{3B}型电力机车有动力重联如何办理?

答:(1)自动制动手柄放重联位,插上定位销,单独制动手柄放运转位。

(2)在微机显示屏上将重联机车列车管进行切除。在操纵端,电钥匙闭合状态下,在微机显示屏上依次点击"空气制动系统"—"制动设置",进入"制动设置"界面。点击【切除】软开关后,【切除】软开关变成黄色,表明切除状态已选定,再点击【储存】软开关进行保存,保存完毕后,【储存】软开关消失。

(3)确认新设置显示:500 kPa,本机,切除,不补风,点击微机显示屏左上角机车样式图标退出制动设置界面,回到操作主界面,防止因误碰改变制动设置。

(4)连接列车管,缓慢开放折角塞门。本务机车进行制动与缓解操作,确认重联机车与本务机车制动、缓解状态一致。

13. HXD2 型电力机车无动力回送重联如何办理？

答：(1)两端司机室小闸推至全制位，大闸推至运转位。

(2)先断机车电钥匙，然后进行下电操作(按压“蓄电池切除”按钮)，再断两节车蓄电池断路器 DJ-BA。

(3)将两端制动柜无动力塞门置从控位，重联塞门置切除位。

(4)两端制动柜平均管塞门均置主控位。

(5)两端制动柜停放制动隔离塞门均置隔离位。

(6)连接列车管，缓慢开放折角塞门，等待列车管压力升至定压。确认停放制动指示器为红色，常用制动指示器为绿色。

(7)将机车 8 个停放制动(1、3、5、7 轴在左侧，2、4、6、8 轴在右侧)手动缓解手柄往回拉到最大位置，听到明显的“咔哒”机械动作声后，保持 3 s 松开，确认该轴闸瓦缓解良好。

(8)本务机车进行制动与缓解操作，并确认无动力机车与本务机车制动、缓解状态一致，闸瓦间隙符合要求 8～10mm。

14. HXN3 型内燃机车无动力回送重联如何办理？

答：(1)将前、后司机室自阀手柄置于重联位插上定位销、单阀运转位。

(2)断开操纵台、电器柜所有断路器，拉下蓄电池闸刀。

(3)检查停放塞门手柄置于顺向缓解位(手柄应与地面垂直状态)。

(4)将 EPCU 箱模块上的无动力塞门打至无动力位。

(5)打开 EPCU 箱体左侧下部无动力回送塞门。

(6)打开第二总风缸排水阀放到 250～300 kPa 以下。

(7)打开机车前、后端制动缸平均管塞门。

(8)连接列车管后缓慢开启列车管折角塞门，待列车管升至定压，确认无动力机车 2、5 轮是否缓解，如处于制动状态应手动缓解。进行制动机试验，检查无动力机车制动、缓解状态。

15. HXD3B 型电力机车小复位如何操作？

答：停车、断电、降弓、拔电钥匙 1 min 以上(不用关闭记录器，不停车、断电、降弓、拔钥匙会惩罚制动)。

16. HXD2 型电力机车大复位如何操作？

停车、手柄回零、断主断，降弓，断电钥匙；按压蓄电池切除按钮(下电)、断开蓄电池断路器 3 min 以上。

17. 进行车辆关门时应如何操作?

答:截断塞门手柄与制动支管平行时为开通状态,与制动支管垂直时为关闭状态。车辆故障须关闭截断塞门时,操作程序:

(1)扳动截断塞门手柄,将手把由平行位置变为垂直位置。

(2)拉动缓解阀拉杆,排净制动缸、副风缸压力空气。

(3)使用铁线,一端捆绑在缓解阀拉杆三角接头处,一端捆绑在缓解阀拉杆吊座上,并拉紧,使缓解阀处于排风状态。

(4)确认制动缸活塞,要完全缩回。